深圳健康产业发展报告2018

Shenzhen Health Industry Development Report

深圳市健康产业发展促进会
深圳市保健协会 编

中国经济出版社
CHINA ECONOMIC PUBLISHING HOUSE
·北 京·

图书在版编目（CIP）数据

深圳健康产业发展报告．2018/深圳市健康产业发展促进会，深圳市保健协会编．
—北京：中国经济出版社，2020．3
ISBN 978-7-5136-6011-2

Ⅰ．①深… Ⅱ．①深… ②深… Ⅲ．①医疗保健事业—研究报告—深圳—2018
Ⅳ．①R199．2

中国版本图书馆 CIP 数据核字（2020）第 019669 号

责任编辑　丁　楠
责任印制　马小宾
封面设计　任燕飞

出版发行　中国经济出版社
印 刷 者　北京艾普海德印刷有限公司
经 销 者　各地新华书店
开　　本　710mm×1000mm　1/16
印　　张　19
字　　数　291 千字
版　　次　2020 年 3 月第 1 版
印　　次　2020 年 3 月第 1 次
定　　价　68．00 元
广告经营许可证　京西工商广字第 8179 号

中国经济出版社　**网址** www.economyph.com　**社址** 北京市东城区安定门外大街 58 号　**邮编** 100011
本版图书如存在印装质量问题，请与本社销售中心联系调换（联系电话：010-57512564）

编辑委员会

发展经营性健康产业和公益性健康事业都是为了让人民过上康健愉悦的幸福生活

李君如

二〇二二年九月一日

全国政协常委、中央党校原副校长　李君如　题词

保障民生优先保健民众

中国保健协会

张凤楼

中国卫生监督协会会长、中国保健协会原理事长　张凤楼　题词

序言
PREFACE

从担任深圳市健康产业发展促进会（以下简称“健促会”）的名誉会长到现在，一晃七年时间了，《深圳健康产业发展报告》也是每年一部，如今第八部将要正式出版了。正如中央党校原副校长李君如的评价，健促会是创新型、学习型、研究型协会，一路走来，我见证了健促会的成长。

《深圳健康产业发展报告》作为国内第一部关于城市健康产业发展的年度报告，记录了这几年来深圳市健康产业持续快速发展的轨迹。《深圳健康产业发展报告2018》在前作的基础上再添新辉，立足于深圳市健康产业发展，聚焦产业和企业，从产业发展和科技创新的角度，进行深入调研分析，全面反映了健康产业发展的实际情况，展示了深圳市优秀企业的风采，是一份不可多得的产业发展总结，将为政府决策提供参考，为产业发展提供借鉴，为企业发展提供指引。

在“健康中国”国家战略背景下，随着推进健康中国的深入实施，各地相继出台多项举措助力大健康产业发展，健康产业已经成为促进当地经济结构转型升级、推进供给侧结构性改革的着力点，是新常态下经济增长的重要引擎。大健康时代已全面来临，从战略到部署，国家正在落实让健康政策融入全局、健康服务贯穿全局、健康福祉惠及全民，健康产业将迎来前所未有的发展契机和广阔的发展前景。

深圳经济特区作为我国改革开放的重要窗口，经过党和中央支持、社会各界多年探索和努力，各项事业取得显著成绩，已成为一座充满魅力、动力、活力、创新力的国际化创新型城市。在全国健康产业快速发展的浪潮中，深圳市坚持以改革创新引领健康产业的发展，健康产业规模不断扩大，技术不断突破，新产品、新应用、新业态层出不穷，在医疗器械、基因测序、健康养老等特色领域国内领先，健康产业正成为深圳市构建现代产业体系、推动经济增长的重要力量。

大健康产业现已进入蓝海时代，国家正以科技创新引领健康产业发展，以改革开放推动健康产业发展，以政策利好支持健康产业发展。当前各个城市纷纷开始布局大健康产业，企业家要认真学习领会当前政策，调整产业结构、产品结构，走科技型、创新型发展之路，逐步夯实产、学、研相结合的技术创新体系，希望健促会作为聚集深圳市健康产业优秀企业的5A级社会组织，能更好地发挥平台和桥梁作用，引领产业可持续发展，凝聚产业力量，希望深圳市健康产业能够以实际行动为建设“健康中国”和“健康深圳”贡献自己的力量，争做健康产业的弄潮儿，谱写新时代健康产业发展的新篇章！

中国卫生监督协会会长

中国保健协会原理事长

深圳市健康产业发展促进会名誉会长

張凤楼

前言
PREFACE

2018年，是健康产业发展的关键一年。党的十八大以来，以习近平同志为核心的党中央坚持以人民为中心，把人民健康放在优先发展的战略地位，树立“大健康、大卫生”理念，提出了新时期卫生健康工作方针，发布了《“健康中国2030”规划纲要》，将健康中国上升为国家战略。经过不懈的努力，我国健康事业获得了长足发展，健康产业得到了优化和促进，人民健康水平持续提高。健康中国战略是党中央、国务院的重大决策部署，从当前讲是为人民谋幸福、谋健康，从长远讲是为民族谋复兴。

在政策的暖风下，加快发展健康产业，是深化医药卫生体制改革、改善民生福祉和提高全民健康素质的必然要求，是推动经济结构优化调整的重要举措，对实现全面建成小康社会的百年奋斗目标和中华民族伟大复兴的“中国梦”具有非凡意义。在国家发展进入新常态、经济社会转型升级的关键阶段，健康产业作为国民经济新兴支柱产业，其全面见证了“健康中国”的快速发展和不断创新，更折射了近年来我国大健康产业羽翼渐丰的成长路径。

近年来，随着产业规模的快速增长，健康产业已成为世界许多国家特别是欧美发达国家有效应对金融危机冲击、增强经济发展活力的战略选择。从全球范围来看，虽然当前全球经济增长普遍放慢，但健康产业发展仍保持较好的增长速度。老龄化现象日趋严重、人口增长迅速、慢性病更加普遍这些因素会继续增加健康产业的市场空间。我国健康产业发展同样处于重要战略机遇期，发展健康产业已成为实施健康中国战略的重点任务，各省市纷纷出台利好政策，培育健康产业为重要的支柱产业。作为改革开放的前沿、粤港澳大湾区核心城市，深圳市从政策导向扶持、科技创新项目资助、产业基础研究平台建设、梯队型人才体系引进与培养、市场监管与规范等方面都为健康产业提供了良好的发展空间和坚实的产业发展基础。

为了及时呈现深圳市乃至全国、全球的健康产业发展的新趋势与新业态，深圳市健康产业发展促进会联合多个机构和多位专家共同撰写了《深圳健康产业发展报告2018》，本报告是继2011年首部《深圳健康产业发展报告》发布之后的第八部。八年来，该产业发展报告记录了深圳市健康产业从官方文件鲜有提及到政策红利持续释放，从经济产值无法统计到有健康产业统计分类，从微小企业夹缝生存到各方资本追捧的变化过程，展示了深圳健康产业向着更广覆盖、更高水平、更优质量、更多智慧的方向迈进和提升的蜕变轨迹。

在编写的过程中，编者既传承了以往的宗旨与经验，也进行了开拓与创新。在听取各方建议的基础上，编者对2018年健康产业发展报告的结构进行了调整，主要围绕全球、我国、深圳市健康产业三个维度进行策划和组稿，共设置产业发展篇、科技创新篇、优秀企业篇三个篇章，以专业视角分析了深圳市健康产业的发展现状、重点领域（医疗器械、生物医药、基因测序、健康养老、保健食品）、产业发展特征、科技创新（论文与专利）、存在的主要问题与挑战，并据此提出应对策略及建议。

《深圳健康产业发展报告2018》的完成离不开深圳市健康产业发展促进会名誉会长李君如先生、张凤楼先生的指导和关怀，以及深圳市各政府相关部门、产业协会、优秀企业以及行业专家的厚爱和支持。他们的支持和指导是本报告能够再续新篇的重要保障，在此一并表示感谢。鉴于编者水平有限，报告中难免有所纰漏、表述不周之处，敬请各界读者批评指正。

目录
CONTENTS

产业发展篇

科技创新篇

优秀企业篇

产业发展篇

健康产业是绿色、可持续且具有巨大潜力的朝阳产业。随着经济社会的快速发展，人民生活水平的提高，保健意识的增强以及老龄化程度的加剧，健康产业蓬勃发展。在惠及改善民生的同时，健康产业已成为世界许多国家，特别是欧美发达国家有效应对金融危机冲击、增强经济发展活力的战略选择。

第一章　全球健康产业发展概述

随着全球健康产业迅速发展，健康产业产值不断扩大，不同国家、不同区域的健康产业具有不同特点，呈现不同的发展趋势。

第一节　全球健康产业发展概况

一、全球健康产业发展现况

从全球范围来看，虽然当前全球经济增长普遍放慢，但健康产业发展仍保持较好的增长速度。同时，政府及企业对健康产业的不断投入，也促进了健康产业良好发展。

（一）健康产业支出持续增长

从健康产业支出情况来看，全球健康产业发展势头迅猛，已经成为全球新经济发展和社会进步的重要产业。2017 年，全球健康费用支出总额达到 7.724 万亿美元，占全球国内生产总值总额约 1/10，健康产业已逐渐成为全球经济发展强有力的新支撑。有专家预计，这一趋势还将逐渐扩大，从 2017 年到 2022 年，健康费用支出将从 7.724 万亿美元增加到 10.059 万亿美元，年均复合增长率预计可达 5.4%（见图 1-1）。

比较不同地区的健康支出，欧美仍是健康产业的最大市场。有分析认为，随着市场逐渐成熟，欧美市场的健康费用支出增长率将逐步放缓。而与此相对应的是亚太地区（尤其是中国、印度）的健康费用支出以五年复合年均增长率 9.2%的速度快速增长，是 G7 国家（美国、英国、德国、法国、日本、意大利和加拿大）增速的 2.3 倍。因此，亚太地区将成为全球

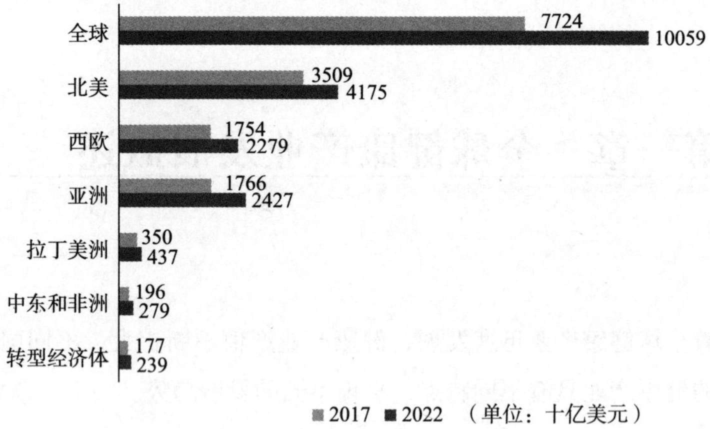

图 1-1　全球健康产业支出情况

资料来源：The Economic Intelligence Unit.

健康市场扩容的主要推动力（见图 1-2）。

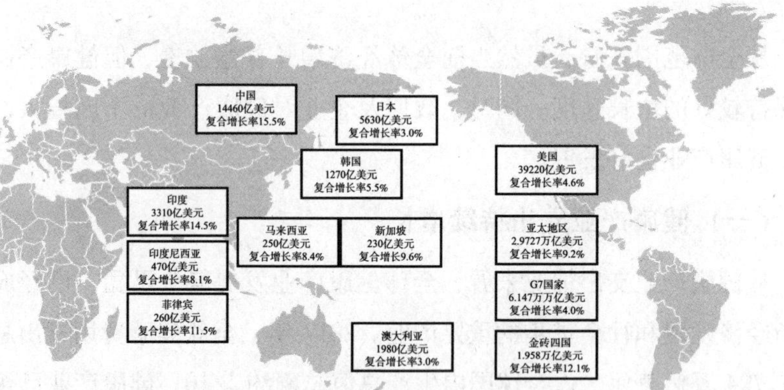

图 1-2　全球健康支出费用及增速

资料来源：世界卫生组织，世界银行。

注：亚太地区包括印度、中国及香港台湾地区、日本、菲律宾、韩国、澳大利亚、印度尼西亚、马来西亚、越南、韩国。

（二）世界不同区域健康产业发展差异较大

从全球范围来看，不同区域健康产业发展差异较大。以健康产业产值在国民经济中的占比为例，美国的健康产业产值在国民经济中的占比是

17.8%；加拿大、日本等国的比例也超过了10%；而我国仅占4%~5%，相当于日本的1/2、美国的1/4，说明我国健康产业在产业细分和结构合理化建设方面仍有很大发展空间。

按照世界银行国家分类方法衡量国家人均医疗健康支出，高收入国家医疗健康支出比例最高，中低收入国家医疗健康支出比例最低。可以看到，该分类方法显示了健康产业支出与收入呈正相关。世界卫生组织发布的数据显示，高收入国家人均医疗健康支出最高，达到4575美元，而同比低收入国家仅为31美元，相差近15倍。同样，高收入国家在医疗健康领域投入最多，医疗健康支出在GDP中占比高于全球平均值，达到12%左右；而中低收入国家却是医疗健康支出在GDP中占比最低的，仅为4.2%，甚至低于低收入国家的医疗健康支出比例5.1%（见图1-3）。

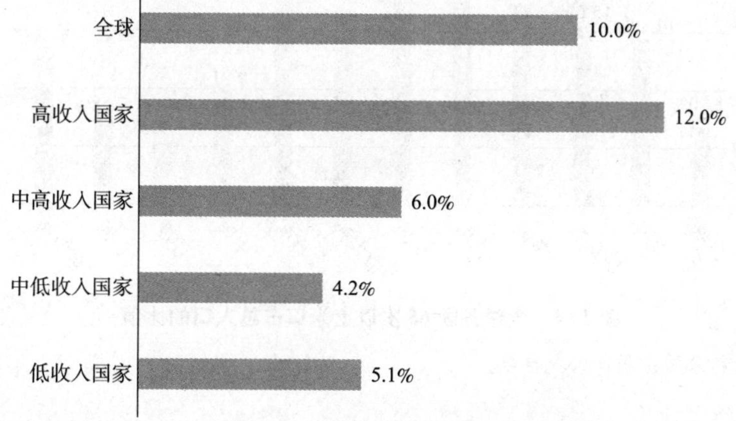

图1-3 不同收入国家的健康支出占GDP比重

资料来源：世界卫生组织。

纵观各国健康产业的发展情况，当下无论是发达国家还是发展中国家，各国政府都不同程度对健康产业给予引导与扶持，全球健康产业发展也呈现出产业政策布局密集化、产业技术精准化、产业分布集群化的局面。总体来讲，北美地区健康产业发展充分、全球领先；欧洲健康产业技术优势明显；尽管发展中国家起步比较晚，但是健康产业的发展势头不逊色于发达国家，其中以亚洲国家和地区的发展尤为迅速。

（三）人口老龄化是健康产业发展不可忽视的基础

目前，全球健康产业最重要的驱动力之一仍然是人口老龄化及由此产生的消费需求。从当前老龄人口增长的形势来看，全球老龄化趋势还在不断扩大。据联合国人口司估计，到 2020 年，全球 65 岁以上人口比例将从 2015 年的 12%上升至 22%，老龄化社会即将席卷全球。预计 65 岁以上人口比例将在日本最为明显，可能达到 29%；在西欧，这一比例估计接近 22%；甚至一些发展中国家，如阿根廷、泰国和中国，也开始出现类似的情况（见图 1-4）。

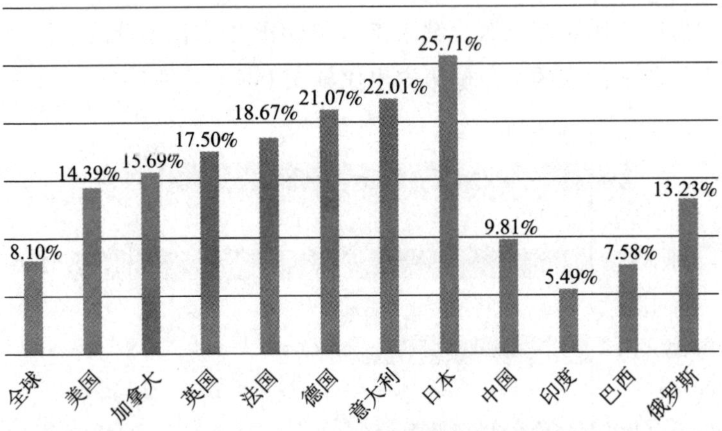

图 1-4　全球各国 65 岁以上人口占总人口的比值

资料来源：联合国人口司。

与老龄化相伴随，人类慢性病发病率逐年上升，也成为驱动全球健康产业迅速发展的另一个重要驱动力。自 20 世纪 70 年代以来，慢性病已经成为了导致全球人口致死的首要原因。根据 Global Burden of Disease（GBD）数据统计，2017 年，全球总死亡人数为 5470 万人，其中死于慢性非传染性疾病（NCD）人数占比达到 73.4%，总人数为 4110 万人，较 2016 年增加了 106 万人。预计 2030 年，全球慢性病患者死亡人数将会高达 5200 万人，占总死亡人数的 60%。2017 年，在慢性非传染性疾病中，造成最多死亡人数的三类疾病分别为心脑血管疾病、肿瘤和慢性呼吸系统疾病。其中，心脑血管疾病死亡人数为 1780 万人，占比达到 43.31%；肿瘤死亡人数为956万人，占比达23.26%；慢性呼吸系统疾病死亡人数为391万人，占比达9.51%；糖尿病死亡人数为137万人，占比达3.33%；其他慢性非传染性疾病的死亡人数为846万人，占比达20.58%（见图1-5）。

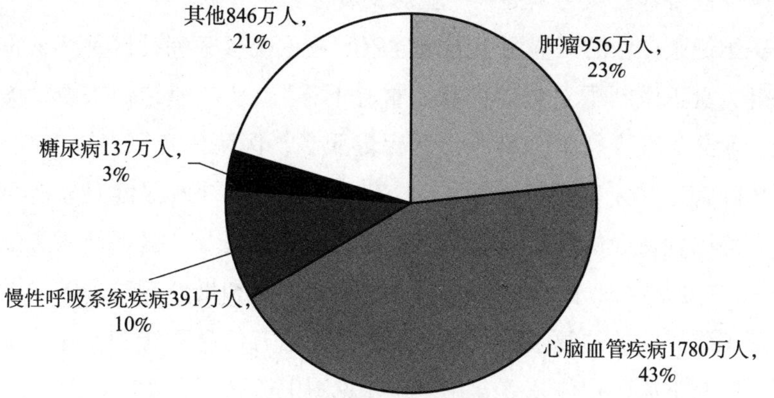

图1-5 全球慢性非传染性疾病死亡人数及占比

资料来源：公开资料整理。

显然，在老龄化无法避免以及人类慢性病发病持续发生的严峻前提下，提高预期寿命和延长生命年数是健康产业的一项重大任务。促使人类去寻求更行之有效的保持健康的方法和模式，是推动全球健康产业向前发展的重要基础。

二、全球领先地区健康产业发展分析

经过多年发展与探索，许多国家依托自身优势特色，逐渐形成了有较强竞争优势的发展模式，构建起各具特色的组织形式和支撑体系，在创新发展、融合集聚、新产业新业态培育和传统业态转型升级等方面积累了丰富的经验，形成了丰硕的成果。

（一）北美地区健康产业全球领先

美国健康产业起源于20世纪60年代，是仅次于制造业、服务业、金融保险业和房地产业的第五大产业。随着美国人口老龄化程度加剧，人口结构的改变，生物技术的不断提升，美国健康产业得到了充分的发展，成为美国近10年来增速最快的产业，即使是在2008年金融风暴后，在零售业萎缩、房地产业不景气的情况下，美国的健康产业仍然是国民经济中的中流砥柱，市场规模突破 3 万亿美元。可以说，健康产业已经成为美国经济的支柱产业之一。目前，商业健康保险、健康管理、医疗保健服务、药品、医疗设备等已成为其健康产业的发展核心。

美国健康产业的兴盛源于美国健康产业重视家庭和社区关怀，重视预防保健，真正做到了“战略前移、重心下移”。从产业结构来看，美国将健康产业分为五大块，家庭及社区保健服务、医院医疗服务、医疗商品、健康风险管理服务和长期护理服务。其中，家庭及社区保健服务占 50%左右，是健康领域中最大的一个板块。在美国，家庭及社区保健服务除一部分全科诊疗服务外，其余大部分是进行健康促进和慢性病管理等的健康风险管理工作。此类的健康风险管理工作，在已有信息系统和专业培训的支持下，已与临床医疗体系整合在一起（见图 1-6）。

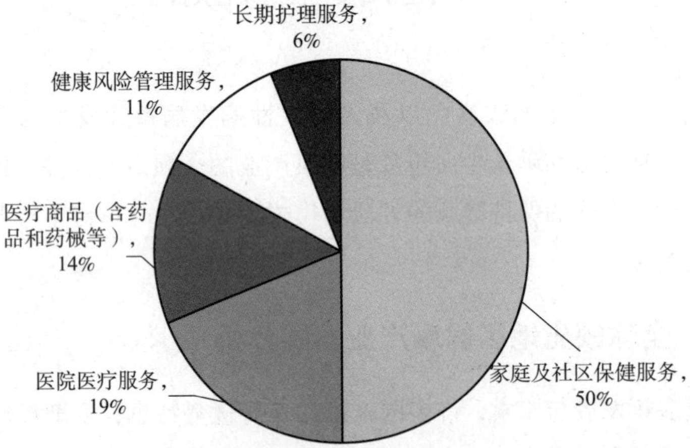

图 1-6　美国健康产业结构

资料来源：前瞻产业研究院。

人口结构的变化是美国医疗总开支预期增长的基础，预计从 2016 年的 3.3 万亿美元增长到 2026 年的 5.7 万亿美元，年均增长 5.5%。医疗支出占 GDP 的比例将从 2016 年的 18%升至近 20%。相比之下，1990—2007 年的该比例为 7.3%，2008—2016 年的该比例为 4.2%。未来十年，预计联邦医疗保险（7.4%）和联邦医疗补助（5.8%）的年度支出增长将对国家卫生支出的增长做出重大贡献。自成立联邦医疗保险以来，其在美国医疗支出总额中所占的比例不断上升，目前为5700万老年人和残疾人提供医疗保障，约占2018年联邦预算的15%。

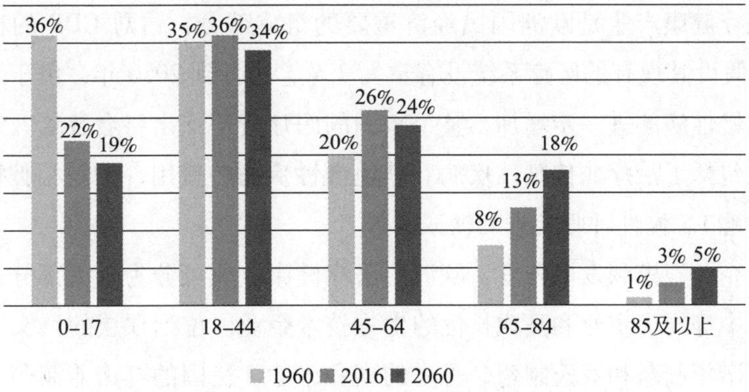

图1-7 美国人口年龄分布

资料来源：U. S. Census Bureau.

美国的健康产业之所以能领先全球，离不开美国强劲的技术发展。美国生物医药技术实力，在全球市场上占据主导地位，拥有全球六成生物药专利。在全球生物药品消费市场上，80%的生物药品来自美国企业，近40年以来，美国历届政府对科技创新和企业研发都高度重视，并通过税收优惠、研发资金支持等全方位支持企业创新，有效推动科技类产业发展。在生物医药产业领域，美国于2015年发布的《美国创新战略》持续发挥作用，该《战略》指出发展“精准医学”领域，并希望能够取得变革性结果，以满足国家和世界面临的挑战。

美国对健康管理服务重视度较高。健康管理业起源于美国，由第三方公司和保险公司内部专业部门组成，目前以健康风险管理为枢纽的健康产业链已经成为美国增长最快的产业之一。除电话、互联网等集中型服务外，健康风险管理公司还会以信息系统、技术工具、专业培训等，将健康风险管理服务下沉到基层社区。

另外，美国的健康产业集群趋势相当明显，形成了具有竞争优势的生物医药产业链集群板块。产业集群在地理空间不断扩张辐射，在产业链不断延伸，又促使产业集群规模不断扩展，如美国的旧金山、波士顿、费城、纽约、圣迭戈等区域的生物医药集群在美国健康产业中发挥着重要作用。

（二）欧洲健康产业技术优势明显

医疗健康产业是欧洲国民经济重要的组成部分，占总 GDP 的比例约 10%。假设其现有的医疗系统没有重大变革，预计到 2050 年，由于人口老龄化和慢性病的进一步增加，整个欧洲的医疗费用支出将会翻倍。这些支出主要包括了治疗非传染性疾病和其他慢性疾病的费用，例如心脏病、癌症（肿瘤）、慢性呼吸疾病和糖尿病等。

从企业规模和发展角度，欧洲的医疗健康企业可分为三大部分：医药巨头、中等规模企业和高成长性的生物技术企业。位列顶层的巨头企业有瑞士的诺华制药和罗氏制药、丹麦的诺和诺德、法国的赛诺菲制药，以及英国的阿斯利康、葛兰素史克和德国的拜耳医药等。更多相对中小的欧洲区域性、高成长性生物技术产业集群（如法国和德国）所培育的生物技术企业数量仍在不断增加。

1. 英国健康领域集群化提升研发水平

英国没有明确的“大健康产业”概念，比较接近的名称是“健康服务业”。根据英国的实际情况，可以把英国的大健康产业归纳为以国家医疗服务保障体系为主体，涵盖药品和医疗器械研发/生产、医药流通、商业健康保险、健康管理等内容的产业集合（见图 1-8）。

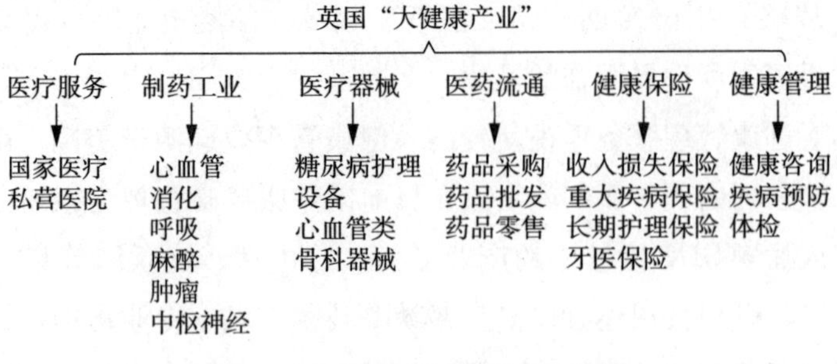

图 1-8　英国“大健康产业”结构

英国是全球最具高福利的国家之一。早在 20 世纪 50 年代，英国已经通过了《国民健康服务法》，确立国家的卫生服务保障体系。该体系以健康服务为主导，以社会医疗救助、商业医疗健康保险为辅助，为国民提供完善的健康服务。

英国实行福利性的全民医疗保险制度（NHS），其经费80%以上来源于中央财政，其余来自于国民缴纳的保险费、处方费以及国民为享受及时、较高档次的医疗服务支付的费用。英国医疗卫生总费用约占国内生产总值的7%（美国约占17%），人均3800多美元（美国人均约7500美元）。随着公众对医疗服务需求的持续增加，医疗卫生费用也不断增长，目前年支出已达1000亿英镑左右。

老龄化加剧为健康医疗带来市场。英国目前人口增长缓慢，人口老龄化加剧。2017年65岁及以上的人口占总人口的18.52%，这导致政府在健康医疗方面的支出进一步加大。为应对这种情况，早在2011年，英国政府向国会提交新的健康和社会保健法案草案时就提出，全民医疗服务保险制度要引入竞争机制。私营医疗机构、志愿者组织将能够与国家服务体系定点医院一样在NHS体系内提供医疗服务。新医改法案的目的之一是节约开支，拟每年节省17亿英镑。

药品支出占英国NHS总支出的12%以上。英国1968年颁布的《药品法》规定，在英国进行药品的生产、销售、供应或进口都必须具有相关的执照，以及临床试验的证书或豁免材料。获准上市的药品能否进入国民医疗卫生服务体系的药品目录，取决于英国国立临床规范研究所（NICE）的推荐使用建议。此外，英国遵循欧盟的医疗器械管理政策。

英国健康领域研究开发水平高，大型医药企业众多，企业科研投入较大，产业集群效果明显。同时，在雄厚的化学制药基础上，英国的生物制药技术也取得了加速发展，成为老牌强国综合实力的新亮点。英国是世界制药业强国，与美国、日本并列世界三大药品研制中心。据英国制药工业协会（ABPI）报告，全球前100位处方药有1/5在英国研发。欧洲制药业上市公司中40%的药品来自英国，欧洲医药鉴定局（EMEA）总部设在伦敦。英国以全球1%的人口，却孕育出葛兰素史克与阿斯利康两大世界排名前十的制药企业，研发了近20%的最畅销药物以及承担了约1/10的临床试验工作。

另外，英国的生物技术产业的科学基础是其他欧洲国家无法企及的，卓越的研究能力为英国生命科学集群的形成和发展奠定了坚实基础。这里集中了剑桥、牛津两大世界著名高校以及众多国际知名的研究机构，包括英国医疗研究委员会（MRC）、巴布拉汉姆研究所（Babraham Institute）、维康基金会（Wellcome Trust）、欧洲生物信息学研究所（EBI）等，并且在生命科学领域成果累累，获得了20多项诺贝尔奖，发现DNA结构及单克隆抗体构造，发明DNA指纹分析法，在抗体工程领域也取得重大进展。

2. 德国健康大数据带动医疗产业增速

据德国工商大会2018年7月公布的《德国医疗健康产业报告》显示，德国2018年初在该领域发展极佳。这一报告是调查了近700家该产业的企业后得出的结果。53%的受访者认为目前的商业运行状况良好，30%的受访者认为未来该产业的业务发展会比目前更好，其中人口结构的变化、健康意识的提高和移民需求的增长是主要影响因素。该产业从业人员的配备也在持续增长，32%的企业计划继续扩大就业岗位，只有9%的企业计划裁减人员。

德国医疗市场规模庞大，增长迅速。2017年，德国移动健康医疗市场增长到30亿欧元左右，复合增长率22%（见图1-9）。

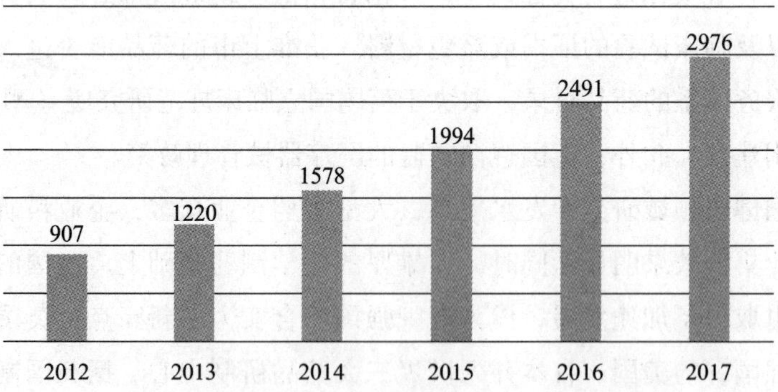

图1-9　德国移动医疗市场规模（单位：百万欧元）

德国的医疗技术提供了广泛的产品和服务。目前，德国共有8220万居民，37.1万名执业医生（全科医生、牙医及其他专科医生），900万人参加了私人保险。2018年医疗支出3530亿欧元，占国内生产总值的11.2%。拥有1956家医院，499351张床位，700万员工。德国的医疗技术高度创新。在医疗技术应用领域，15%的员工在研发部门工作，32%的产品使用不到3年。德国的医疗技术创新48%分布在心血管领域，41%分布在肿瘤领域（见图1-10）。

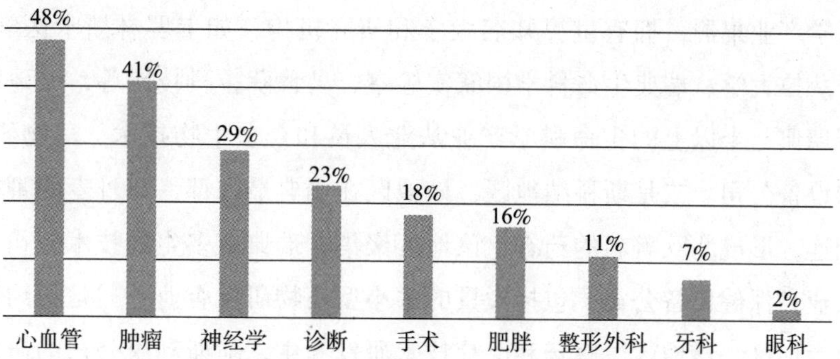

图1-10　德国医疗技术分布领域

德国拥有纽伦堡/埃尔兰根数字中心，该数字中心以其强劲的经济实力和优秀的医疗保健研究机构而闻名，通过与其合作伙伴间的合作，为初创企业和投资者提供了绝佳的机会。目前，该中心重点支持的领域包括：大数据、人工智能、物联网，两家重量级企业已将各自的实力整合为一个数字中心，共同致力于医疗产业的数字化。

3. 瑞典高度重视并扶持科学技术开发

瑞典在生命科学研究领域一直保持国际先进水平，在生物技术领域保持全球领先。瑞典生物医药产业门类齐全，包括药物研发和生产、医疗技术和器械、诊断技术和设备、生物材料、临床试验、系统解决技术、咨询、风险投资等。瑞典由生物科技、生物工程、医药、医学技术、医疗器械、诊断设备等组成的生物科技产业，以世界一流的大学及它们培养的专业人才为基础，具备雄厚的科技创新和产品研发能力，推出了呼吸器、人造肾、移植心脏起搏器、超声波、生物传感器、伽玛刀、局部麻醉、静脉营养学、阻滞剂等许多影响世界的发明创造。该领域共有4000多家企业，其中生物科技与工程方面的企业900家，制药企业1500家，医疗器械企业900家。瑞典生物科技产业以药物研制为主，占产业总量的54%，还有许多从事原料采购、市场销售、技术咨询和业务分包的企业，它们共同构成一个完整的产业链。

从产业分布看，药物研发占54%，生物技术、器材等占21%。从地域分布看，瑞典生命科学产业主要集中在三个地区：一是斯德哥尔摩、乌普萨拉和南曼兰地区，被称为瑞典东部生命科学产业带，也是欧洲最大的生命科学产业集群，拥有世界知名大学和研究机构，如卡罗林斯卡医学院、乌普萨拉大学、瑞典生命科学国家实验室、乌普萨拉科技园等，该地区聚集了瑞典一半以上的生命科学产业从业人员和众多生物技术、药物研发、仪器设备公司。二是斯科纳地区，该地区在瑞典最南部，与丹麦的哥本哈根相连，形成北欧著名的药谷，该地区聚集着瑞典众多生物技术公司、医药企业和保健设备公司，包括大量的中小型药物研发企业。三是西约特兰和哈兰地区，该地区以医药和医疗技术研发为主，阿斯利康公司的研发中心和植入性器械公司 Dentsply 位于该区摩恩达尔市，还有哥德堡大学和查尔莫斯大学衍生出来的许多小微医药公司位于该区。

在大学方面，卡罗林斯卡医学院、乌普萨拉大学和隆德大学都是在医学领域世界排名前 100 位的大学。瑞典高校有强大的医学科研创新能力，在神经科学、免疫学、蛋白质研究和基因组研究等领域的研发能力世界领先。瑞典在生物经济、生物能源方面也有独特的技术研发优势和产业发展规划。

产业的高速发展离不开政府的支持，瑞典政府高度重视生命科学研究和生物技术开发，出台了一系列政策措施。瑞典政府明确宣布，将生命科学列为未来 10 年需要应对挑战的科学研究优先领域。2017 年，瑞典政府研发经费总投入为 367 亿瑞典克朗。其中，生物和医药领域获得的资助最多，为 83 亿瑞典克朗。2017 年 9 月，瑞典政府宣布在未来 4 年的预算案中追加 3 亿欧元的研发资金，其中 1 亿欧元将用于生命科学领域的研究。瑞典每年全社会研发经费中约 10%投入到生物医药产业。除了政府的投入之外，瑞典大型医药企业都投入大量经费用于生物医药的研发。同时，瑞典的瓦伦堡基金会也是科研基础设施和研究资金的另一个主要支持者，该基金会在过去的 5 年里捐赠了约 5.8 亿欧元，以支持瑞典科技界和工业界开展生物医药研究。

（三）亚洲健康服务业发展特色鲜明

在亚洲地区，中国、日本、韩国、印度、东南亚等国家和地区的健康产业，在人口老龄化的背景下，在慢性疾病防御与治疗需求增加、居民健康意识提升的情况下，各国健康产业的发展已经具有一定的规模和特色。

1. 日本老龄化问题驱动健康产业迅猛发展

日本的大健康产业是集预防、诊断、治疗、康复等商品和服务部门的总称。通常包括医药、医疗保健系统、保健品机能食品以及社会福祉等领域（见图 1-11）。

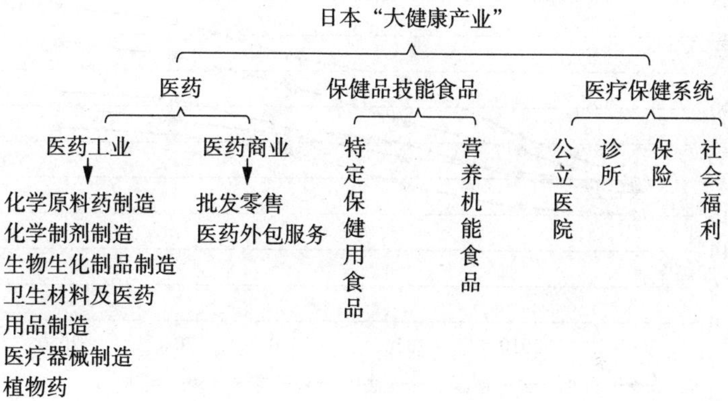

图 1-11　日本大健康产业结构

日本的大健康产业主要包括三大领域：医药、医疗保健系统、保健品。医药领域分为医药工业和医药商业两大类八大细分方向；医疗保健系统分为医院、诊所、保险以及由国家提供的社会福利；保健品分为特定保健用食品和营养机能食品。

日本良好的经济环境促进了大健康产业的发展。日本国内经济稳定，年平均 GDP 增长率为 2.2%左右，给大健康产业发展创造了良好环境，但也出现了一定的市场萎缩迹象；日本 2017 年的人均 GDP 为 38428 美元，远高于中国的 8827 美元和世界平均的 10758 美元。日元汇率自 2012 年来一路下跌，有利于医药产业出口。

人口加速老龄化对健康产业带来深远影响。统计结果显示，截至 2018 年 8 月 1 日，日本全国 1.26 亿人口中，70 岁以上老年人较上年增加了 100

万，共2618万人，占总人口数的20.7%，首次超过两成。被定义为高龄人口的65岁以上老年人的数量比上一年度增加44万人，共3557万人，占总人口数的28.1%，再一次刷新了最高纪录。此外，高龄人口中80岁以上老年人的数量比上一年度增加31万人，共1104万人，占总人口数的8.7%。90岁以上人口比上一年度增加14万人，共219万人。日本的人口老龄化形势日趋严峻，日本人口结构的快速老龄化及其带来的社保支出刚性增长，是加重财政负担的重要因素之一。

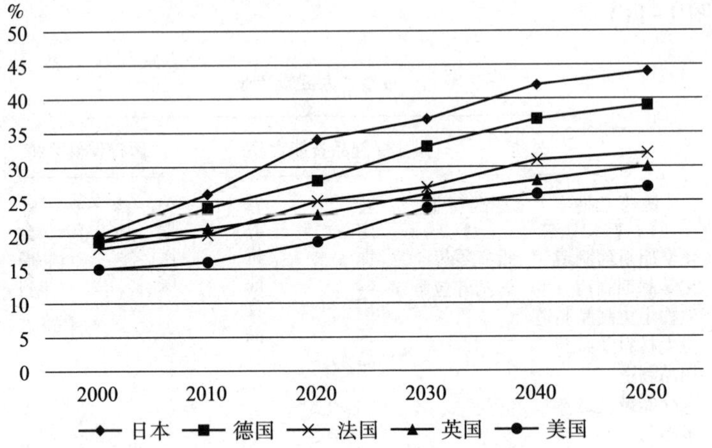

图1-12　主要发达国家65岁及以上人口占比

资料来源：联合国。

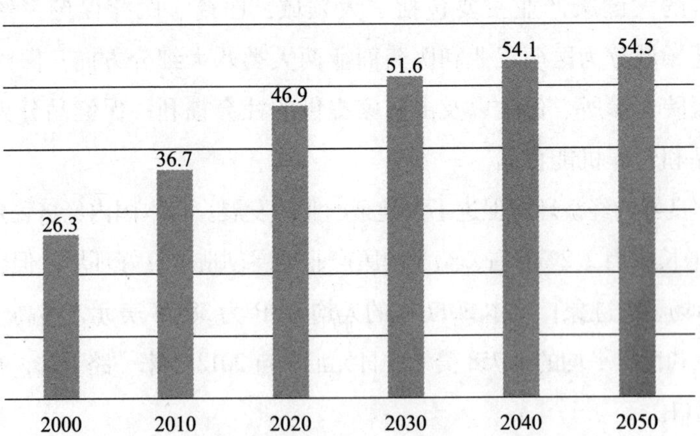

图1-13　日本65岁及以上人口数量（单位：百万）

资料来源：联合国。

日本人口老龄化程度加剧，以及日本民众具有较强的健康意识，注重不良生活方式所引起的疾病，将会增加对保健产品、医疗服务、医药用品的需求，从而促进日本大健康产业的发展。目前日本是全球第二大医药市场，预计今后将继续以复合年均增长率2.6%的速度发展。日本居民对提高健康意识很重视，花钱买健康服务的现象非常普遍。许多人定期到体检中心，接受医生的健康指导，主动改变生活方式。

2. 印度医疗保健产业增速快，医疗旅游优势凸显

印度医疗卫生服务的渗透潜力巨大，为医疗卫生产业的发展提供了充足的机遇。印度人均收入水平的提高、人口老龄化、健康意识的增强以及对预防性保健态度的转变，预计将在未来提升医疗服务需求。医疗服务低成本使该国医疗旅游迅速增长，吸引了来自世界各地的患者前来就医。此外，由于临床研究的成本相对较低，印度已成为国际研发活动中心的参与者。优惠的政府政策、税收政策以及良好的增长前景，帮助该产业吸引了私人资本、风险资本和外国投资者。预计到2020年，印度将跻身增长最快的三大医疗保健市场之列。

就收入和就业而言，医疗保健已成为印度最大的产业之一。由于覆盖面扩大、服务改善以及企业支出的增加，该产业正在以惊人的速度增长，2008—2012年，该市场的年均复合增长率达到16.28%，预计到2022年将达到3720亿美元（见图1-14）。印度的医疗产业在2017财年达到4万亿卢比（617.9亿美元），预计到2022财年将以16%~17%的复合年增长率增长，达到8.6万亿卢比（1328.4亿美元）。印度医疗产业的就业人数为319780人。预计到2020年，该产业将在印度创造4000万个就业岗位。2017年5月，亚洲技能转移研究培训机构（ART）宣布，计划到2022年，培训约100万名熟练医疗服务人员。

收入的增加、个人健康卫生意识的提高以及医疗保险普及率的提高，推动了医疗支出的增长，这一趋势在未来10年可能会更加明显。经济繁荣正在推动市场上仿制药价格的上涨，政府卫生部门支出占GDP的比例已从2014财年的1.2%升至2018财年的1.4%，印度计划到2025年将公共卫生支出占GDP的比例提高至2.5%。

印度的医学教育近年来发展迅速。印度医学院的数量从2011年的314所增加到2018年的476所（见图1-15）。在印度国家医学委员会注册的拥有公

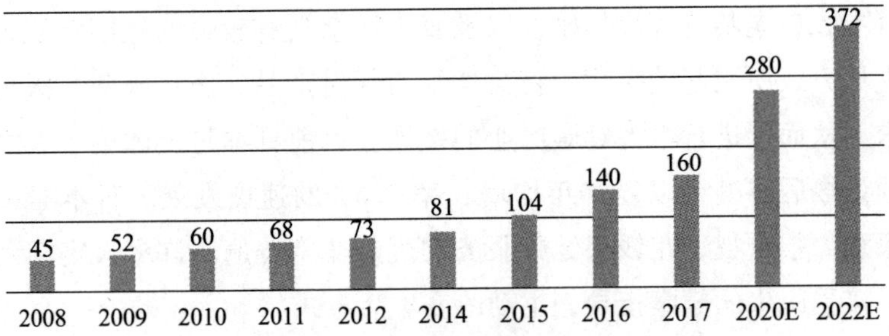

图 1-14 健康产业市场规模（单位：十亿美元）

认医学资格证书的医生数量从 2010 年的 827006 名增至 2017 年的 841104 名（见图 1-16）。

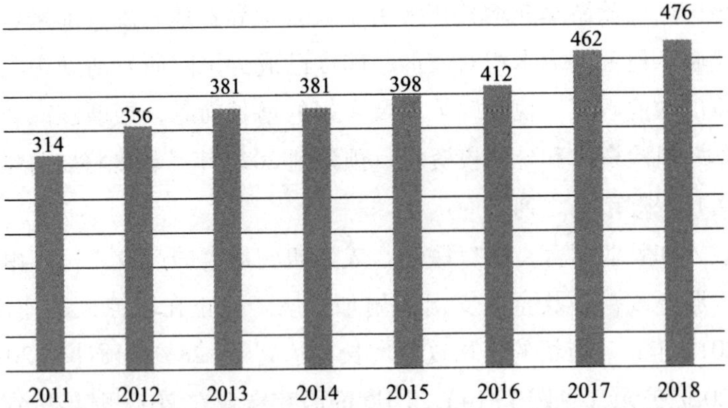

图 1-15 印度医学院数量分布趋势（单位：家）

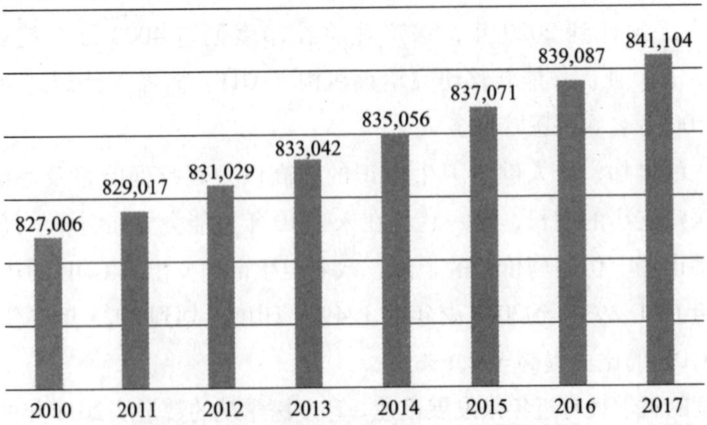

图 1-16 印度医生数量分布趋势（单位：人）

3.“一带一路”沿线国家的大健康产业异军突起

“一带一路”倡议促进了中国企业积极开拓海外市场的投资机会。在政治互信、经济融合、文化包容的背景下，将继续发挥沿线国家的相对优势，为优质企业深耕国外市场、实现战略布局创造崭新机遇。

以色列公共卫生事业发达，2014 年卫生支出占 GDP 的 7.8%。以色列文化中特有的独创性在医疗器械研发领域中发挥得淋漓尽致，从激光技术到外科设备，均取得突破性研发成果。另外，其在数字医疗/医疗信息化领域处于全球领先地位，健康数据分析与个人健康管理工具领域的创业公司半数以上处于初期阶段，有望成为中国企业的潜在投资目标。

新加坡医疗保健产业高度发达，是亚洲地区的医疗旅游目的地之一。新加坡拥有成熟的生物医药产业集群，境内约 50 家制药企业中有 80%以上是全球顶级生物制药公司。新加坡政府的“医疗诊断发展中心”资助项目以及新加坡投资机构（EDB）与飞利浦公司联合成立了投资联盟。康复辅具、糖尿病及相关疾病管理、牙科产品是新加坡增速较快的医疗健康领域细分市场。

药品短缺是哈萨克斯坦健康领域最突出的问题，医药产业成为医疗健康领域最具投资潜力的产业。目前，哈萨克斯坦政府正努力摆脱外商投资集中于能源产业的不利局面，推出多项鼓励政策促进医药领域的投资，对于足够规模的外商医药产业投资（2130 万美元起），实施一定的税费减免。

三、全球健康产业发展特点

健康产业目前已形成了五大基本产业群：以医疗服务机构为主体的医疗产业，以药品、医疗器械以及其他医疗耗材产销为主体的医药产业，以保健食品、健康产品产销为主体的保健食品产业，以个性化健康检测评估、咨询服务、调理康复、保障促进等为主体的健康管理服务产业，以养老服务为主的健康养老产业。此外，随着健康产业的产业链逐步完善，医疗旅游、新型保健产品研发制造、高端医疗器械研发制造等新兴业态正在不断涌现。

（一）医药产业稳步增长，研发支出不断提升

随着世界经济的发展、人口总量的增长、社会老龄化程度的提高以及

民众健康意识的不断增强，全球医药产业保持了数十年的高速增长。2018年全球药品市场需求将达1.2万亿美元，2015—2018年全球药品市场需求年复合增长率将维持在4%~5%。新兴市场的药品需求增长尤其显著，亚洲（日本除外）、非洲、澳大利亚2014—2018年的医药市场增速将达到6.9%~9.9%，超过同期预计全球4.8%的增速水平（见图1-17）。

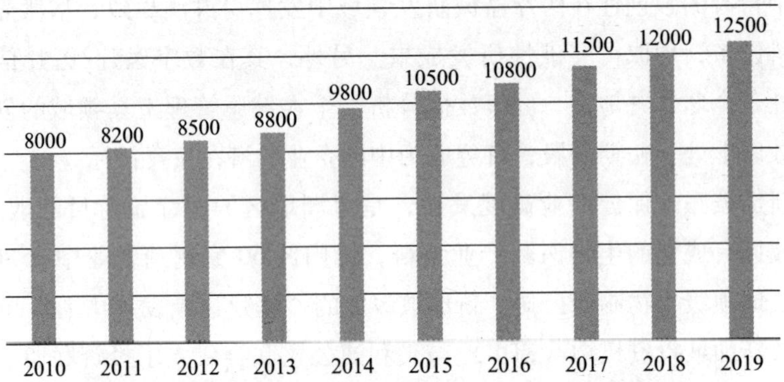

图1-17　全球医药市场规模情况（单位：亿美元）

从地域来看，美国仍是世界上最大的医药市场，2016年美国市场规模约占同期全球市场38%的份额。中国作为全球最大的新兴市场，近年来随着需求不断提升，其市场规模也保持高速增长，预计到2021年将达到1782亿美元，增速约8%。

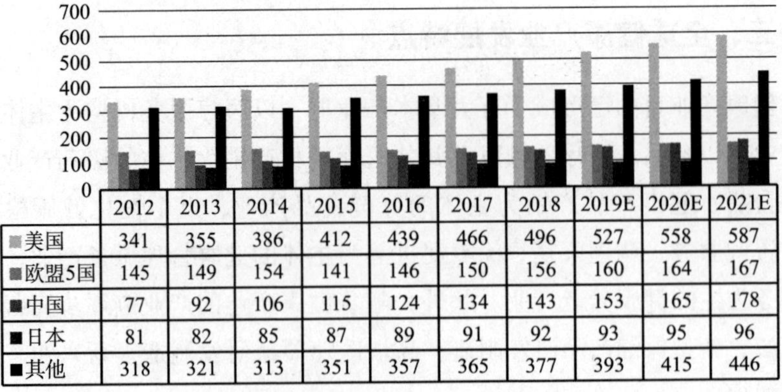

	2012	2013	2014	2015	2016	2017	2018	2019E	2020E	2021E
美国	341	355	386	412	439	466	496	527	558	587
欧盟5国	145	149	154	141	146	150	156	160	164	167
中国	77	92	106	115	124	134	143	153	165	178
日本	81	82	85	87	89	91	92	93	95	96
其他	318	321	313	351	357	365	377	393	415	446

图1-18　全球医药市场地区分布情况（单位：十亿美元）

新药研发是全球医药产业创新之源，对人类健康和生命安全有着重大的意义。2011—2020年全球医药研发总支出呈不断上升趋势，年复合增长率为1.6%。2020年研发支出预计达到1598亿美元（见图1-19）。

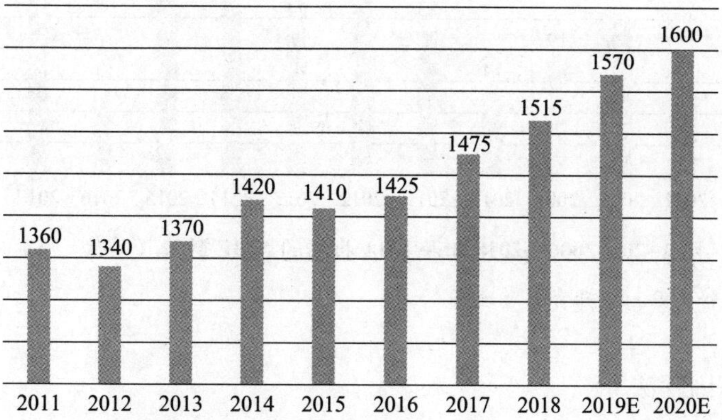

图1-19　2011—2020年全球新药研发支出情况（单位：亿美元）

资料来源：公开资料整理。

2011—2018年，全球在研新药数量稳定增长，从9717个增长到15267个，复合增长率为6.7%。处于研发阶段的新药数量越来越多，驱动临床试验活动不断增长并最终驱动临床试验用创新药物的需求不断增长。

在全球化学创新药研发领域稳步增长的情况下，药物分子研发和生产也具备了较好的发展前景，特别是那些掌握最新信息、熟悉药物化学、有较强化学技术实力的企业。这类公司产品主要应用于医药企业的新分子实体药物（New Molecular Entity，NME）研发项目，故公司的发展前景与新分子实体药物研发密切相关。2018年，美国FDA一共批准了59个新药（包括新分子实体药物和生物药），这是自1996年以来被批准最多的一年，其中新分子实体药物高达42个，占比71%。2006—2018年，FDA获批的NME数量整体上在稳定增长，从18个增长到42个（见图1-20）。

2018年是新药获批创纪录的一年，新药出现的背后是医药企业大量研发投入的支撑，大型医药企业在新药开发方面具有不可忽视的影响。2018年强生公司研发投入共739.51亿元，占收入比重的13.21%。强生公司在世界各地构建的JLABS研发基地将早期科学突破转化成尖端创新药物和科技。近日，强生旗下的杨森公司（Janssen Pharmaceutical Companies）表示，该公司有望在2019—2023年推出至少10款重磅新药。此外，强生公司还致力于开发多种创新治疗模式的技术平台，其中包括细胞疗法、RNAi

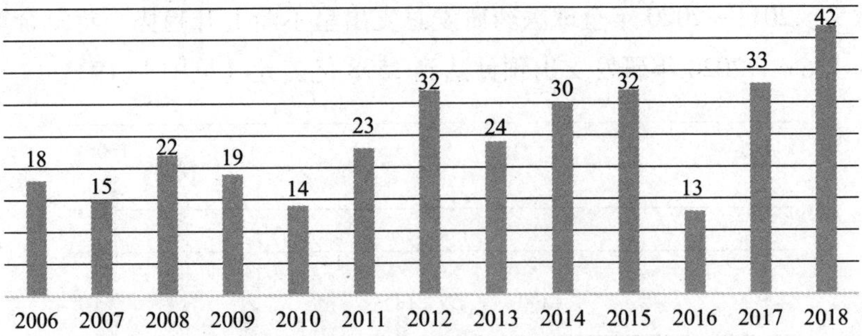

图 1-20　2006—2018 年获 FDA 批准的 NME 数量（单位：个）

资料来源：公开资料整理。

疗法和基因疗法等。

表 1-1　全球大型医药公司 2018 年收入、净利润和研发投入情况

单位：亿元

上市代码	公司名称	总部	收入	净利润	研发投入	研发投入比
JNJ. N	强生	美国	5599. 07	1049. 86	739. 51	13. 21%
PFE. N	辉瑞	美国	3681. 90	765. 45	549. 47	14. 92%
NVS. N	诺华	瑞士	3648. 89	865. 52	622. 77	17. 07%
ROG. SIX	罗氏	瑞士	3559. 25	576. 5	693. 9	19. 50%
MRK. N	默沙东	美国	2902. 72	426. 89	669. 30	23. 06%
SNY. O	赛诺菲	法国	2799. 68	337. 9	462. 52	16. 52%
AMGN. O	安进	美国	1629. 8	134. 13	59. 19	3. 63%
GSK. N	葛兰素史克	英国	2674. 09	314. 34	337. 76	12. 63%
BAYN. F	拜耳	德国	3106. 43	133. 01	411. 67	13. 25%
ABBV. N	艾伯维	美国	2247. 9	390. 31	708. 9	31. 54%
NVO. N	诺和诺德	丹麦	1175. 07	405. 88	155. 56	13. 24%
BMY. N	施贵宝	美国	1548. 41	337. 67	435. 47	28. 12%
LLY. N	礼来	美国	1685. 31	221. 82	364. 24	21. 61%
AZN. N	阿斯利康	英国	1516. 08	147. 9	407. 13	26. 85%
ABT. N	雅培制药	美国	2098. 63	162. 52	157. 85	7. 52%
GILD. O	吉利德	美国	1518. 62	374. 39	344. 4	22. 68%
TMO. N	赛默飞世尔	美国	1671. 74	201. 64	66. 37	3. 97%
ILMN. O	Illumina	美国	229. 75	56. 69	42. 76	18. 61%

资料来源：wind.

重磅药物的表现对一个制药企业的经营至关重要，同时重磅药物的成功也是企业创新与发展能力的最好体现，比如艾伯维公司的阿达木单抗（中文商品名：修美乐）2018 年销售额高达 199.36 亿美元，占公司全年营业收入的六成以上。单一药品每年几十亿美元的销售额对一般制药企业来说是不可想象的，但其平均超过 10 年的研发过程和数十亿美元的研发投入，这对很多企业来说也是高山仰止。

全球销量前 10 的药品中，5 个是癌症药物，2 个是关节炎药物，还有 3 个分别是抗血凝剂、治疗白血病和年龄相关黄斑变性的药物。以上治疗领域代表了当前药品研发的热点方向，每年各大研究机构均在这些领域投入巨大的人力、物力、财力。（见表 1-2）

表 1-2　2018 年全球畅销药 TOP10

序号	商品名	通用名	归属公司	治疗领域	销售额（亿美元）
1	修美乐（Humira）	阿达木单抗（adalimumab）	艾伯维	治疗类风湿关节炎、强直性脊柱炎	199.36
2	艾乐妥	阿哌沙班（Eliquis）	BMS/辉瑞	治疗静脉血栓栓塞事件和预防房颤患者中风	98.72
3	瑞复美（Revlimid）	来那度胺（Lenalidomide）	Celgene	与地塞米松合用，治疗曾接受过至少一种疗法的多发性骨髓瘤的成年患者	96.85
4	可瑞达	帕博利珠单抗	默沙东	治疗黑色素瘤	71.71
5	恩利（Enbrel）	依那西普（Etanercept）	Amgen/辉瑞/Takeda	类风湿性关节炎、强直性脊柱炎	71.26
6	赫赛汀（Herceptin）	曲妥珠单抗（Trastuzumab）	罗氏	转移性乳腺癌、乳腺癌辅助治疗、转移性胃癌	70.32
7	安维汀（Avastin）	贝伐珠单抗（Bevacizumab）	罗氏	转移性结直肠癌，联合以 5-氟嘧啶为基础的化疗适用于转移性结肠癌的治疗	68.98
8	美罗华（Mabthera）	利妥昔单抗（Rituximab）	罗氏	复发或耐药的滤泡性中央型淋巴瘤的治疗	68.01

续表

序号	商品名	通用名	归属公司	治疗领域	销售额（亿美元）
9	欧狄沃（Opdivo）	那武单抗（Nivolumab）	BMS/小野制药	治疗表皮生长因子受体基因突变阴性和间变性淋巴瘤激酶阴性、既往接受过含铂方案化疗后疾病进展或不可耐受的局部晚期或转移性非小细胞肺癌的成人患者	67.35
10	艾力雅（Eylea）	阿柏西普（Aflibercept）	Regeneron/拜耳	治疗成人糖尿病性黄斑水肿和成人新生血管（湿性）年龄相关性黄斑变性	65.73

（二）医疗器械市场稳中有增，发达国家占有绝对优势

医疗器械是指直接或者间接用于人体的仪器、设备、器具、体外诊断试剂、校准物、材料以及其他类似或者相关的物品，主要包括家庭保健器材、家庭医疗康复设备、家庭护理设备、医院常用医疗器械及各类高端新型医疗器械。

随着全球人口自然增长，人口老龄化程度提高，以及发展中国家经济增长，全球医疗器械市场规模已经突破了4000亿美元。根据Evaluate Med Tech预计，2017年全球医疗器械市场容量约为4050亿美元，2017—2024年全球医疗器械销售额平均增长5.6%，2024年将达到5945亿美元（见图1-21）。长期来看，全球范围内医疗器械市场将持续增长，产业市场前景仍然乐观。一方面，美国、欧洲和日本等发达国家和地区的医疗器械产业发展时间较早，医疗器械产业处于相对发达水平，对医疗器械的技术水平和质量标准要求很高，未来发达国家的医疗器械产品将以升级换代为主，市场规模庞大且保持稳定增长。另一方面，随着以中国、印度为代表的亚洲新兴发展中国家在医疗器械领域关键技术上的突破和医疗器械消费市场的迅速扩张，亚洲地区日渐成为全球最具发展潜力的市场。

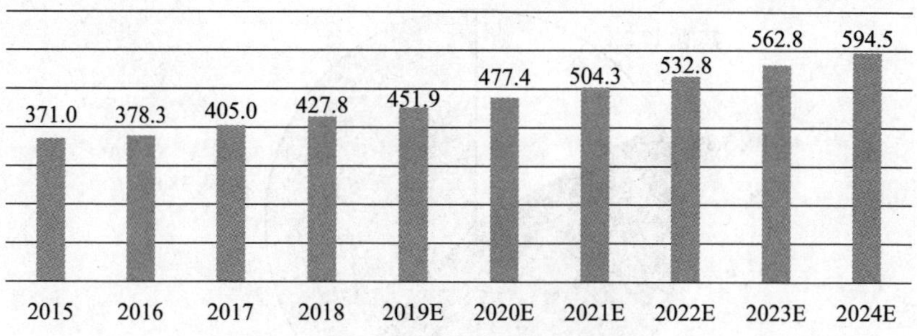

图 1-21　2015—2024 年全球医疗器械市场规模情况（单位：十亿美元）

资料来源：Evaluate MedTech《World Preview 2018, Outlook to 2024》.

从区域来看，全球医疗器械市场主要集中在美国、欧盟、日本等国家和地区。据欧盟医疗器械委员会统计数据显示，美国、欧盟、日本共占据全球医疗器械市场超八成的份额。其中，美国医疗器械产业拥有强大的研发实力，技术水平世界领先。同时，美国也是全球最大的医疗器械生产国和消费国，消费量占全球的 40%以上，医疗器械产业在全球的集中度较高。目前排名世界前 25 位的医疗器械公司的销售额合计占全球医疗器械总销售额的 60%，而散布在世界各地的数万家医疗器械公司的销售额合计只占 40%。欧洲是全球医疗器械第二大市场和制造地区，占全球医疗器械市场约 30%市场份额。德国和法国是欧洲医疗器械的主要制造国。法国是仅次于德国的欧洲第二大医疗器械制造国，也是欧洲主要医疗器械出口国。日本是全球一个重要的医疗器械制造国，约占全球市场份额的 9.4%。基于其工业发展基础，日本在医疗器械产业的优势主要体现在医学影像领域。随着全球医疗器械的发展，中国已成为全球医疗器械的重要生产基地，在多种中低端医疗器械产品领域，产量居世界第一，市场销售份额约占全球的 3.8%，中国高端医疗器械市场大部分份额由外资企业占领（见图 1-22）。

表 1-3　全球医疗器械产业分布情况

类型	国家及地区
世界医疗器械主要生产国	美国、德国、法国、日本、中国
世界医疗器械主要消费国	美国、中国、日本、英国、加拿大
世界医疗器械主要出口国	美国、中国、德国、日本、荷兰

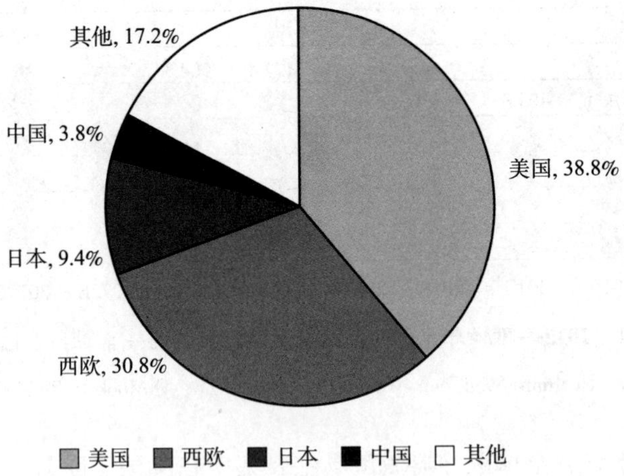

图 1-22　医疗器械产业全球分布占比

从具体细分领域来看，2017 年前 15 大医疗器械种类的销售额达 3418 亿美元，合计市场规模占比为 84.4%，预计 2024 年可达 5018 亿美元。其中，前三位医疗器械类别是体外诊断、心血管类和影像类，2017 年全球市场规模分别为 527 亿美元、470 亿美元和 397 亿美元，到 2024 年市场规模预计将分别达到 796 亿美元、726 亿美元和 510 亿美元。

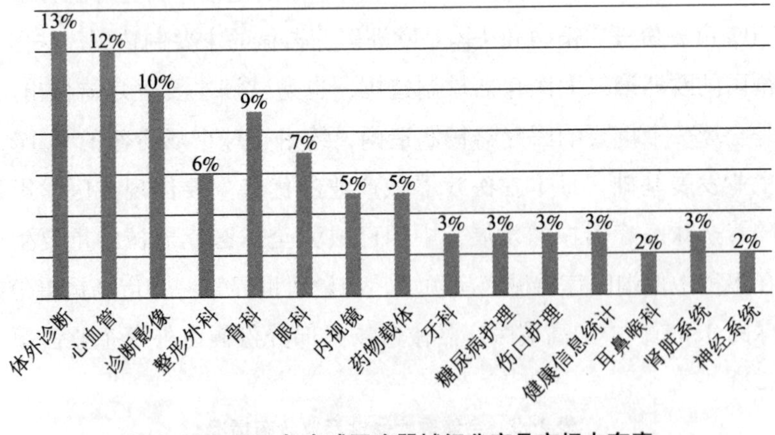

图 1-23　2017 年全球医疗器械细分产品市场占有率

资料来源：Evaluate MedTech《World Preview 2018，Outlook to 2024》.

医疗器械产品品种繁多，按照终端客户和产品特性，可大致进行如下分类：

表 1-4 医疗器械产品分类

医疗机构	医疗设备	监护设备、影像类设备（X 光机、CT、MRI、超声等）；诊断设备（血液细胞分析仪、生化分析仪等）；消毒灭菌设备、手术室灯床吊塔等
	耗材	一次性输液设备、纱布、止血海绵等；骨科、心脏支架等高值耗材；诊断设备用试剂
家庭		血压仪、血糖仪、按摩椅、体重秤等

从表 1-4 可见，医疗器械的特点是产品间差异极大，既包括止血海绵、一次性输液设备这类简单的产品，也包括医用磁共振成像设备（MRI）这类复杂的大型设备。基础领域涉及电子技术、计算机技术、传感器技术、信号处理技术、生物化学、临床医学、精密机器、光学、自动控制、流体力学等众多方面。因此，医疗器械的发展受相应国家基础工业发展水平的影响很大，欧洲、美国、日本由于发达的工业基础和多年的技术积累，长期处于世界领先位置。

医疗器械属于全球范围内集中度较高的产业。2018 年，全球前 10 位的医疗器械企业营收达 2032.5 亿美元，占据全球医疗器械市场总额的 47.51%（见表 1-5）。

表 1-5 2018 年全球十大医疗器械企业营收规模

排名	公司	收入（亿美元）	全球占比
1	美敦力（Medtronic）	299.5	7.00%
2	强生医疗（Johnson&Johnson Medical Devices）	270	6.31%
3	赛默飞世尔科技（Thermo Fisher Scientific）	243.6	5.69%
4	飞利浦医疗（Philips Healthcare）	207	4.84%
5	通用医疗（GE Healthcare）	165.4	3.87%
6	费森尤斯医疗（Fresenius Medical Care）	189.2	4.42%
7	雅培制药（Abbott Laboratories）	188.6	4.41%
8	碧迪（Becton Dickinson）	159.8	3.74%
9	卡地纳健康（Cardinal Health）	155.8	3.64%
10	西门子医疗（Siemens Healthineers）	153.6	3.59%
总计		2032.5	47.51%

全球医疗器械领域研发投入保持每年 4.5%的复合增长率，2018 年全球研发支出 300 亿美元，2024 年预计达到 389 亿美元，研发销售比保持在 6.5%以上，其中全球前 20 位的医疗器械企业研发销售比在 8%左右（见图 1-24）。

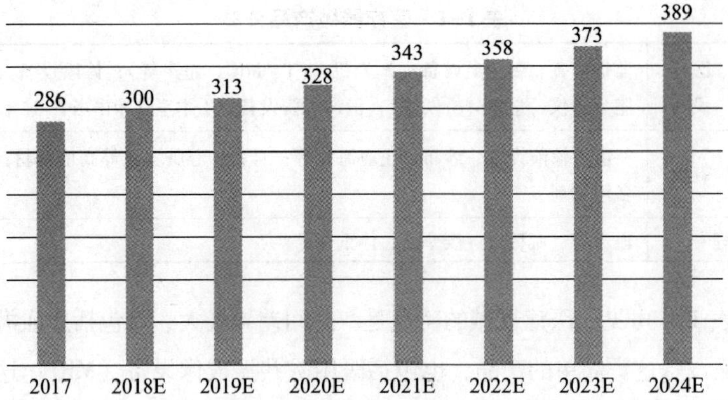

图 1-24　2017—2024 年全球医疗器械研发支出（单位：亿美元）

资料来源：Evaluate MedTech.

（三）保健食品市场高速增长，亚洲国家市场发展较快

保健食品在欧美称为“保健食品”或“健康食品”，也称“营养食品”，德国称为“改良食品”，日本称为“特定保健用食品”，并纳入“特定营养食品”范畴。20 世纪 90 年代以来，随着社会进步和经济发展，人类对自身的健康日益关注，全球居民的健康消费水平逐年攀升，对保健食品的需求十分旺盛，推动保健食品的全球市场规模不断增长。2018 年，全球保健食品市场的销售收入为 3800 亿美元左右，保持 7%以上的发展速度（见图 1-25）。

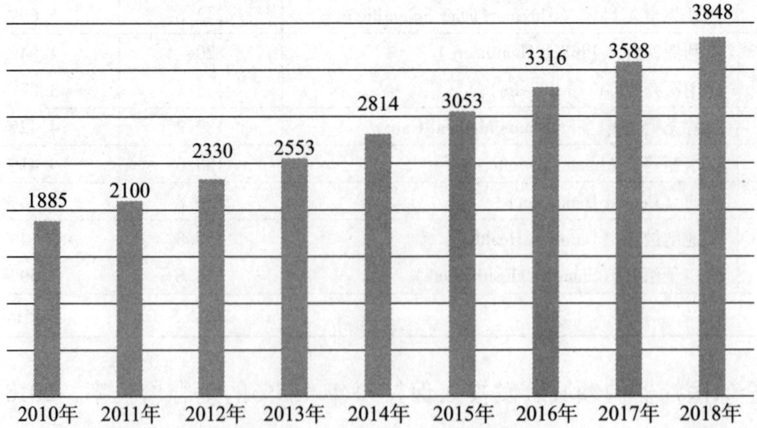

图 1-25　2010—2018 年全球保健食品市场规模（单位：亿美元）

资料来源：前瞻产业研究院。

世界保健食品的消费国主要分布在北美洲、欧洲和亚洲。美国和西欧地区是传统的保健食品主要市场，以中国为代表的亚洲国家市场近年来也发展较快。当前美国保健食品已经渗透到大众的日常生活中，消费大众化的趋势已经形成，消费占比超全球1/3，未来消费规模有望保持持续增长。西欧保健食品市场相对成熟，市场渗透率较高，占比全球保健食品市场11%的份额。目前，德国、法国、英国、意大利四国为西欧的主要保健食品市场，而西班牙等新兴市场呈现快速增长势头。中国、日本、韩国等是亚洲地区的主要保健食品消费市场（见图1-26）。

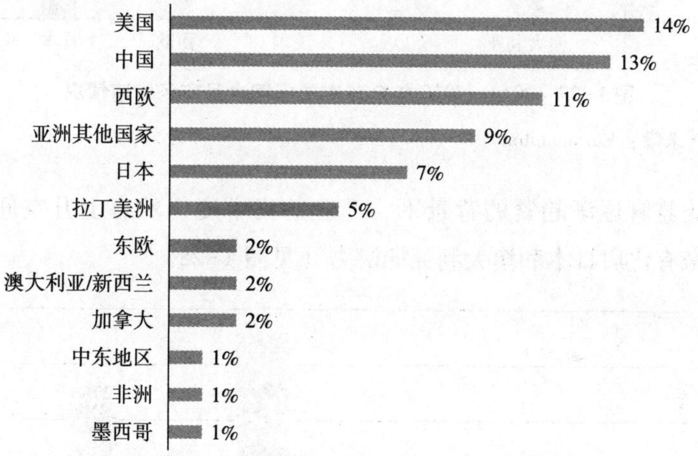

图1-26 全球保健食品市场主要国际占比

资料来源：中商产业研究院。

居民健康意识、消费水平和购买力大幅提高，促使中国保健食品市场迅速发展，中国在2016年已经成为全球第二大保健食品消费市场。从全球主要保健食品市场增速情况来看，中国保健食品市场增速最快，2004—2018年复合增长率约为10%（见图1-27）。

中国保健食品产业的集中度低于澳大利亚和日本，与美国相似。与世界各大保健食品市场相比，2017年我国保健食品产业集中度CR5（20%）略高于美国（18.4%），略低于澳大利亚（33.2%）和日本（27.6%）。澳大利亚和日本的产业集中度明显高于美国的原因在于监管完善程度的差异，澳大利亚和日本的保健食品市场监管相对美国更加严格。在中国保健

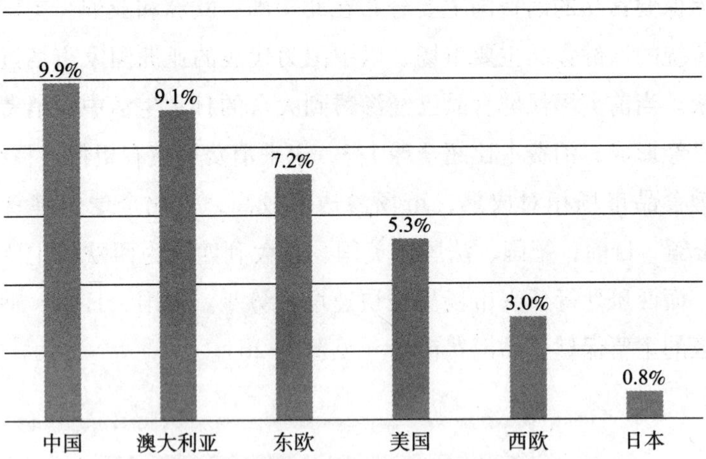

图 1-27　2014—2018 年全球主要保健食品市场增速情况

资料来源：Euromonitor.

食品产业监管逐渐趋紧的背景下，产业的集中度仍然有上升空间，产业 CR5 未来有比肩日本和澳大利亚的潜力（见图 1-28）。

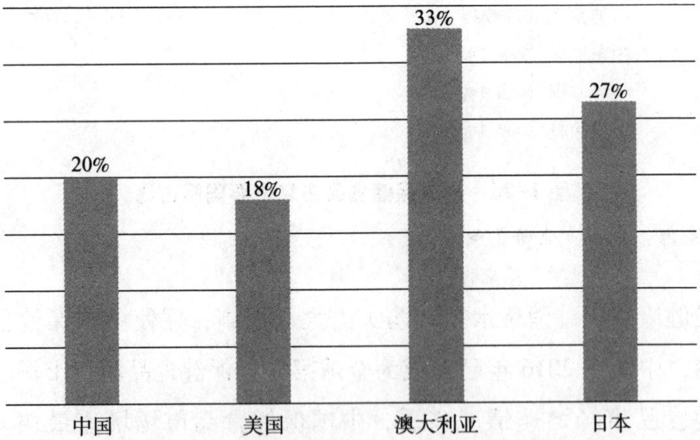

图 1-28　2017 年各国保健食品产业 CR5

资料来源：Euromonitor.

（四）医疗旅游快速崛起，服务机构井喷增长

医疗旅游是将旅游和健康服务结合起来的一种旅游服务形式，不同国家的居民因居住地医疗服务昂贵或不完善而选择异地或别国就医，包括预防、治疗、康复和护理等方面。

价格优势及先进医疗技术是驱动跨境医疗的主要因素。跨境医疗受两类人追捧：一是欧美发达国家居民去价格低廉且服务水平高的发展中国家寻求医疗服务；二是以中国和中东为代表的发展中国家和地区的富裕阶层去医疗水平先进的发达国家寻求医疗服务。在价格发面，每个国家对不同医疗项目价格规定都有所不同，造成了价格间的不匹配，以美国和印度为例，同一类型手术项目的价格差别最多高30倍以上（见表1-6）。

表1-6 部分国家医疗项目价格比较 单位：美元

手术项目 \ 国家	美国	哥伦比亚	印度
心脏搭桥	144000	14802	5200
血管成形	57000	4500	3300
心瓣修复	170000	18000	5500
髋关节置换	50000	6500	7000
腹部除皱	9750	3500	3000
隆胸	10000	2500	3500
原地角膜消除	4400	2000	500

资料来源：广州日报。

医疗旅游作为新兴旅游方式，目前在全球范围内快速崛起。数据显示，全球医疗旅游族的数量已从2006年的2000万人次迅猛增长至2018年的8000多万人次。全球医疗健康旅游产业规模从2014年的5097.7亿美元激增至2018年的7463.5亿美元，年均增长率达到11%，占全球旅游产业经济总体规模的18%（见图1-29）。

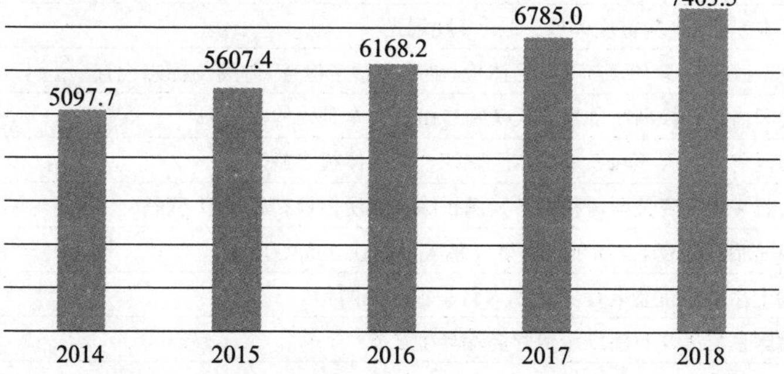

图1-29 2014—2018年全球医疗旅游产业市场规模（单位：亿美元）

资料来源：GSWS&SRI.

从全球区域来看，日韩、欧美、南亚成为我国居民医疗旅游消费的主要目的地。日韩等国拥有高水平的服务和高性价比的产品。欧美国家技术最发达，治愈重症病率高，拥有高质量的新药和丰富的医生集团资源，癌症治疗、生育服务具有优势。南亚国家的医疗旅游产品价格具有竞争力，以印度为例，印度仿制新药领先我国6~8年上市，且价格低廉，医疗项目从体检、牙科、整容手术等非必要性治疗到癌症、肝脏疾病等重症治疗，都有较高的性价比。

图 1-30　各国高端和特色医疗旅游服务

资料来源：易观智库。

表 1-7　最受关注的十大医疗旅游线路

序号	线路
1	日本早期防癌PET内脏血液全身健康检查，5日2人私密小团
2	日本东京+高端抗癌体检，3天2晚观光
3	日本医科大学PET-CT防癌体检+脑疾病精密检查+肿瘤物标志检查
4	美国洛杉矶拉斯维加斯9天7晚自由行，全基因检测项目
5	韩国首尔4天3晚三星首尔医院综合健康体检之旅
6	大版4天3晚关西医科大学天满桥综合诊所体检精密PET套餐
7	福冈胎盘抗衰老+汤布院温泉（私人订制独立成团）
8	瑞士活细胞抗衰老疗养（私人订制独立成团）
9	德国慕尼黑9日活细胞治疗高端养生之旅
10	印度新德里5日4晚康安途丙肝医院健康游

资料来源：公开资料整理。

重症治疗与海外体检占据医疗旅游市场半壁江山。根据消费者人群需求，即健康人群和重症人群，目前海外医疗旅游产品体系主要由重症治疗、海外体检、医疗美容、生育辅助、儿科诊疗等项目组成。其中，海外医疗产品重症治疗（癌症等）占比最高达 40. 8%，体检产品次之，二者总占比超过半数（见图 1-31）。

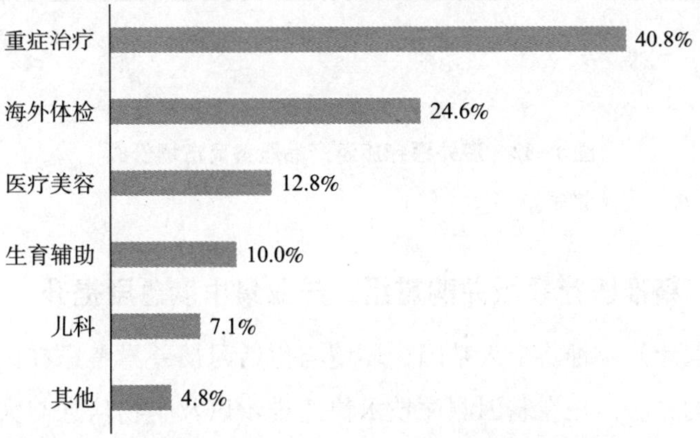

图 1-31 海外医疗旅游产品占比分布

资料来源：易观智库。

近年来，伴随海外诊疗人数的快速增长，医疗旅游咨询服务机构出现“井喷”式增长。服务包括评估病情、制定医疗方案、健康体检、注射疫苗等。医疗旅游服务机构的盈利模式已初步形成，大致可以分为：第一，综合性健康管理服务的企业，它们解决客户跨境医疗的咨询、治疗、健康管理的需求，提供高端定制型医疗产品（如瑞士抗衰老项目、日本高端综合体检等）和医疗旅游配套服务（如签证、酒店、机票等）；第二，跨境医疗互联网平台，它们收取医疗服务机构和海内外医院的推广收入，以及用户海外医疗咨询收入等。在我国的产品供给端，排名前三的春雨国际、盛诺一家和微医生合计占据了 53. 2%的市场份额（见图 1-32）。

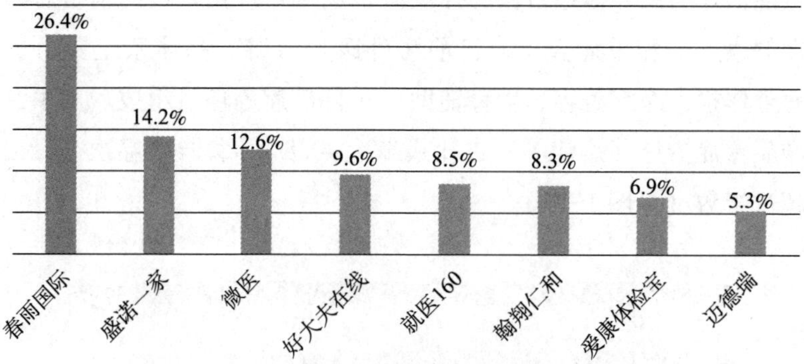

图 1-32　海外医疗旅游产品服务商市场份额

资料来源：易观智库。

（五）精准医疗领域并购重组，产业集中度急剧提升

精准医疗是一种将个人基因、环境与生活习惯差异考虑在内的疾病预防与处置的方法，是在基因测序技术快速进步以及生物信息与大数据科学交叉应用背景下发展起来的新型医学概念和医疗模式。与现代的医疗相比，精准医疗更重视“病”的深度特征和“药”的高度精准性。

目前，美国、法国、英国、韩国等精准医疗计划已经获得重大推进。2015 年，时任美国总统的奥巴马在国情咨文演讲中提到了“人类基因组计划”，推动了精准医疗项目的实施。目前全世界范围内，美国的“精准医学计划”、法国的“基因组医疗 2025”、英国的“10 万人基因组计划”、韩国的“万人基因组计划”、澳大利亚的“零儿童癌症计划”等精准医疗计划已经获得重大推进。

各国精准医疗的发展推动了精准医疗的全球规模化提升。据国际市场研究机构 BBC Research 的数据显示，2016 年全球精准医疗市场规模 600 亿美元，其中精准诊断市场规模为 100 亿美元，精准治疗市场规模为 500 亿美元。2016—2017 年全球产业发展增速在 15%左右。根据该机构预测，到 2020 年全球精准医疗产业的市场规模将超过 1000 亿美元（见图 1-33）。

随着各国对精准医疗发展重视程度的提升，以 Illumina、罗氏制药和贾兹制药公司等为代表的全球精准医疗产品设备的供应商，针对精准医疗相关项目进行了优势企业间的并购重组。截至目前，Illumina 和罗氏制药

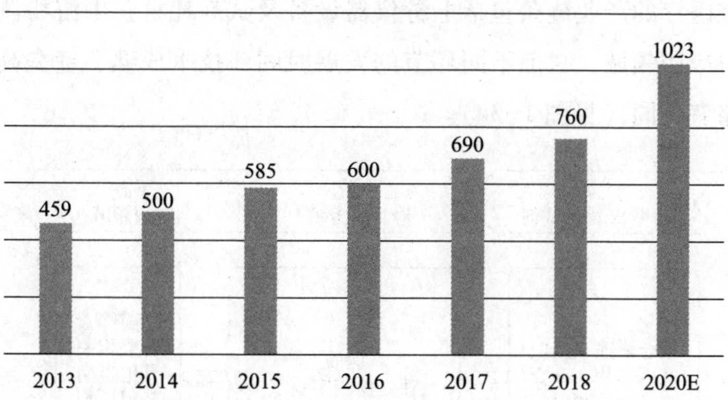

图 1-33　全球精准医疗市场规模（单位：亿美元）

资料来源：前瞻产业研究院

两家企业通过并购和重组等方式，基本实现在精准医疗的全产业链布局(见表 1-8)。

表 1-8　全球精准医疗并购重组案例

公司	发布时间	事件
Illumina	2011 年	收购生产基因测序试剂的 Epicentre（埃皮森特）
	2012 年	收购专注于染色体筛选诊断的 Bluegnome（蓝色地精）
	2013 年	收购 Verinata（维里纳塔健康）、Advanced. Liquid. Logic (先进液体逻辑)、Next Bio 三家公司
	2016 年	成立新公司 Grail，开始布局肿瘤检测
	2017 年	与飞利浦公司正式宣部开展战略合作，共同开发肿瘤学的精准医疗项目
罗氏制药(Roche)	2007 年	罗氏分别于 2007 年、2014 年收购了 454LifeScience，布局基于测序产业上游
	2014 年	收购 Genial. Technologies，深化布局无创产前诊断领域，涉足中游测序服务
		收购生物信息公司 Bina，实现了全产业链的布局
贾兹制药公司(Jazz. Pharmaceuticals)	2016 年	收购 Celator 医药公司
吉利德科学公司(Gilead. Sciences)	2017 年	以 119 亿美元的价格收购 Kite. Pharma（凯特制药），介入细胞治疗产业
美国新基公司(Celgene)	2018 年	以 90 亿美元收购 June 剩余近 90%的股份，跻身全球免疫细胞治疗巨头公司的阵营

资料来源：公开资料整理。

精准医疗的产业链条包括上游仪器设备及试剂耗材、中游检测服务商以及下游应用领域，目前不同环节的发展时间、技术成熟、壁垒高低等的成熟度略有不同（见图 1-34）。

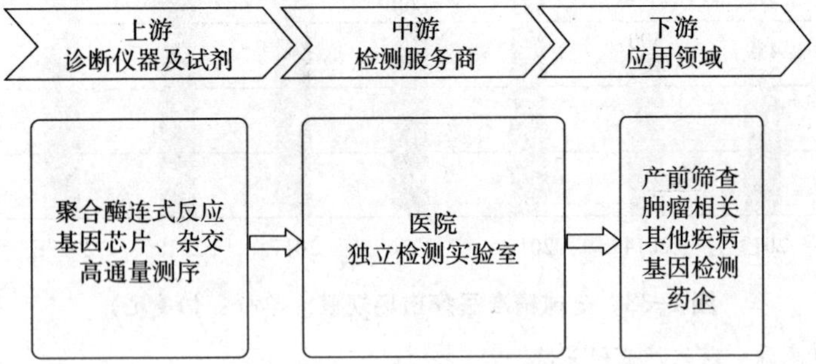

图 1-34 精准医疗产业链

上游诊断仪器及试剂。诊断为精准医疗的核心基础，而分子诊断是核心支撑技术。分子诊断包括多种方式，其中聚合酶链式反应（PCR）技术相对成熟，占比较高；高通量基因测序信息量丰富，是目前发展最快的子领域，是未来的方向所在。分子诊断需要仪器和试剂配合使用，我国目前 PCR 技术的中端仪器和诊断试剂已基本国产化，而高通量基因测序技术的仪器严重依赖进口、试剂以国产为主。目前高通量测序仪器以二代测序仪为主且在未来一段时间都将持续，海外 illumina、Roche 的技术和优势明显，在全球及我国装机数量领先；部分国内企业通过并购、贴牌或自主研发测序仪，已有 7 款基因测序仪问世，如华大、贝瑞和康、华因康等，其中华因康为自主研发。检测服务商作为中游，存储大量的基因样本且需要对基因检测结果做出解析，对基因安全及诊断结果影响重大。基于安全和产业规范考虑，我国于 2014 年以试点形式谨慎推进，因此试点资格成为该领域的核心壁垒之一。国家政策并不允许生物标志物出境，注定检测服务本土化的特点。目前基因检测的下游应用包括产前筛查、肿瘤相关疾病基因检测、创新靶向药物研发及个性化健康管理等。其中产前筛查是国家支持发展领域，2015 年 1 月国家卫计委发布通知审核通过 108 家医疗机构入选开展 NIPT 高通量测序技术临床试点，叠加医保控费、产业技术提升、二胎政策下孕妇数量增加、高龄化趋势等，产前筛查的市场需求量将增加，根据每年的婴儿出生率，50%渗透率计算市场空间在 140 亿元。但该领域技术成熟，市场已被华大基因、贝瑞和康等龙头企业占据。

在精准医疗领域，高端生物制品和药品生产制造中涵盖了分析、检测、存储等多个环节，illumia、赛默飞、Beckman 等企业的设备和配套的试剂、耗材凭借早期介入和市场的认可几乎已经成为医疗机构和医药企业的首选。鉴于高成本和较高的技术难度，以及准入、专业人才、技术和质量控制壁垒，其他新兴设备、试剂厂商短时间内很难实现全方位突破和自主技术替代。

作为精准诊断的核心和关键测序仪，也是基因测序产业链上壁垒最高的部分，其市场基本被欧美巨头公司占领。全球三大测序设备龙头企业 Illumina、赛默飞和罗氏的市场占有率分别达到 83.9%、9.9%和 5.2%（见图 1-35）。

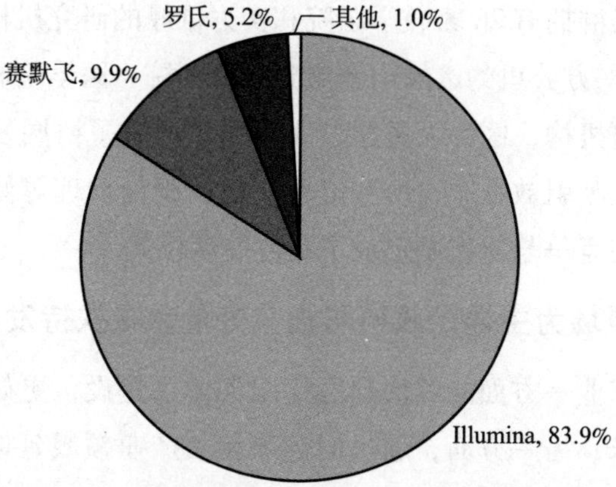

图 1-35 全球精准医疗产业测序设备龙头企业市占率

资料来源：前瞻产业研究院。

精准医疗作为新兴产业，目前正处于发展阶段。随着人类环境和生活方式的改变，全球重大疾病、亚健康和慢病人群基数庞大且逐年增长，未来基因组技术的最新科研结果与传统临床医学相结合，必将为疾病诊断、治疗、临床决策带来革命性的改变。

四、全球健康产业发展趋势

健康产业在飞速发展的过程中，整体上呈现出一定的规律，即产学研用一体化协同发展；以市场为主导，社会力量参与度不断提升；依托区位和资本优势持续拓展辐射范围和服务半径三大趋势，逐步走向高科技化、市场化、全球化之路。

（一）产学研用一体化协同发展提升健康产业科技水平

知识源是健康产业实现高水平发展不可或缺的条件，医学院校及科研机构的高度集聚为健康产业发展提供丰富而优质的智力资源，是推动健康产业科技创新成果转化应用、增强产业竞争力的重要支撑。

各国都十分重视产学研用一体化发展和产业链整体布局。美国著名的德克萨斯州休斯顿医学中心，最早起源于20世纪30年代进驻的医学科研机构，目前已形成了医学研究、技术创新、人才培养、健康政策研究的完整体系，健康产业领域从业者超过10万人，在密集的技术创新和知识交流过程中实现了产业效益最大化，大大加速学术研究成果向临床应用转化。纽约健康产业集群拥有26家教学医院和实力雄厚的研究机构。波士顿长木医疗区在0.86平方公里的区域内密集分布着医院、医学院和医学研究中心等数十家医教研机构，医疗人员超过4万名，形成了协同发展的有机产业链，在此基础上吸引数百家诊所和健康管理、康复护理等健康服务机构在区域内布局，在竞争与协作中形成了良性发展模式。

（二）以市场为主导，政府与社会力量参与扶持发展

发展健康产业一方面能够推动医疗服务体系建设，更好地满足国民基本医疗服务需求；另一方面，通过向健康相关产业领域延伸拓展，能够加快传统健康产品加工制造等业态升级，催生和壮大新兴业态，满足不断增长的多样化健康需要。在这一过程中，市场机制发挥着基础作用，多元化的社会力量广泛参与到了健康产业发展中。

纵观世界各国，健康产业的发展离不开市场，也离不开各种社会力量的支持。在实行政府主导的国民健康保障制度的英国，健康产业的高端研发制造和创新环节主要由大型跨国企业和大量的创新型中小企业构成。德国法兰克福、纽伦堡等健康产业专业化区域，普遍采用“政府引导、企业化运作”模式，健康产业园区、健康科技创新基地等全部由专业化健康产业管理公司和产业协会组织运营管理，各类健康产业企业主体通过业务合

作机制加强联系，并作为有机整体为区域争取德国联邦政府和欧盟的支持项目。

（三）依托区位和资本优势持续拓展辐射范围和服务半径

作为经济全球化发展和技术变革背景下诞生的新兴支柱产业，国际健康产业发展具有高度的开放性，集中表现为产业分工与服务对象的全球分布。

从健康服务对象看，其产品和服务通常不局限于满足当地居民的健康服务需求，而是以开放的姿态，更积极地参与到全球健康产业分工当中，深耕国际大市场，着眼于为更大范围的消费者提供便捷的健康服务。迪拜健康城依托迪拜航空枢纽实现国际航班与产业园区的“无缝衔接”，通过100多条辐射各大洲的“健康航线”，吸引来自世界各地的消费者。新加坡、德国、土耳其等也都借助良好的区位条件和陆海空立体交通网络实现了服务范围扩展，有效扩大了健康服务的覆盖人群。从健康产业链分工看，健康产业研发设计、加工制造、服务提供、支撑保障等各环节国际化程度不断提升，产业跨国兼并重组活跃。以医药产业为例，2018年全球医药产业领域跨国并购规模超过2700亿美元，涉及生物技术、基因检测、互联网智慧健康等领域，大型医药健康跨国企业凭借资本优势进一步巩固了全球产业布局。

五、全球健康产业发展成功经验

从全球范围看，经过多年发展，许多国家依托自身优势特色，已逐渐探索形成了若干经济和社会效益良好、有较强国内外市场竞争力的发展模式，构建起各具特色的组织形式和支撑体系，在创新发展、融合集聚、新产业新业态培育和传统业态转型升级等方面积累了丰富的经验。通过对国际健康产业发展趋势和经验的分析把握，能够为新时代我国健康产业发展带来启发和借鉴。

（一）健全政府产业扶持政策体系

国际经验表明，健康产业高水平发展离不开政府的引导和支持。相对于信息技术、电子、化工等其他领域，健康领域具有开发链条长、投资巨大、监管严格、项目周期长等特点，某种意义上说难度更大。相比巨大的社会效益，产业发展单纯依赖市场驱动将动力不足，需要政府引导。美国制药业、生物科技等产业在世界范围内都居于领导者地位，这与政府对研发的大力支持有关：美国著名的研发税收抵免法案从1981年开始实施，为各个产业的研发提供了很大的动力。政府政策支持带动整个社会对健康产业研发投资的增长，形成了良好的研发投资环境。美国联邦政府一直保持对生物医药领域的投入力度，作为直接领导和开展各类生物医药科学基础研究的美国国立卫生研究院（NIH），得到了联邦财政的强力支持，是除美国国防高级研究计划局外获得政府财政支持最多的科研单位。瑞典创新署公共资金扶持的项目普遍要求有产业界等额的配套资金投入，这些公私共同资金保证了研究机构的各科研团队的高水平研究，研究成果有些直接由出资企业利用，有些变成派生公司继续技术开发，技术更成熟后以IPO或者技术合作形式完成私有资金的退出，形成健康的公私模式。

（二）发挥产业协会和公共服务平台作用

产业协会是联系政府、企业之间的桥梁纽带，是加强和改善产业管理与市场治理的重要支撑，健康类产业协会也不例外。产业协会不仅要为政府、企业和社会服务，还要引导产业发展。美国、德国、瑞士、瑞典、丹麦等国都通过专业化中介机构、专业的产业协会和创新应用转化平台，为健康产业园区和企业机构提供包括技术咨询、法律服务、产品评估、人才培训、公共实验室等在内的完善的产业服务整体解决方案，并有针对性地配套工程开发、装备制造等企业，提高运行和服务效率，加快创新成果应用转化。比如，国际健康调理协会，得到美国联邦政府、美国联邦纽约州政府的认证，同时又取得了中国驻美大使馆的权威认证，已经在美国、英国、德国、中国、澳大利亚、日本、韩国等十几个国家开展了业务往来、交流与合作。

中美两国均处于天然保健食品产业的领军地位，在产业发展上，两国一直保持紧密而独特的关系。美国是全球最大的保健食品成品制造国，而中国却是全球第一大原料提供商，中国的保健食品消费群体日益扩大，中国市场正快速成为天然保健食品炙手可热的市场。中国保健协会、中国营养保健食品协会、深圳市健康产业发展促进会、深圳市保健协会、美中健康产品协会致力于在中美市场上促进其会员企业的产品和服务，同时为两国的产业发展架起一座桥梁，更紧密地联系在一起。

（三）产业结构布局精细合理

精细、合理的产业结构，对产业发展有较好的促进作用。美国将健康产业分为五大块，即家庭及社区保健服务、医疗服务、医疗商品、健康风险管理服务、长期护理服务，其中家庭及社区保健服务占50%左右，为健康领域最大的一个板块，最少的长期护理服务也达到了6%。而我国的健康产业还处在初创期，医院的医疗服务、医疗用品占据了绝大多数，达到了95%，其他总和不过5%。另一方面，得益于对家庭及社区保健服务的重视，美国更加注重疾病预防，除了治疗之外还为民众提供各种健康管理服务，从而使得健康产业可以良性发展。产业结构划分精细、结构合理，成为美国健康产业经久不衰的原因。我国目前充分认识到疾病预防的重要性，倡导从治疗疾病到预防疾病，有了将关口前移的趋势。

（四）市场化的医疗保险体制提供支撑

医疗保险体制是健康产业发展的重要支持者。高度市场化的医疗保险体制使得资本进入健康产业的通道畅通，促进了产业发展。与之相比，非市场化的医疗体制虽然部分解决了公平问题，但束缚了医疗资源的合理配置，这一方面导致医疗资源严重短缺，另一方面使得医疗健康相关人才的收入不高，限制了产业发展。

美国的医疗体制建立在私营医疗的基础上，医疗资源几乎全部由市场配置，辅助以公共医疗资源的供应，提高了医疗资源的配置效率。美国的医疗保险业可谓是健康产业的“钱袋子”“看门人”，健康产业的再分配几乎都是由医疗保险业实现的，保险公司收取一定的保费支出，为投保人选定医生和相关医疗机构，利润的驱动使其通过与医院合作加强成本控制，提高了成本节约度；另外，在与医院的合作中严格划定诊疗程序和相关收费标准，有利于医疗资源社会化配置的优化。未来我国商业医疗保险可以根据实际情况进行行业深耕，探索如何推出针对高收入群体或老年人的特殊医疗保险，从保险延伸到服务，创新模式，深耕市场。

第二节　我国健康产业发展概况

在“健康中国 2030”国家战略背景下，我国健康产业已经成为促进当地经济结构转型升级、推进供给侧结构性改革的着力点及新常态下经济增长的重要引擎，大健康时代已全面来临。从战略到部署，国家正在落实让健康政策融入全局、健康服务贯穿全局、健康福祉惠及全民，健康产业将迎来前所未有的发展契机和广阔的发展前景。庞大的健康市场催生了中国健康产业的发展。近年来，中国健康产业勃兴，涉及医疗器械、医药产品、保健食品、康复医疗等多个与人类健康紧密相关的生产和服务领域。

一、我国健康产业发展情况

2018 年，我国健康产业呈现蓬勃发展之势，发展速度远超世界其他国家。虽然健康产业持续快速增长，但我国健康支出与美国相比差距很大。与发达国家相比，我国健康产业尚处于起步阶段、整体规模偏小。

（一）我国健康产业整体情况

目前来看，我国健康产业呈现蓬勃发展之势。据前瞻产业研究院发布的《中国健康产业战略规划和企业战略咨询报告》统计数据显示，截至 2018 年，我国健康产业规模达 7. 01 万亿元，为 2011 年的 2. 6 万亿元的 2. 69 倍，2011—2018 年复合增长率达 13. 2%。若按此增速扩张，2020 年我国健康产业的规模将达到 8. 98 万亿。国务院于 2013 年 9 月发布了《关于促进健康服务业发展的若干意见》，也提出到 2020 年，基本建立覆盖全生命周期的健康服务业体系，健康服务业总规模达到 8 万亿元以上，2030 年将超过 16 万亿元，是目前市场规模的 2. 3 倍（见图 1-36）。

从发展速度来看，我国健康产业发展速度较快。由于我国健康产业发展处于前期阶段，尤其是健康管理正处于市场培育阶段，因此产业空间大、运行效率高、增速快。目前我国健康产业规模增长远高于发达国家，2010—2018 年，全球健康产业的复合增速为 5%，而我国健康产业的复合增速达到 13%，是全球增速的 2. 6 倍。

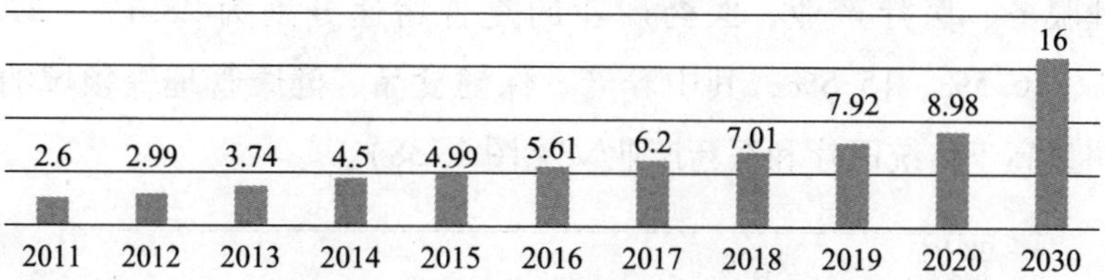

图 1-36　2011—2030 年中国健康产业市场规模统计情况及预测（单位：万亿元）

资料来源：公开资料整理。

虽然我国健康产业持续较快增长，但与发达国家相比，我国健康产业发展尚处于起步阶段、整体规模偏小。比较美国卫生总费用支出，2012 年美国卫生总费用达到 2.75 万亿美元，占 GDP 比重的 16.9%；2014 年美国卫生总费用达到 2.98 万亿美元，占 GDP 比重高达 17.1%，居世界第一。而我国 2018 年医疗卫生支出占 GDP 的比重只有 6.6%，未来增长和发展的空间巨大。

从产业群体占比来看，由于长期以来我国人口众多，医疗服务需求庞大，以及近年来老年人口规模增长迅速，因此目前我国健康产业形成了以医药产业和健康养老为主（二者合计占比超 80%），其他产业为辅的快速发展局面（见图 1-37）。

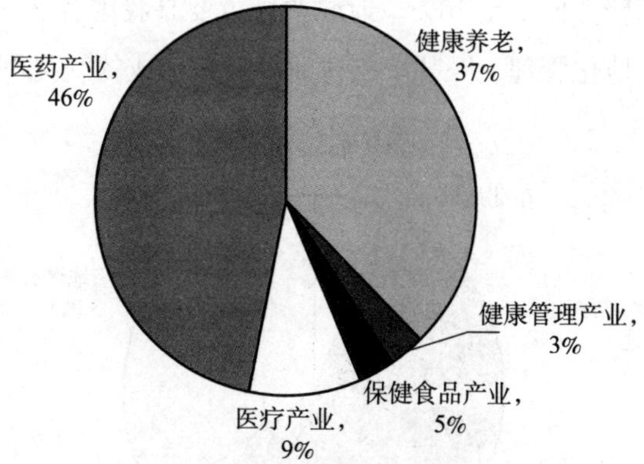

图 1-37　健康产业细分领域市场规模

资料来源：前瞻产业研究院。

从各细分领域来看，与健康服务与保健相关的细分领域增速明显高于传统医疗和医药产业。2010—2018 年，我国健康养老、保健食品产业、健康管理服务、医疗产业、医药产业的复合增速分别为 28.1%、27.7%、19.7%、16.5%、15.5%，其中养老、保健食品、健康管理等领域的发展增速明显高于传统医疗和医药产业（见图 1-38）。

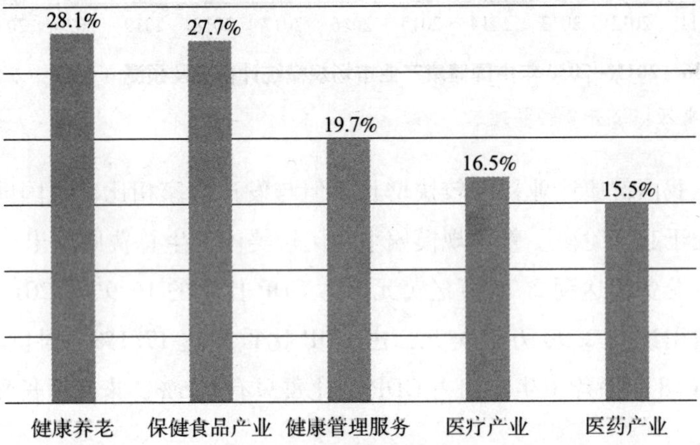

图 1-38　2010—2018 年健康产业各细分领域增速

资料来源：智研咨询。

健康服务产业作为一个新兴产业，在发展过程中存在着较大的地域差异。经济发达的华东地区，医疗服务消费较高，相比之下，西北地区、东北地区健康服务消费占比不足 10%。地域差异主要是我国各区域经济发展不平衡、医疗机构属地化管理、医师单点执业等因素造成的（见图 1-39）。

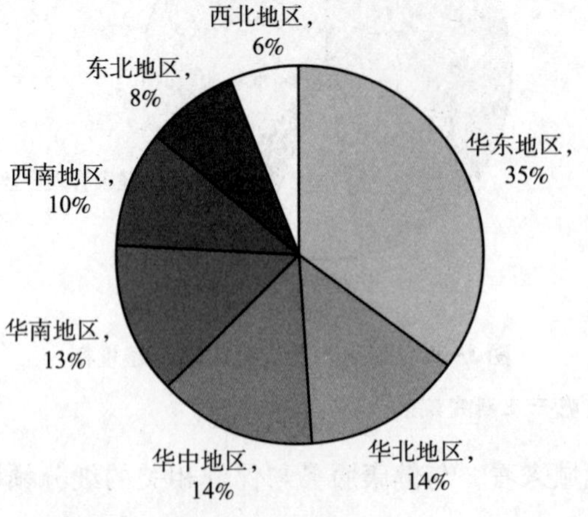

图 1-39　健康服务产业区域消费集中度分析

（二）我国健康产业领域投融资情况分析

“十三五”规划中将建设“健康中国”上升为国家战略。国务院印发的《“健康中国2030”规划纲要》中指出，到2020年，健康服务业总规模将超过8万亿元人民币，到2030年达到16万亿，健康产业将成为未来最具潜力的朝阳产业。在目前我国的经济形势下，政策利好与健康产业市场巨大这两方面吸引了众多社会资本和产业巨头参与争夺，社会资本正逐渐成长为促进健康产业发展的重要助推器。

2010—2018年，国内健康产业投资活跃度呈上升态势，投资案例数平均增长率高达35%。2018年国内医疗健康领域融资总额再次高速上涨，达到825.85亿元，增速高达78.64%，投融资事件数达到695起。从整体投融资状况看，医疗健康产业融资金额持续上升：2014年医疗产业国内融资总额为212亿元，2018年总体融资额已达到787亿元。药品和医疗服务是增长最快的两个板块，2018年分别达到341亿元和314亿元（见图1-40）。

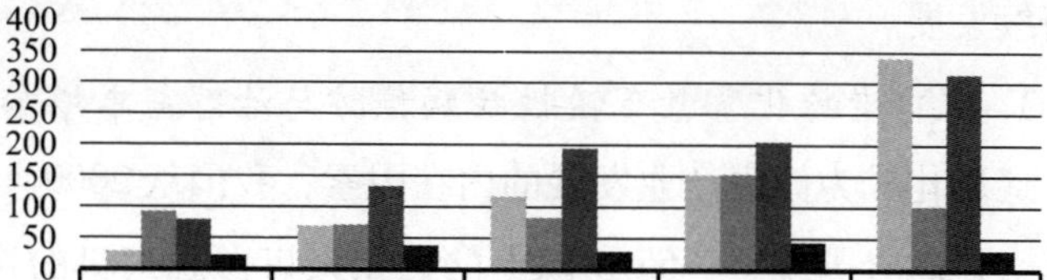

	2014年	2015年	2016年	2017年	2018年
药品（亿元）	28	69	117	152	341
医疗器械（亿元）	92	71	83	153	101
医疗服务（亿元）	79	133	194	205	314
商业流通（亿元）	22	38	29	44	31

图1-40 中国医疗健康产业融资金额

资料来源：鲸准研究院《2018中国新经济创投白皮书》

健康产业炙手可热，在国家政策与健康趋势下，企业纷纷投入到健康产业中来。阿里巴巴投资10亿开办“阿里健康”，腾讯布局医疗AI引擎，百度医疗布局连接医患+人工智能，万达狂砸1440亿元布局医疗，小米探索健康数据，华润置地联手凤凰医疗布局健康产业，把医院开进社区。此外，如恒大、万科、保利、碧桂园等巨头也不甘人后，纷纷通过自建或投资并购、跨界合作等形式杀入这片新战场，地产圈的合纵连横在健康领域重新上演。

具体年度融资情况方面，2014 年以后医疗健康产业融资热度逐渐上升，至 2016 年和 2017 年融资热度趋于平稳，事件数量变化较小，2018 年融资事件为 824 起，降幅较大；从单笔融资金额来看，2014—2017 年产业平均单笔融资金额变化幅度较小，约 4000 万元，2018 年平均单笔融资金额大幅增涨，达到 9500 万元人民币，较之前几年增长了 130%左右。

（三）我国健康产业发展驱动因素分析

伴随我国经济持续快速发展，人民群众的健康消费需求也持续释放，健康产业规模不断增长，健康产业驶入高速发展的快车道。从产业发展趋势看，健康产业在当下迎来了加速发展期，产业景气度高。支撑产业高速运行的引擎有三个：第一，人口老龄化背景下慢性疾病防御与治疗需求增加；第二，居民健康意识提升扩大了医疗保健支出；第三，政策推进健康中国建设。这三大利好因素预计在未来仍将继续发酵，从而推动健康产业的持续发展。

1. 人口老龄化背景下慢性疾病预防与治疗需求增加

老龄化成为健康产业发展的内在因素，我国从 2000 年就已经进入老龄化社会。联合国规定：65 岁以上的老年人口占总人口的比例达 7%以上或 60 岁以上老年人口在总人口中的比重超过 10%的属老年型国家或地区。国家统计局发布我国最新的老年人口数据为：2018 年末，60 周岁及以上人口 24949 万人，占总人口的 17.9%，对比 2017 年末，60 周岁及以上人口 24090 万人，占总人口的 17.3%，2018 年相比 2017 年增长了 859 万，增长了 0.6%。其中 65 周岁及以上人口 1.66 亿人，占总人口的 11.9%。无论是哪个比例都远远超过定义比例，中国已大踏步进入老龄化社会。展望未来，人口的加速老龄化与寿命的延长将是大趋势。在此背景下，养老、慢性病等健康问题将受到广泛关注。但值得注意的是，我国进入老龄化的时间非常短，发达国家老龄化进程长达几十年至 100 多年，如法国用了 115 年，瑞士用了 85 年，英国用了 80 年，美国用了 60 年，而我国只用了 18 年就进入了老龄化社会。预计到 2050 年，我国老龄人口比例将超过 30%。

慢性病成为中国老龄化社会的头号杀手。人口老龄化的最直接后果就

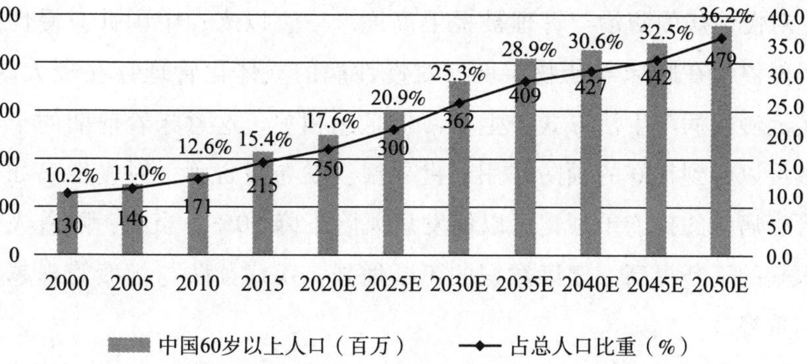

图 1-41　中国 60 岁以上老龄人口及占比不断增加

资料来源：公开资料整理。

是衰老与疾病，尤其近几年随着环境污染的加重，人们的生存质量也在下降。《中国自我保健蓝皮书》指出：中国居民慢性病患病率由 2003 年的 12.33%上升到 2013 年的 24.52%，十年增长了一倍，中国确诊的慢性病患者已接近 3 亿人，慢性病死亡占中国居民总死亡的构成比已上升至 85%，目前中国成年人高血压患病率超过 25%、高血脂患病率的 40%、糖尿病患病率约 10%、脂肪肝患病率约 20%～30%。更为重要是，当前慢性病已经呈现年轻化的发展趋势，开始侵袭四五十岁的中年人，3 亿慢性病确诊患者中一半属于 65 岁以下人群。

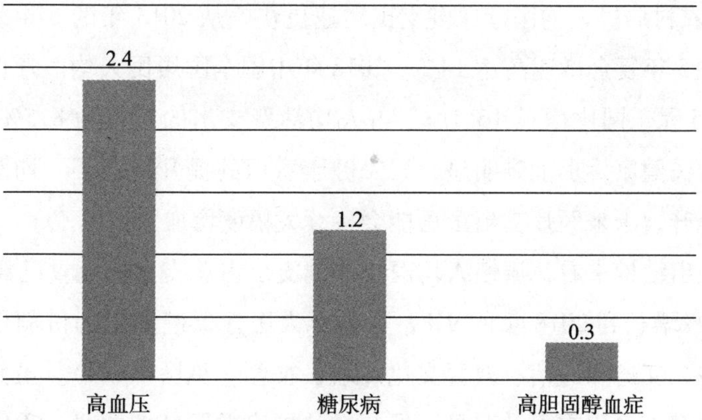

图 1-42　中国居民慢性病人数统计（单位：亿人）

资料来源：公开资料整理。

对慢性病的防治与管理被提上高度。一直以来，中国针对慢性病人群仍然停留在临床与药物层面，对慢性病的立体化管理存在较大缺口。事实上慢性病与生活方式、生活习惯息息相关，这意味着前期的干预和宣教可以起到很好的预防作用。世界银行发布报告称，对慢性病如心脑血管疾病等的提前干预，可以使发病风险下降50%。当前，随着人们生活水平的不断提高、健康意识的不断增强，疾病预防与健康管理越来越受到重视。

2. *居民健康意识提升及医疗保健支出增长迅速*

健康意识的提升与观念革新进一步促使健康产业发展。生活质量的提升使得人们对健康有了更高的要求，环境恶化与生活压力增大引发人们对健康问题的普遍关注。审美观念革新也使得医疗美容等产业进入了大众消费阶段。我国居民收入的提升为健康产业发展奠定了购买力基础。国际发展经验显示当人均 GDP 超过 6000 美元时，进入典型的消费升级周期，非生活必需品消费将成为主要消费。2011 年以来，我国人均 GDP 超过 6000 美元，居民可支配收入持续增长，从 2011 年的 36302 元增加到 2018 年的 64644 元。伴随着收入增加，人均医疗保健支出增速快于普通消费支出增速。国家统计局数据显示，2013 年时我国城镇居民人均医疗保健支出还只有 1118 元，到 2018 年已经上升到 2011 元，5 年复合增速为 12%（见图 1-43）。而农村居民人均医疗保健支出增速更快，从 2013 年的 614 元上升为 1194 元，5 年复合增速高达 14%。2018 年中国全国居民人均医疗保健消费支出 1685 元，同比增长 16.1%，占人均消费支出的比重为 8.5%。可见，近年来居民健康诉求上升明显，居民健康意识的提升带动了人均医疗保健支出的上升，未来医疗支出很可能会持续大幅度增加。

从支出结构来看，城镇人均医疗保健支出占总支出的比重已经从 1995 年的 3.5%增长到 2018 年的 9%，目前个人医疗保健支出的份额仅次于食品、居住、交通和通信、教育文化娱乐、衣着（见图 1-44）。虽然我国人均医疗保健支出比重上升明显，但与发达国家差距依旧明显，美国个人医疗护理支出占总支出的比重为 16.9%。随着我国老龄化加剧、收入水平上升、健康意识提升，未来这一比例会进一步提高。

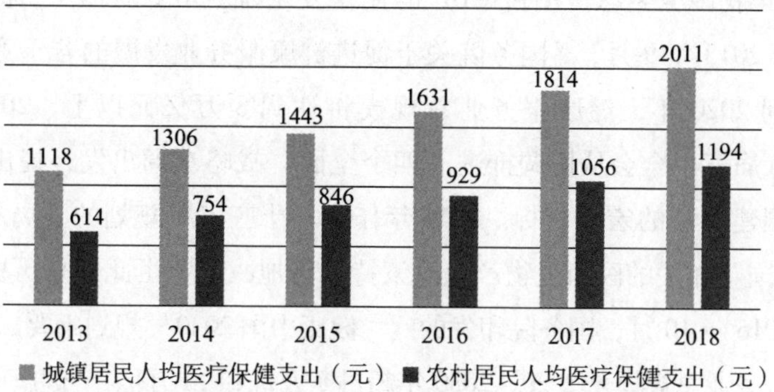

图 1-43 城乡人均医疗保健支出情况（单位：元）

资料来源：公开资料整理。

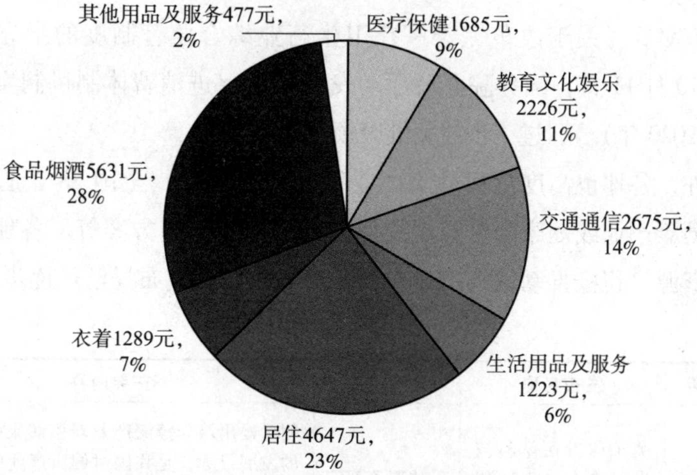

图 1-44 2018 年中国人均消费支出情况

资料来源：人民日报。

3. 政策扶持持续推进我国健康产业发展

从健康产业政策面来看，国家政策对健康产业的支持力度不断加强，各类政策持续驱动了健康产业的快速发展。2011 年 11 月，国务院发布的医学科技“十二五”规划，明确提出培养健康产业新型健康产品开发的发展目标，这是我国对健康产业的第一个规划，也是首个明确将健康产业作为一个整体产业进行的规划，但是政策支持的力度有限。2013 年 3 月，国务院在深化医疗体制改革中提到健康中国 2020 的健康发展战略，明确提出到2020年我国卫生总费用占GDP的比重要增加到6.5%~7%，提高两个百分点。2013年9月，《国务院关于促进健康服务业发展的若干意见》中提出，到2020年，健康服务业总规模将达到8万亿元以上。2015年10月，十八届五中全会从协调推进“四个全面”战略布局出发，提出“推进健康中国建设”的宏伟目标。2016年作为“十三五”规划的开局之年，与“健康中国”相关的医药生物产业政策持续落地，产业由此迎来历史性发展机遇。2016年10月，国务院印发的《“健康中国2030”规划纲要》，明确提出健康服务业总规模于2020、2030年超过8万亿和16万亿，“健康中国”已正式上升为国家发展战略，指导落实各项具体建设。2017年，十九大再次提出要实施健康中国战略，完善国民健康政策，为人民群众提供全方位、全周期的健康服务。2018年，健康医疗领域政策频出，2018年8月3日，国务院办公厅印发了《关于改革完善医疗卫生行业综合监管制度的指导意见》。2018年10月11日，国务院办公厅印发《完善促进消费体制机制实施方案（2018—2020年）》，进一步放宽健康领域市场准入。

此外，各地也高度重视健康产业发展，2018年，全国28个省份制定出台了健康产业或健康服务业规划、行动计划或实施方案等。各地依托优势特色资源，积极推动健康产业建设，全国健康产业布局已经逐步展开。

表1-9　近几年健康产业政策

发布日期	发布名称	发布机构	主要内容
2011年11月	关于印发医学科技发展“十二五”规划的通知	科技部等部门	明确提出培养健康产业新型健康产品开发的发展目标，是我国对健康产业的第一个规划，也是首个明确将健康产业作为一个整体产业进行的规划
2012年8月	《“健康中国2020”战略研究报告》	卫生部	总报告主要阐述了我国卫生事业发展所面临的机遇与挑战，明确了发展的指导思想与目标，提出了发展的战略重点和行动计划以及政策措施等。到2010年，初步建立覆盖城乡居民的基本卫生保健制度框架，使我国进入实施全民基本卫生保健的国家行列；到2015年，使我国医疗卫生服务和保健水平进入发展中国家的前列；到2020年，保持我国在发展中国家前列的地位，东部地区的城乡和中西部的部分城乡接近或达到中等发达国家的水平

续表

发布日期	发布名称	发布机构	主要内容
2013年9月	国务院关于促进健康服务业发展的若干意见	国务院	到2020年，基本建立覆盖全生命周期、内涵丰富、结构合理的健康服务业体系，打造一批知名品牌和良性循环的健康服务产业集群，并形成一定的国际竞争力，基本满足广大人民群众的健康服务需求。健康服务业总规模达到8万亿元以上，成为推动经济社会持续发展的重要力量
2015年5月	国务院办公厅关于印发中医药健康服务发展规划（2015—2020年）的通知	国务院办公厅	首个中医药健康服务发展国家级规划
2016年6月	国务院办公厅关于促进和规范健康医疗大数据应用发展的指导意见	国务院办公厅	到2017年底，实现国家和省级人口健康信息平台以及全国药品招标采购业务应用平台互联互通，基本形成跨部门健康医疗数据资源共享共用格局
2016年10月	健康中国2030规划纲要	中共中央、国务院	未来15年健康产业行动纲领
2017年	健康中国战略	中共中央、国务院	完善国民健康政策，为人民群众提供全方位全周期健康服务
2018年4月	《关于促进“互联网+医疗健康”发展的意见》	国务院	提出一系列政策措施，明确了支持“互联网+医疗健康”发展的鲜明态度，突出了鼓励创新、包含审慎的政策导向，明确了融合发展的重点领域和支撑体系，也划出了监管和安全底线
2018年8月	《智慧健康养老产品及服务推广目录（2018版）》	工业和信息化部	涵盖健康管理类可穿戴设备、便携式健康监测设备、自助式健康检测设备、智能养老监护设备、家庭服务机器人等大项56个产品类项目以及慢性病管理、居家健康养老、个性化健康管理、互联网健康咨询、生活照护、养老机构信息化等6大项59个服务类项目
2018年8月	《关于改革完善医疗卫生行业综合监管制度的指导意见》	国务院办公厅	对新时期医疗卫生行业综合监管工作作出部署，进一步规范和优化医疗卫生服务供给

续表

发布日期	发布名称	发布机构	主要内容
2018 年 9 月	《关于改革完善医疗卫生行业综合监管制度的指导意见》	国务院	到 2020 年，建立职责明确、分工协作、科学有效的综合监管制度，健全机构自治、行业自律、政府监管、社会监督相结合的多元化综合监管体系，为实施健康中国战略、全方位全周期保障人民健康提供有力支撑
2018 年 9 月	《国家健康医疗大数据标准、安全和服务管理办法（试行）》	卫健委	明确健康医疗大数据的定义、内涵和外延，以及制订办法的目的依据、适用范围、遵循原则和总体思路等；明确各级卫生健康行政部门的边界和权责，各级各类医疗卫生机构及相应应用单位的责任权利，并对三个方面进行了规范
2018 年 10 月	《完善促进消费体制机制实施方案（2018—2020 年）》	国务院办公厅	进一步放宽健康领域市场准入

资料来源：各政府网站。

二、我国健康产业重点领域发展分析

健康产业覆盖范围广，各细分市场集中度有很大不同。本节以市场规模较大的医疗器械、生物医药，增长速度较快的保健食品、健康体检、康复医疗、医疗美容等领域为重点，着力分析健康细分市场具体发展情况。

（一）医疗器械，黄金时代的周期起点

1. 发展情况

全球医疗器械产业的发展始于 1816 年听诊器的发明，随后的 200 年间，各种医疗器械层出不穷，产业不断向上发展。我国医疗器械现代化起步于 1952 年，随着国家对产业的支持力度加大，居民消费水平提升，医疗器械产业发展迅速。

随着我国经济生活水平不断提高，人们对医疗保健的意识逐渐增强，因此对于医疗器械产品的需求也在不断攀升，再加上我国正逐步进入老龄化社会和从国家政策层面上对产业的支持，使得医疗器械市场规模快速扩大。据医械研究院发布的《中国医疗器械蓝皮书》数据显示，2014 年中国

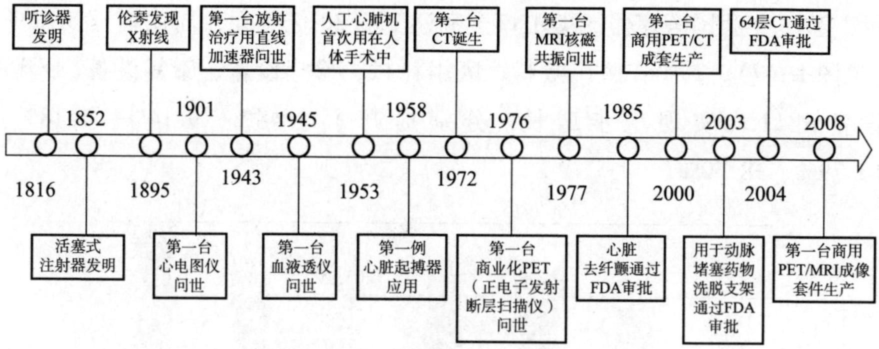

图 1-45　全球医疗器械技术发展史

医疗器械产业市场规模已达 2556 亿元，2017 年中国医疗器械产业市场规模突破了 4000 亿元，截至 2018 年，中国医疗器械产业市场规模突破了 5000 亿元，达到 5304 亿元，同比增长 19%（见图 1-46）。2014—2018 年我国医疗器械产业市场规模的复合增长率达到 20%。与国际市场相比，我国医疗器械市场还有巨大的成长空间，随着经济发展，城镇化、人口老龄化不断加深，医疗保险覆盖率提高，医疗需求将不断释放，医疗器械市场将会迅速扩容。

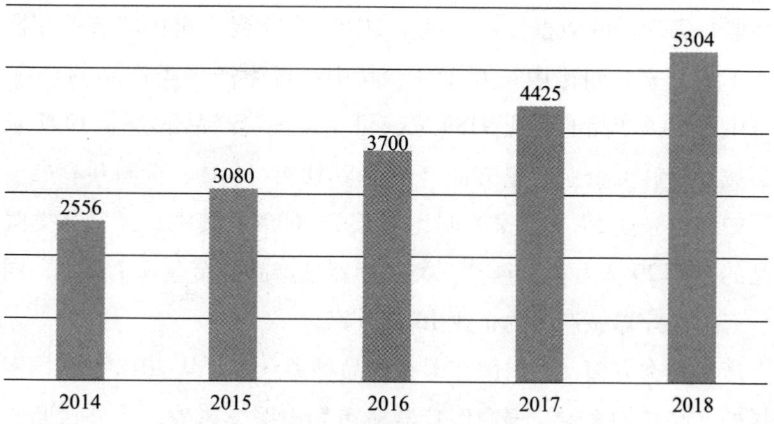

图 1-46　2014—2018 年中国医疗器械产业市场规模统计情况（单位：亿元）

资料来源：医械研究院。

在走向国际市场方面，我国医疗器械产业成为医药工业出口的主力军，2018 年我国医疗器械出口延续平稳增长态势。中国海关统计数据显示，2018 年我国医疗器械类出口金额达 236. 30 亿美元，同比增长 8. 88%（见图 1-47）。其中，医用敷料、医用耗材、诊疗设备、康复设备、牙科设备出口均实现稳步增长，分别提升了 7. 48%、9. 14%、7. 18%、10. 79%、18. 50%。

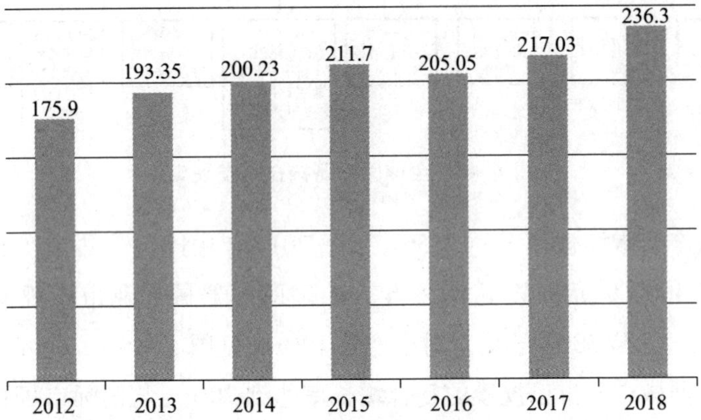

图 1-47　2012—2018 年中国医疗器械出口总额情况（单位：亿美元）

资料来源：中国医药保健品进出口商会。

在医疗器械企业数量方面，医疗器械生产企业稳步增长。根据国家药品食品监督管理局的数据显示，截至 2018 年 11 月，全国实有医疗器械生产企业 1. 7 万家，同比增长 6. 25%。其中：可生产一类产品的企业 7513 家，可生产二类产品的企业 9189 家，可生产三类产品的企业 1997 家。在医疗器械经营许可企业数量方面，截至 2018 年 11 月，全国共有二、三类医疗器械经营企业 51. 1 万家，同比增长 24. 63%。其中，经营二类医疗器械产品的企业 29. 2 万家，经营三类医疗器械产品的企业 6. 7 万家，同时经营二、三类医疗器械产品的企业 15. 2 万家。

在产品种类方面，国内医疗器械产品种类众多。从 2018 年我国医疗器械市场的产品结构来看，国内医疗器械市场中医学影像、体外诊断、低值耗材类份额占比较高，分别为 16%、14%和 13%，加上心血管设备在内的前 7 大细分领域总计占据 68%的市场份额（见图 1-48）。

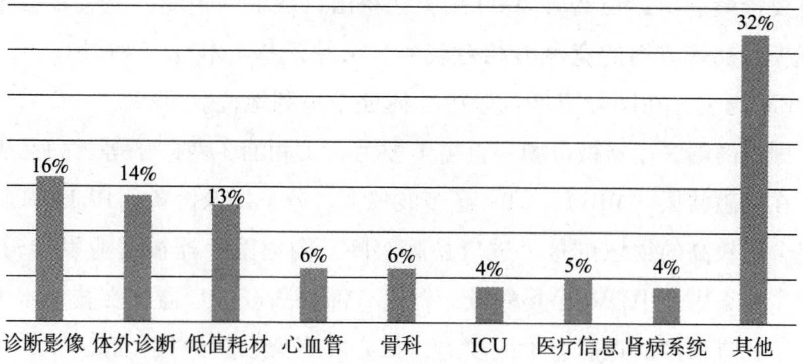

图 1-48　2018 年中国医疗器械细分产品市场占有率

资料来源：Evaluate Medtech.

尽管医疗器械产业市场容量扩张速度快，但由于相关基础科学和制造工艺落后，我国医疗器械产品仍集中在中低端品种，高端医疗器械主要依赖进口。从医疗器械的消费结构看，医学影像、体外诊断、耗材（含低值和高值）占比最高，心血管、骨科等为代表的高值耗材处于较高增速阶段。整体来看，医学影像领域，CT、核共振和超声占据 16%的市场份额，国内企业多以中低端产品为主，市场份额在 10%~20%；体外诊断领域中，国外企业由于技术优势以及“设备+试剂”的封闭系统策略，依然占据着国内的中高端市场。2018 年国家药品监督管理局①共受理医疗器械首次注册、延续注册和许可事项变更注册申请 6608 项，与 2017 年相比注册受理项目减少 3.3%，其中受理境内第三类医疗器械注册申请 2382 项，受理进口医疗器械注册申请 4226 项。

2. 产业特点

由于我国医疗器械产业落后，国内企业多从事医疗器械产业中较为低端的环节，竞争格局形成多而散的局面。我国医疗器械产业中高端产

① 说明：2018 年 3 月，根据第十三届全国人民代表大会第一次会议批准的国务院机构改革方案，将国家食品药品监督管理总局的职责进行整合，组建中华人民共和国国家市场监督管理总局；不再保留国家食品药品监督管理总局。同时，考虑到药品监管的特殊性，单独组建国家药品监督管理局，由国家市场监督管理总局管理。2018 年 9 月，国家药品监督管理局 National Medical Products Administration 简称变更为 NMPA，原简称 SFDA、CFDA 不再使用，本文统一称为“国家药品监督管理局”。

品主要依赖进口，虽然有2000余家获得出口认证的企业，但大多数企业在规模、品牌方面的竞争力相对较弱，又缺乏核心技术，对外出口只能以OEM为主，在国际市场竞争中总体处于不利地位。

国内高端医疗器械市场一直被美敦力、飞利浦、西门子等进口品牌占据，在核磁共振（MRI）、CT、超声波仪器、分子影像设备（PET-CT）等技术含量较高的领域更是为进口品牌垄断。国内医疗器械产业发展较晚，目前主要集中在中低端市场领域，但已有部分国产医疗器械在技术水平上具备了和进口产品正面竞争的实力，如心脏支架、监护仪、麻醉机、生化分析仪、血液分析仪和超声等。

表1-10 中国医疗器械部分细分领域国产化比例

类型	细分领域	市场规模（亿元）	国产比例	主要国产企业
体外诊断	生化诊断	120	50%-70%	迈瑞医疗、九强生物、迈克生物、科华生物
	化学发光	100~120	10%-15%	新产业、迈瑞医疗、安图生物、迈克生物
	血液分析仪	24	30%-35%	迈瑞医疗、帝迈医疗、迪瑞医疗
影像设备	MRI	146	10%-20%	联影医疗、万东医疗、东软集团、奥泰医疗
	CT	134	10%-20%	上海联影、东软医疗、安科生物、明峰医疗
	超声	100	10%-20%	迈瑞医疗、开立医疗
	内窥镜	100	15%	开立医疗、上海澳华、迈瑞医疗
高值耗材	心脏支架	100	80%	乐普医疗、微创医疗、蓝帆医疗
	起搏器	30	10%	乐普医疗、先健科技、微创医疗
	骨科创伤	51	60%-70%	大博医疗、威高股份
	骨科脊柱	47	50%	大博医疗、威高股份、春立医疗
	骨科关节	40	30%	春立医疗、爱康医疗
监护设备	监护仪	10~15	70%	迈瑞医疗、理邦仪器、宝莱特
	麻醉机	10	10%-15%	迈瑞医疗、宜安医疗
眼科	角膜塑形镜	50万~70万副	20%-30%	欧普康视

资料来源：中国医疗设备产业数据、各公司公告。

2018年中美贸易摩擦带来的加税负担，由中美供应商共同承担，双方在下一轮加税前还有部分增量囤货行为，因此，医疗器械产品出口不降反增。2018年，我国医疗器械类出口金额为236.3亿美元，较2017年出口额217.03亿美元同比增长8.88%。从出口地区来看，中国对欧盟、北美市场的出口额实现了两位数增长，分别为10.92%和10.25%，美国仍是中国医疗器械第一大出口国。从出口分类来看，生命检测设备、医疗影像、医用敷料、口腔设备与材料均实现稳步增长，金额分别为51.05亿美元、26.87亿美元、26.08亿美元、9.89亿美元，分别增长7.73%、14.65%、7.48%、19.73%。

3. 发展趋势

2018年，新医改政策推动国产中低端医疗器械产业快速成长，国产替代推进速度加快。美国对中国医疗器械征税清单包括：核磁共振、CT、直线加速器、心电图仪、超声、监护仪、麻醉机、起搏器、X射线及配件等。中国针对性征税清单包括核磁共振、监护仪、眼科、X射线等。其中，美国企业GE在中国国内的核磁市场份额最大，预计将会受到较大影响；征税可能对同处高端市场的飞利浦和西门子有利，也有望加快东软和联影等国产厂商的国产替代；监护仪的国产替代已经较为充分，迈瑞等公司在三级医院的占有量已过半，征税整体影响不大。

中概股回归成主流，中国医疗器械产业上市公司多选择A股上市，目前在海外上市的中国企业只有迈瑞医疗（已回归A股）、蓝韵医疗（新加坡，已退市）以及部分港股中国企业，如山东威高、先健科技、微创医疗等。根据统计，目前A股上市医疗器械公司有51家，港股16家。

从2018年医疗器械产业融资轮次分布情况来看，处于A轮次的融资事件最多，为61次，占总融资次数的36.53%；其次是B轮次，为36次，占比21.56%（见图1-49）。由此可见，2018年我国大部分医疗器械企业处于初创时期。

中国医疗器械产业发展基础薄弱，医疗器械监管起步较晚，医疗器械企业小、多、散和低水平竞争的现象尚没有得到根本性转变，因此加速提高我国医疗器械产业的技术创新能力、加强医疗器械研发的产、学、研联合，已经成为当务之急。

因此，为响应国家政策层面上的《中国制造2025》，各省市均在各自的领域对医疗器械的转型升级和发展做出重要部署，提出了2020年和2025年国产医疗器械大发展目标。在产业规模快速增长的同时，国产器械的占比到2025年要达到80%，尤其是县级医院的国产中高端医疗器械占

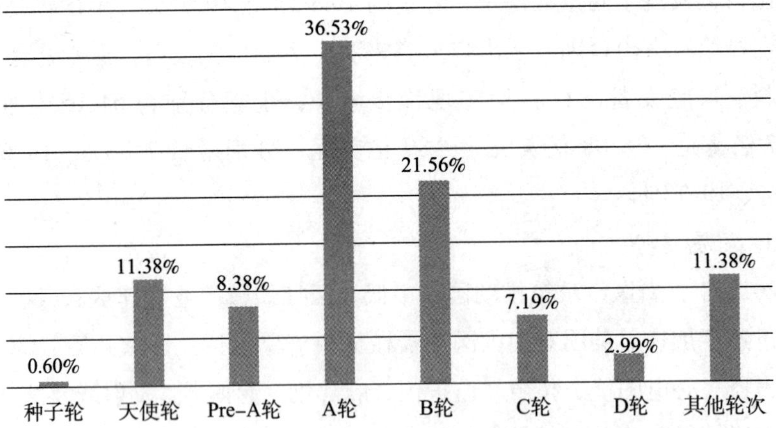

图 1-49　2018 年中国医疗器械投融资事件按轮次划分情况

资料来源：IT 桔子。

有率到 2025 年要达到 70%，这就给我国各大国产医疗器械企业提供了需求空间广阔的下游应用终端市场。

表 1-11　中国制造 2025 重点领域之高性能医疗器械领域发展目标

发展目标	2020 年	2025 年
年产业规模（亿元）	6000	12000
县级医院国产中高端医疗器械占有率	50%	70%
国产核心部件国内市场占有率	60%	80%
科技成果工程化平台和协同创新中心（个）	5	10
产值超千亿元的升级产业集群（个）	/	6
示范基地数量（个）	20	30
国际知名品牌数量（个）	3	5

资料来源：公开资料整理。

在医疗器械创新领域，我国政府出台多项强有力政策，培育自主创新的沃土，多维度鼓励创新型医疗器械：①加快创新医疗器械审评审批，促进医疗器械产业供给侧结构性改革；②加强自主创新研发，突破一批进口垄断技术，提高医疗器械国产占有率，大幅降低患者诊疗费用，惠及于民；③进出口贸易的不确定性将促进国家继续积极支持自主研发创新，加速部分国产先进领域的进口替代。

分级诊疗制度逐渐完善，各地政府对基层医疗机构硬件建设的支持力度持续加大，促进基层设备市场扩容。现阶段，我国基层医疗机构的医疗设备配备水平较低，缺口大，亟需“更新换代”和“填补缺口”，而基层医疗器械市场主要为国内厂商占据，进口品牌优势不明显，分级诊疗制度为国内厂商带来重要机遇。目前，分级诊疗推动落地已接近300个试点城市，我国人口老龄化程度的不断提高、医疗体系的逐步完善，将持续高效推动分级诊疗的政策落地。

（二）生物医药，产业景气度高

随着人类对生命机制的研究深入与制药技术的快速发展，从天然药物到化学药物再到生物药物，我们可使用的药物数量种类不断增加，产品质量不断升级。生物医药产业是指以基因工程、抗体工程、细胞工程、生化技术生产的，用于诊断、治疗或预防的生物技术产业，包括基因工程药物、疫苗、单克隆抗体、血液制品等细分领域。生物药物凭借新颖的靶点机制与显著提高的安全有效性，成为近年来全球制药领域最为火热的研究方向，相关生物制药企业与项目争相成为资本市场的宠儿。全球范围内，生物制药已经成为医药产业发展最快的细分领域之一，是持续高增长的朝阳产业。

1. 发展情况

生物药物是指综合利用物理学、化学、生物化学、生物技术和药学等学科的原理和方法，利用生物体、生物组织、细胞、液体等制造的一类用于预防、治疗和诊断的制品。生物药主要包括细胞因子、酶、抗体、疫苗、血液制品、激素等几大类（见表1-12）。1971年，基因重组的首次成功开启了生物技术研究应用的新时代；1986年，全球第一个抗体药物Muromonab CD3（莫罗英那单抗）获美国食品药品监督管理局（FDA）批准上市，生物药物的发展进入新时代。

表1-12 生物药物常见细分种类

种类	性质	代表药物	适应症
细胞因子	由免疫细胞和某些非免疫细胞经刺激而合成、分泌的一类具有广泛生物学活性的小分子蛋白质。一般通过结合相应受体调节细胞生长、分化和效应，调控免疫应答	重组人粒细胞集落刺激因子	粒细胞减少症

续表

种类	性质	代表药物	适应症
酶	由活细胞产生的、对其底物具有高度特异性和高度催化效能的蛋白质或RNA	Cerezyme（伊米苷酶）	戈谢病（家族性糖脂代谢疾病）
抗体	由浆细胞（效应B细胞）分泌，被免疫系统用来鉴别与中和外来物质如细菌、病毒等的大型Y形蛋白质	Humira（修美乐）	类风湿性关节炎，强直性脊柱炎，银屑病
疫苗	用各类病原微生物制作的用于预防接种的生物制品	HPV疫苗	宫颈癌的预防
血液制品	人血浆蛋白制品	人血白蛋白	失血创伤、烧伤引起的休克等
激素	高度分化的内分泌细胞合成并直接分泌入血的化学信息物质，通过调节各种组织细胞的代谢活动来影响人体的生理活动	胰岛素	糖尿病

根据国家统计局公布的《战略新兴产业分类（2018）》，生物医药产业是中国战略新兴产业之一。据统计数据显示，2009—2018年我国生物医药产业销售收入不断增加，2017年生物医药产业市场规模为3417.19亿元，较上年同比增长3.57%，2018年我国生物医药产业市场规模为3554亿元（见图1-50）。

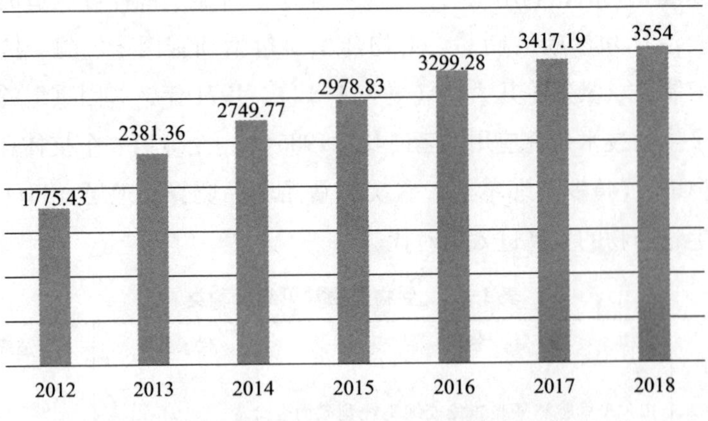

图1-50　2012—2018年中国生物医药产业市场规模统计情况（单位：亿元）

资料来源：前瞻产业研究院。

整个生物制药中，最为火爆的是针对癌症的生物仿制药。近年来，全球生物仿制药开发主要集中在一系列专利已经到期或即将到期的生物制剂，包括阿达木单抗、英夫利昔单抗、利妥昔单抗、贝伐珠单抗、曲妥珠单抗等。单抗药物在全球市场发展迅速，国内药企也纷纷布局，竞相角逐这个快速增长的领域。生物仿制药迎来了蓬勃发展的好时代，涌现出百济神州、信达生物、君实生物、歌礼制药等创新药领域的后起之秀。创新药老牌劲旅恒瑞医药、石药集团、康弘药业已经有创新药发展的成熟路径，通过不断加大研发管线投入，提高研发效率，获得了高质量的生产线，并积极拓展海外市场或授权合作助力其创新药布局。

尽管创新药来势汹汹，但是药物研发具有周期长、投入大的特点，目前上市获批的较少，以 PD-1 产品为例，仅有君实、信达两家获批。所以仿制药在国内医药市场的“基本面”依然稳固，据 IMS 数据，2017 年医院市场中品牌仿制药占比 20%，普通仿制药占比 58%，分别为 1814 亿元、5260 亿元，合计约占医院药品市场的 78%左右。

2. 产业特点

园区化成为生物医药产业发展的重要依托。生物医药产业的特点包括高风险、高投入、高技术、周期长等，这就决定了其集聚化发展的优势。通过以园区的形式聚集，可帮助生物医药企业快速获取人才、资本、研发和企业资源，从而促进其成长。

我国生物医药产业园伴随高新技术区而生，从 20 世纪 90 年代发展至今，我国共批准成立了 168 个国家级高新技术产业园区，其中生物医药类（含医疗器械类）园区 67 个，形成了包括长三角地区、珠三角地区、环渤海地区和东北地区在内的产业集聚区。此外，中部地区的河南、湖北，西部地区的四川、重庆也展现出良好的产业基础。目前中国已有 80 多个地区（城市）在着力建设医药科技园、生物园、药谷，全国已有 22 个国家生物产业基地，而且各地新开发的高科技产业园区很多都将生物产业作为重点引驻对象。其中比较成熟的产业园有上海生物医药科技产业基地、中关村生命科学园、泰州中国医药城、长沙国家生物产业基地等。随着众多生物制药产业园区取得丰硕成果，生物制药产业已经成为我国园区经济增长的新亮点。

3. 发展趋势

产业创新是生物医药最显著的特征。曾几何时，仿制药成为生物医药的主流。仿制药是指不需要太多的资金和尖端的技术，对国际或国内市场上已经出现的且在较大范围内应用于临床治疗，临床应用的安全性和有效性相对明确，有比较成熟的合成方法、处方、制备工艺、质量控制标准和质量控制方法的药品进行引进或模仿、研制生产出新药品的过程。2017 年，股票市场医药板块下跌严重，重磅政策不断出台使仿制药产业迎来新变局。2018 年 11 月《国家组织药品集中采购试点方案》的推广，使过了专利期的药品，无论是原研药还是仿制药，大品种研发不易，单品市场天花板和生命周期都显著降低。所以，创新才是生物医药产业的大势所趋。

集中化、智能化发展。随着生物技术不断突破，我国医药产业的集中度逐渐提高，未来核心发展地区因具有素质较高的人才、科研等基础，集中度会进一步提高。人工智能及互联网的发展浪潮也带动了生物医药向智能化、数字化方向发展，药品的研制技术性较高，结合人工智能，会使研发过程和效率都得到提高。数字化发展会使较为分散的产业链之间的信息传递加强。据统计，全球 TOP50 的独角兽中，中国占到 32%。而在医药健康领域，中国的独角兽公司正不断冒头，10 亿美元俱乐部的成员正在不断增加。这是外部环境的机遇，庞大的未被满足的医疗需求、过去五年政府强有力的医疗监管改革、VC/PE 投资力度大幅上涨、上市政策红利等，使生物医药产业目前在中国的机遇是历史前所未见的。

（三）“大健康”风口正劲，保健食品产业迎风起势

保健食品，是指声称具有保健功能或者以补充维生素、矿物质等营养物质为目的的食品。即适宜于特定人群食用，具有调节机体功能，不以治疗疾病为目的，并且对人体不产生任何急性、亚急性或慢性危害的食品。国际上一般称为膳食补充产品。目前，我国保健食品实行注册与备案管理办法。

1. 发展情况

我国保健食品产业 30 多年的发展历程大概可以分为五个阶段：第一阶段，起步兴起。我国保健食品产业起步于 20 世纪 80 年代，随着改革开发政策的实施和国民经济的迅速发展，保健食品在消费者已解决温饱问题的

基础上得以快速成长，最初的产品以滋补品类为主。第二阶段，繁荣阶段。90年代后，市场经济日趋活跃，保健食品由于产业监管宽松、进入壁垒低、毛利较高，吸引了大批企业进入，企业数量从不到100家增加至3000多家，销售规模也从12亿元增长至300亿元。第三阶段，平滞整顿。由于许多企业盲目扩大产能、忽略产品质量导致消费者出现信任危机，市场开始萎缩，到1997年销售额下降至100亿元，生产企业数量不足1000家。1998—2005年，国家有关管理部门相继制定了一系列法规标准，并先后在全国开展保健食品市场大调查，要求保健食品必须通过严格测试审批后才能进入市场，使我国保健食品产业进入健康发展的道路。第四阶段，复苏发展。由于非典危机，更多消费者重新重视医疗保健的作用，产业需求迅速增长，至2005年销售规模超过500亿元。同时受益于我国经济水平的快速提高，居民健康意识不断增强，市场逐步规范化，2012年保健食品产业规模达到1200亿元。第五阶段，并购整合。2013年后，由于我国保健食品市场的高速增长和庞大规模，海外品牌借助跨境电商等新业态进入中国市场，市场竞争加剧，很多企业选择收购或建立合资公司的方式与国际知名品牌合作，以期借助后者的品牌影响力实现弯道超车（见表1-13）。

表1-13 中国保健食品产业发展历程

时间	阶段	企业数量（家）	产业规模（亿元）	产品特点
1980—1989	起步兴起	不足100	12	滋补为主
1990—1996	繁荣阶段	超过3000	300	营养、中草药
1997—2005	平滞整顿	不足1000	100	中草药、生物制剂
2006—2012	复苏发展	2676	1200	滋补、营养补充剂
2013至今	并购整合	2250	2900	营养补充剂、进口品牌

资料来源：中国保健协会。

受消费者诉求向预防转变、健康意识提升、健康需求精细化、追求高品质保健食品等因素推动，相关数据显示，2010年我国保健食品市场销售收入已达562.55亿元。2012年我国保健食品市场销售收入首次突破千亿元。到了2015年我国保健食品市场销售收入达到2295.41亿元，同比增长18.8%。截至2017年，我国保健食品市场销售收入增长至2445.16亿元，受质量风波和监管变化等影响，2016年市场销售收入略有下降，其余年份均保持10%以上增速快速发展。2018年数据显示，我国保健食品市场销售收入接近2900亿元，较上年增长18%以上（见图1-51）。

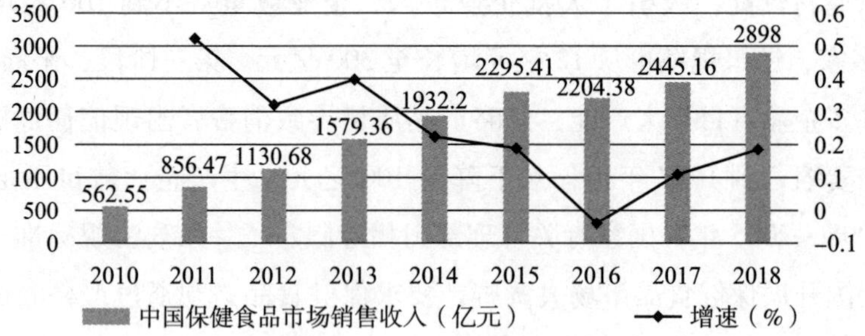

图1-51　中国保健食品产业市场销售收入及增长情况

资料来源：公开资料整理。

基于国家层面对保健食品的政策扶持，我国保健食品的市场规模增速要快于全球市场的增速，除2016年以外，2011—2018年其他年份市场规模增速均快于全球市场规模增速。其中2011年我国增速是全球市场增速的4倍多，而在2016拐点过后，2018年开始，我国市场又开始了快速增长的趋势（见图1-52）。

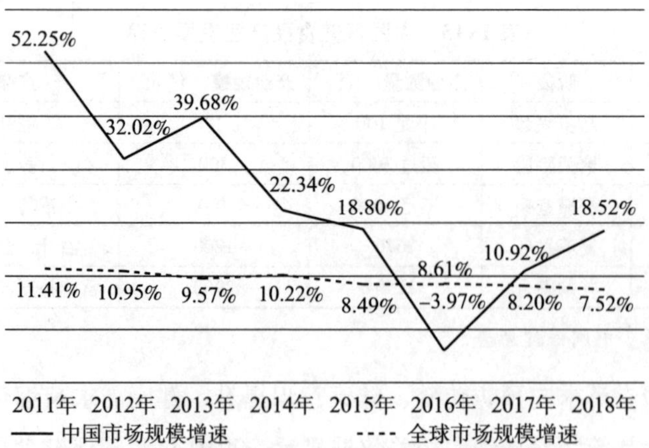

图1-52　中国保健食品市场规模增速与全球增速对比

资料来源：前瞻产业研究院。

鉴于我国保健食品市场规模增长速度在多数年份均快于全球市场增速，我国营养品市场销售收入占全球比重也不断增加。2010年，我国保健食品市场规模为562.55亿元，仅占全球市场规模的4.59%。到了2018年，我国保健食品市场规模约为2898亿元，占全球份额达到了11.59%（见图1-53）。近年来，亚洲地区保健食品市场已经超过欧洲，成为全球第二大保健食品消费市场，而我国则为亚洲第一大保健食品消费市场。

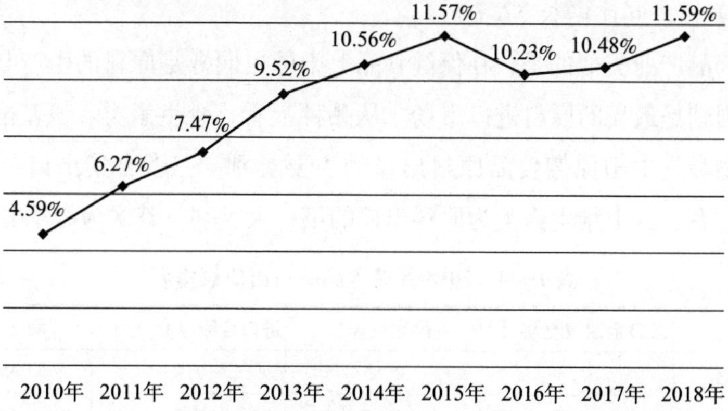

图1-53　2010—2018年中国保健食品市场规模占全球比重变化情况

资料来源：前瞻产业研究院。

目前我国市面上比较热门的保健食品保健功能主要集中在调节免疫力、辅助降血糖、抗疲劳和维生素等几个方面，占保健品总数的50%以上。以前消费者认为健康养生是老年人才关心的事情，但目前这一格局正在发生变化，由于工作压力大和亚健康现象的社会化蔓延，青壮年群体对补充维生素、提高免疫力、美容养颜等方面保健食品的需求越来越高。

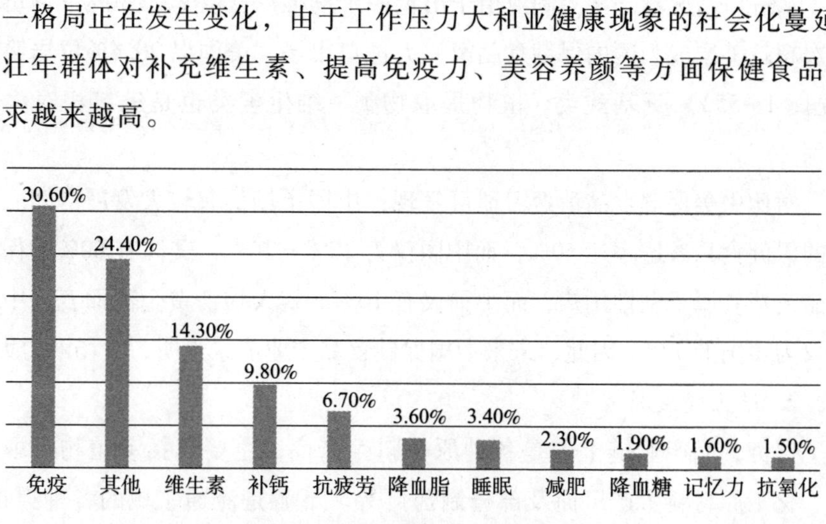

图1-54　中国保健食品产品结构

2018 年中国保健食品进出口额达到 46.8 亿美元，同比增长 31.5%，创历史新高。其中，出口金额为 16.7 亿美元，比 2017 年同比增长 21.8%。出口的主要市场是美国、日本、印度尼西亚等国家，出口额较大的省市分别是江苏、广东、上海、山东及浙江。2018 年膳食营养补充剂的进口额为 30.1 亿美元，同比增长 37.7%。

与药品产业类似的是，在保健食品上中国也同样是原料的生产与出口大国。美国则是最大的原料进口市场。从品种上看，维生素类、氨基酸类、植物提取物类是中国保健食品原料出口的主要类别，三者合集出口金额在 85 亿美元左右，其中维生素类为原料出口的第一大类别，其次为氨基酸类。

表 1-14 2018 保健食品原料出口额排名

品种	出口金额（亿美元）	同比（%）	进口金额（亿美元）	同比（%）
维生素类	34.4	8.85	2.9	9.5
氨基酸类	25.7	10.7	7.3	-13.89
植物提取物类	23.7	17.8	7.3	19.8
硫酸软骨素	1.8	-12.8	0.05	—
辅酶 Q10	1.5	-2.37	0.04	89.55
鱼油	0.69	0.92	1.1	6.7

资料来源：中国医药保健食品进出口商会提供。

从进口情况看，澳大利亚由于出色的市场推广，以 22.3%的市场份额首次超越美国成为国内保健食品第一大进口市场。美国以 20.4%位居第二（见图 1-55）。氨基酸类、植物提取物类、维生素类也是进口相对大的类别。

对比中美保健食品消费习惯可发现，中国市场仍有较大发展空间。美国的保健食品渗透率达 50%，而中国仅为 20%。其中，美国有 60%的保健食品消费者属于粘性用户，而中国仅有 10%。就人均消费金额而言，中国也仅为美国的 1/8。因此，未来中国保健食品产业前景光明，市场潜力大。

2. 产业发展特点

保健食品产业链上游是各种原材料生产商，主要包括动植物提取厂商、化工原材料生产厂商及部分制药厂等。下游是流通领域的各种渠道，主要包括药店、医药公司、连锁店和电商平台等。作为中游的保健食品生

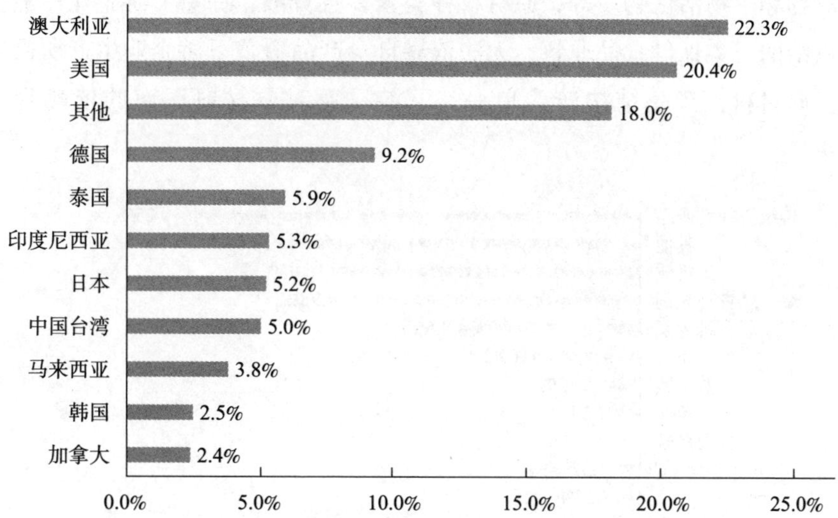

图 1-55　中国保健食品进口市场份额分布

资料来源：中国医药保健食品进出口商会。

产企业主要负责生产加工和包装等（见图 1-56）。

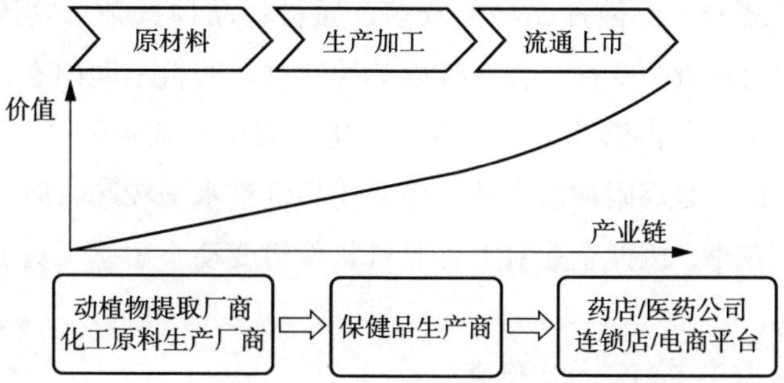

图 1-56　保健食品产业链

由于保健食品产业的终端客户主要是社会大众，随着人们生活水平的提高和健康理念的提升，近年来市场容量不断扩大，我国保健食品产业进入快速成长期。

（1）上游产业链附加值低

从供给端看，保健食品产业链上游主要由基础化工品生产企业和中草药提取厂商构成，原材料种类主要包括维生素、矿物质、蛋白质、动植物提取物和生物活性物质等，原材料种类繁多且分散，一家上游企业一般仅能供给两三类保健食品原料，无法依靠自身产品覆盖下游企业生产所需的众多原材料，产品结构较为单一，下游厂商对原材料厂商的依赖程度较小。

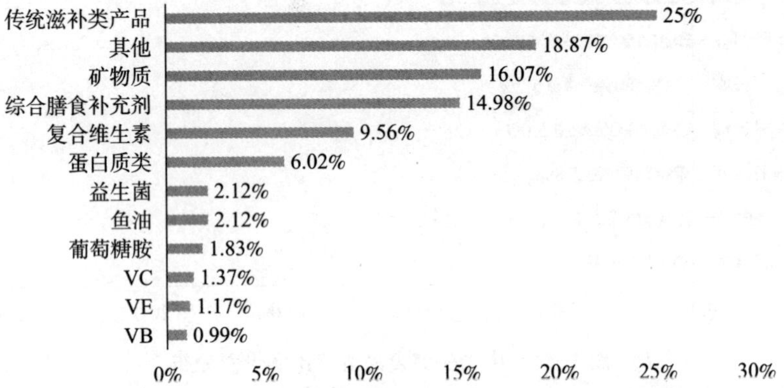

图 1–57　中国膳食补充剂种类分布

资料来源：Euromonitor

从需求端看，保健食品种类众多，原材料品种繁杂。以汤臣倍健为例，所需原材料近 200 种，有 50%以上的原材料购自不同国家，单一原材料采购成本平均所占营业成本极低，占比最高也不到 4%。同时保健食品拥有健康溢价，是高附加值产品，终端产品价格水平较高，原材料端的整体成本占比较小，因此企业对上游原材料价格变动不敏感，对上游依赖性较小。

（2）下游渠道商溢价比例高

保健食品产业的流通渠道主要分为直销和非直销，直销是保健食品企业通过各级销售员工将商品直接销售给消费者，非直销主要包括药店、连锁店、商超、线上电商等渠道方式。我国保健品的销售渠道较为集中，主要由直销、药店和线上销售构成。2017 年我国的直销占比为 49%，非直销的渠道中，连锁药店占比为 23%、线上销售收入占比为 24%、商超占比为 3%（见图 1–58）。

直销渠道中，各层级销售人员都会抽取销售分成，以美国知名直销企业康宝莱（Herbalife）的数据为例，高层直销人员可以直接以产品定价 5

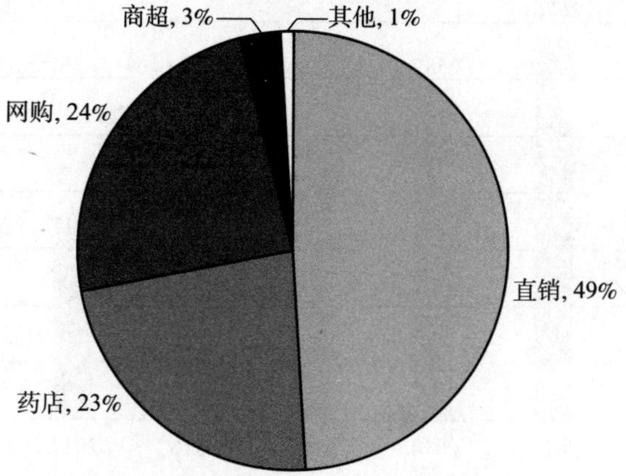

图 1-58 中国保健产品产业销售渠道分布

折的价格购买，再进行分销和批发零售，同时按销售量再提取 2%~7%的销售提成，因此保守估计直销渠道的流通成本占据产业链价值的 50%以上。非直销渠道中，保健食品的销售模式与药品流通类似，以 3~5 折的价格通过各级经销商在连锁药店进行铺货，压缩保健食品厂商利润空间，同时不利于企业及时获取市场反馈和渠道信息。线上平台迅速兴起可以使企业直接接触消费者，去除中间环节，缩短流通环节，提升产业链效率。

保健食品原材料成本低，产品具有健康功能溢价，国内厂商普遍采取高额定价来覆盖渠道价差从而维持企业利润。即使是在国外成熟市场上，保健食品企业也有 50%左右的毛利率，而我国保健食品企业平均毛利率可达 40%以上，净利率在 15%~20%。较高的利润、不完善的监管以及进入门槛低等原因共同导致大量中小型企业先后进入市场，厂商数量众多。2018 年，由于保健食品产业营业成本及销售费用增幅较大，使得净利润率下降到 10.98%，随着监管力度加大，可以预见，产业正在洗牌，迎来整合期。

目前保健食品市场正处于并购整合期，企业数量逐年下滑。2013 年，我国保健食品生产企业（指获得保健食品生产许可证的企业）数量为 2676 家，之后开始不断下降，2017 年我国保健食品生产企业数量已减少至 2317 家，2018 年继续减少至 2250 家左右（见图 1-59）。

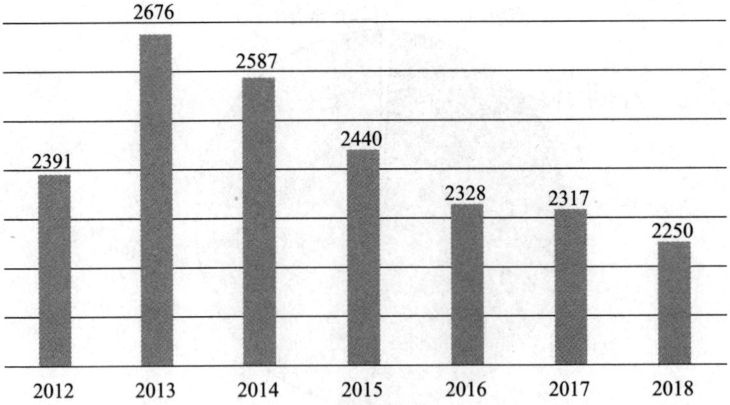

图 1-59　2012—2018 年中国保健食品生产企业数量（单位：家）

资料来源：国家食品药品监督管理总局。

目前我国保健食品市场竞争者众多，市场份额主要集中在排名前十的企业，占比约 50%，属于低集中寡占型（40%≤CR8<70%）市场。

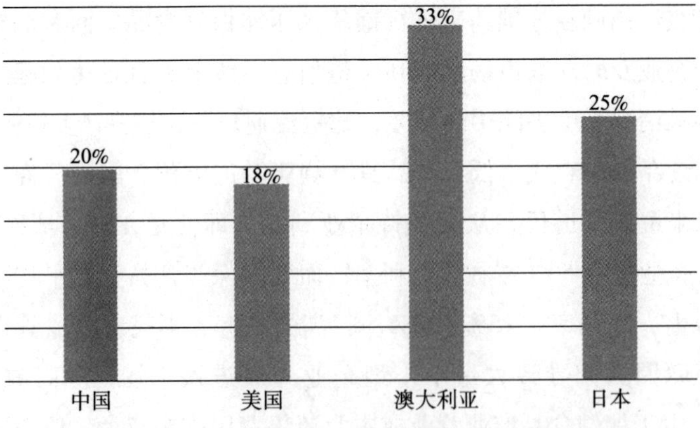

图 1-60　2017 年各国保健食品市场 CR5 情况

资料来源：Euromonitor.

前十大品牌分别为无限极、安利、汤臣倍健、天狮集团、东阿阿胶、康宝莱、完美中国、善存/钙尔奇、新时代国珍和瑞年国际。可以看出，本土品牌在竞争中总体处于弱势。此外，由于目前消费者对保健食品的认知较低，直销企业凭借其庞大紧密的销售网络在消费者教育和产品宣传上具有优势，占据较大的市场份额，排名前五的品牌中除了汤臣倍健，其余均属直销企业。但是，非直销企业凭借其优质的产品、品牌建设及渠道扩张，近年来也发展迅速。

阿里平台数据显示，2018 年全年线上保健食品销售额 207.6 亿元，同比增长 37%，分品牌来看，2018 年线上膳食补充剂销售中汤臣倍健及 H&H 旗下品牌 Swisse 占比最大，分别为 7%、6%，大幅高于其竞争对手，头部品牌优势明显。2018 年汤臣倍健线上销售扣除健之宝业务后同比增长 5%。

3. *发展趋势*

保健食品产业大型企业所获利润丰厚，市场规模化经营趋势越来越明显。保健食品产业着眼于满足消费者的健康需求，属于典型的高利润产业，如康宝莱毛利率超 70%、澳佳宝毛利率 64%，而中国的汤臣倍健 2018 年上半年毛利率也达 66.9%。保健食品成本和研发费用占收入的比重很小，因此总体利润丰富。不过保健食品产业过分依赖广告促销，有些企业的广告费高达销售额的 50%以上，所以从一开始就陷入研发低投入、广告高投入的怪圈，因此竞争优势主要来自于品牌、市场占有率和渠道优势。每年，都有众多的企业投资进入该领域，但许多品牌生存不超过 3 年，只有那些处于领先地位的企业，才有足够的资金实力投放到越来越昂贵的各类媒体上，能够迈过产品生命周期过短的门槛，保持市场的领先地位。所以，目前保健食品市场的规模化经营趋势越来越明显。

2016 年 2 月，《保健食品注册与备案管理办法》出台，给国内的保健食品产业带来了巨变。新的管理办法提出后，2016 年 7 月中国保健食品产业进入注册管理双轨管理阶段，这大大降低了国外保健食品进入中国市场的门槛。同时，新的管理办法指出奶粉、保健食品等产业内的贴牌生产方式将遭到禁止。相对于国内保健食品，消费者更加青睐外资品牌产品，为争夺市场份额，许多企业也纷纷嫁接国际资源实现中外互补。

表 1-15　保健食品产业并购事件

时间	中资企业	标的/国际品牌	金额
2014.06	艾兰得	美国 Adam Nutrition	未公布
2014.07	复星医药	美国 Nature's Sunshine Product（15%）	4600 万美元
2014.11	中生联合	新西兰 Good Health	1.4 亿港元

续表

时间	中资企业	标的/国际品牌	金额
2015.01	金达威	美国 DRB's Holding（49.6%，2016 年 5 月增持至 96.11%，金额未公布）	3.2 亿人民币
2015.09	金达威	美国 Vitatech 经营性资产组	7.2 亿人民币
2015.09	合生元	Swisse（83%，2016 年 9 月以 BIOS time Australia Holdings 17%股权置换剩余 17%股权）	63 亿人民币
2016.03	艾兰得	荷兰 Bloem Health Products B.V.	未公布
2016.06	新希望	澳洲 Australian Natural Care	未公布
2016.06	艾兰得	美国 Perrigo 的美国营养品业务	未公布
2016.06	西王集团 春华资本	加拿大 Kerr Investment Holding	48.75 亿人民币
2016.08	澳优乳业	澳洲 Nutrition Care	1.6 亿人民币
2016.09	上海医药 春华资本	澳洲 Vitaco	15.65 亿人民币
2016.12	仙乐健康	德国 Ayanda 软胶囊制造商	未公布
2016.12	艾兰得	英国 Brunel Healthcare Manufacturing Limited 与 Biocare Limited	未公布
2017.02	金达威	美国运动营养品牌 Labrada 30%股权	3 亿人民币
2017.11	贝因美	美国生命科技公司 SGL	3 亿美元
2018.02	哈药股份	购买美国 GNC 优先股，拟在香港设立合资公司	2.9995 亿美元
2018.02	汤臣倍健	澳大利亚 Life-Space Group	35.6 亿元
2018.05	汤臣倍健	拜尔旗下儿童营养补充剂品牌 Penta-vite	1 亿元

4. 政策介绍

保健食品产业受政策影响较大，产业的兴衰跟国家政策法规息息相关，中国保健协会贾亚光副秘书长对保健食品法规 20 年的变化进行了梳理，映射了保健食品产业的发展历程。随着监管趋严及完善，保健食品产业将会在健康发展的路上飞速前进（见表 1-16）。

表 1-16　保健食品产业政策

发布日期	发布名称	发布机构	主要内容
1987 年 10 月 28 日	《中药保健药品的管理规定》	卫生部	“中药保健药品是指对人体有一定程度的滋补营养，保健康复作用，长期服用对人体无害的药品。”由省级卫生行政主管部门批准

续表

发布日期	发布名称	发布机构	主要内容
1996年6月1日	《保健食品管理办法》	卫生部	保健食品是“具有特定保健功能的食品”。标签、说明书和广告“不得有暗示可使疾病痊愈的宣传”“不得宣传疗效”
1996年7月18日	《保健食品功能学评价程序和检验方法》	卫生部	保健食品可申报的功能有：免疫调节、延缓衰老、改善记忆、促进生长发育、抗疲劳、减肥、耐缺氧、抗辐射、抗突变、肿瘤、调节血脂、改善性功能等12项功能。“食健字”“药健字”，一个不许宣传疗效，一个可以宣传疗效。两种监管模式并行，给企业的经营带来困扰
1997年7月1日	《卫生部关于保健食品管理中若干问题的通知》	卫生部	在原12项功能的基础上增加：调节血糖、改善胃肠道功能（具体功能应予明确）、改善睡眠、改善营养性贫血、对化学性肝损伤有作用、促进泌乳、美容（具体功能应予明确）、改善视力、促进排铅、清咽润喉、调节血压、改善骨质疏松等12项功能。同时，卫生部在批准了上述24项功能之外，又陆续批准了：预防脂溢性脱发、促进头发生长、阻断N-亚硝基化合物的合成、阻断亚硝胺合成
2000年1月14日	《卫生部关于调整保健食品功能受理和审批范围的通知》	卫生部	保健食品功能调整为：免疫调节、调节血脂、调节血糖、延缓衰老、改善记忆、改善视力、促进排铅、清咽润喉、调节血压、改善睡眠、促进泌乳、抗突变、抗疲劳、耐缺氧、抗辐射、减肥、促进生长发育、改善骨质疏松、改善营养性贫血、对化学性肝损伤有辅助作用、美容（祛痤疮、祛黄褐斑、改善皮肤水分和油分）、改善胃肠道功能（调节肠道菌群、促进消化、润肠通便、对胃黏膜有辅助作用），除上述保健食品功能外的其他功能暂停受理和审批。取消了改善性功能和肿瘤两项功能
2003年5月1日	《保健食品检验与评价技术规范》（2003年版）	卫生部	将保健食品功能调整为：增强免疫力、辅助降血脂、辅助降血糖、抗氧化、辅助改善记忆、缓解视疲劳、促进排铅、清咽、辅助降血压、改善睡眠、促进泌乳、缓解体力疲劳、提高缺氧耐受力、对辐射危害有辅助、减肥、改善生长发育、增加骨密度、改善营养性贫血、对化学肝损伤有辅助、祛痤疮、祛黄褐斑、改善皮肤水分、改善皮肤油分、调节肠道菌群、促进消化、通便、对胃黏膜损伤有辅助保护功能等27项

续表

发布日期	发布名称	发布机构	主要内容
2005年7月1日	《保健食品注册管理办法（试行）》	国家食品药品监督管理局	实施保健食品是指："声称具有特定保健功能或者以补充维生素、矿物质为目的的食品。即适宜于特定人群食用，具有调节机体功能，不以治疗疾病为目的，并且对人体不产生任何急性、亚急性或者慢性危害的食品。"取消了"说明书和广告不得有暗示可使疾病痊愈的宣传"。但并没否定以中医理论为基础设计，以能治疗疾病的中草药为原料生产的保健食品可以预防疾病
2005年7月1日	《保健食品注册管理办法（试行）》	国家食品药品监督管理局	允许申报新功能。截至目前，除原27项功能外，尚未有新的保健食品功能获得批准。营养素补充剂纳入了保健食品的管理范畴
2009年2月28日	《中华人民共和国食品安全法》	第十三届全国人民代表大会常务委员会	要求"声称具有特定保健功能的食品不得对人体产生急性、业急性或者慢性危害，其标签、说明书不得涉及疾病预防、治疗功能，内容必须真实，应当载明适宜人群、不适宜人群、功效成分或者标志性成分及其含量等，产品的功能和成分必须与标签、说明书相一致"
2015年4月24日	《中华人民共和国食品安全法》	第十三届全国人民代表大会常务委员会	"保健食品的标签、说明书不得涉及疾病预防、治疗功能，内容应当真实，与注册或者备案的内容相一致，载明适宜人群、不适宜人群、功效成分或者标志性成分及其含量等，并声明'本品不能代替药物'。保健食品的功能和成分应当与标签、说明书相一致。"删除了"不以治疗疾病为目的"，明确了保健食品与治疗疾病无关
2016年2月27日	《保健食品注册与备案管理办法》	国家食品药品监督管理总局	保健食品的审备双轨制正式启动
2016年10月25日	《"健康中国2030"规划纲要》	国务院	完善食品安全标准体系，实现食品安全标准与国际标准基本接轨
2016年12月27日	《保健食品原料目录（一）》、《允许保健食品声称的保健功能目录（一）》	食品药品监管总局、国家卫生计生委、国家中医药管理局	保健食品备案制度基础落实，使用原料目录的保健食品，首次进口的维矿类实行备案管理

续表

发布日期	发布名称	发布机构	主要内容
2017 年 6 月 30 日	《国民营养计划（2017—2030）》	国务院	着力发展保健食品、营养强化食品、双蛋白食物新型营养健康食品和功能型保健食品
2018 年 12 月 29 日	《中华人民共和国食品安全法》	第十三届全国人民代表大会常务委员会	将“食品药品监督管理”修改为“食品安全监督管理”。删去“质量监督”。将第“质量监督”修改为“食品安全监督管理”。将“食品药品监督管理、质量监督部门履行各自食品安全监督管理职责”修改为“食品安全监督管理部门履行食品安全监督管理职责”。将“环境保护”修改为“生态环境”

（四）康复医疗，市场需求量较大

1. 发展历程

康复医学是 20 世纪中期出现的一个新兴学科。康复医学和预防医学、保健医学、临床医学并称为“四大医学”，它是一门以消除和减轻人的功能障碍，弥补和重建人的功能缺失，设法改善和提高人的各方面功能的医学学科，也就是功能障碍的预防、诊断、评估、治疗、训练和处理的医学学科。

表 1-17　康复治疗适用病种

种类	细分病种
神经系统疾病和伤残	脑损伤：脑卒中（偏瘫及其他残疾），颅脑损伤，帕金森病，儿童脑性瘫痪；脊柱损伤：截瘫、四肢瘫及其他残疾；周围神经疾病和损伤，脊髓灰质炎后遗症等
骨关节肌肉残疾和伤残	截肢、断肢后再植术后，腰腿痛及颈椎病，手外伤，各类关节炎、关节置换术后，骨折后及骨关节其他手术后，脊柱侧弯矫形
心血管及呼吸系统疾病	冠心病（冠状动脉搭桥术后、急性心肌梗塞后），原发性高血压病，周围血管疾病，慢性阻塞性肺部疾患
老年康复	帕金森病、骨质疏松症、老年性痴呆等
儿童疾病康复	脑性瘫痪、智力发育迟滞、孤独症等
精神残疾	精神病，精神神经症

表 1-18　康复治疗方式

治疗方式	内容
物理治疗	物理因子（如光、电、磁）以及传统医学中的物理方法作用于患病机体，引起体内一系列生物学效应，达到消除病因改善功能的作业
作业治疗	通过对日常生活的功能性活动进行锻炼以达到改善功能的作用

续表

治疗方式	内容
言语治疗	利用较强听觉和语言刺激对聋哑、语言功能障碍患者进行治疗，改善患者语言功能
心理治疗	用心理学方法，通过语言或非语言因素，对患者进行训练、教育和治疗，用以减轻或消除身体症状，改善心理精神状态
康复工程	以各种工艺技术为手段，使用康复器械帮助残疾人最大限度地开发潜能，恢复其独立自主能力
中医疗法	以针灸、推拿、中药等传统中医手段调节患者身体状况，达到改善功能的作用

20世纪80年代至1995年，我国康复医疗产业处于起步阶段，在这个时期开始引进现代康复医学，并在1988年成立了中国康复研究中心，全国各地陆续开始建立康复机构；接下来的10年里，我国康复医疗产业进入试点推广阶段，在全国二十多个省份、自治区、直辖市先后成立康复服务机构，且康复服务的面积在不断拓宽；2005年至今，康复医疗产业进入全面发展阶段，国家不仅关注康复面的扩大，康复数量的增长，同时兼顾康复质量的提高。

近几年，我国在康复医疗方面陆续颁布了一系列政策，相关政策的引导加速了康复医疗产业的发展。2018年9月18日，国务院对2017年2月颁布的《残疾预防和残疾人康复条例》进行了修正，并指出县级以上人民政府领导残疾预防和残疾人康复工作，将残疾预防和残疾人康复工作纳入国民经济和社会发展规划，完善残疾预防和残疾人康复服务和保障体系，建立政府主导、部门协作、社会参与的工作机制，实行工作责任制，对有关部门承担的残疾预防和残疾人康复工作进行考核和监督。乡镇人民政府和街道办事处根据本地区的实际情况，组织开展残疾预防和残疾人康复工作。

2. 产业发展情况

康复医疗产业链大致分为三个部分：上游是康复器械、药物生产商；中游是包括综合医院康复科、康复医院、社区康复中心等在内的康复医疗机构，以及部分出售康复药物及器械的零售药店等机构；终端则是需要接受康复治疗的患者（见图1-61）。

目前，我国的康复医疗产业还处于起步阶段，规模小且供给不足。数据显示，2018年中国康复医疗市场规模约450亿元。未来，随着养老以及医疗体系的完善，康复医疗将有望迎来突破，预计2020年中国的康复医疗

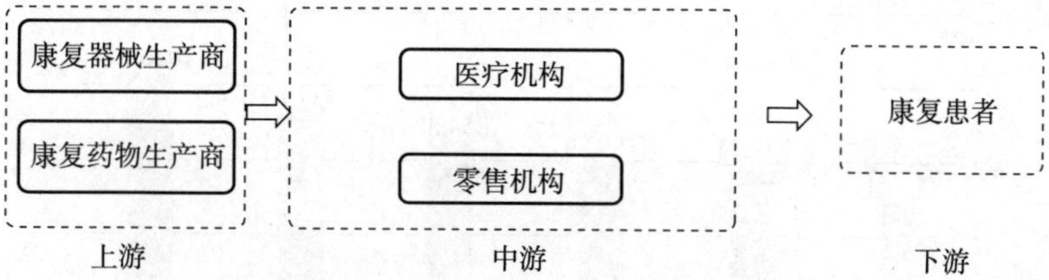

图 1-61 康复医疗产业链

市场规模将达到 632 亿元，年复合增速约 23%（见图 1-62）。

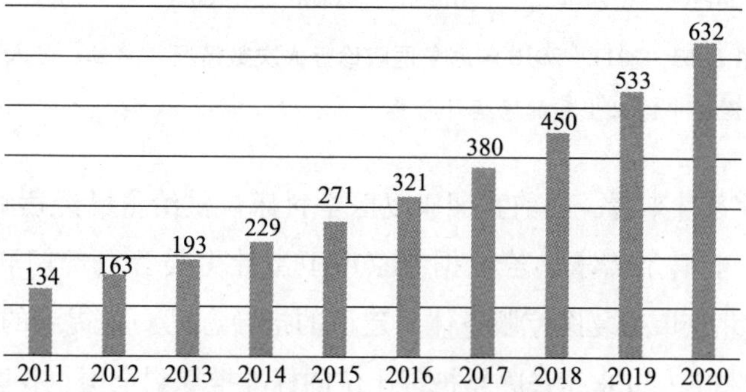

图 1-62 2011—2020 年康复医疗产业的市场规模情况（单位：亿元）

资料来源：前瞻产业研究院。

由于长期以来未受到足够重视，我国康复领域投入少，康复医疗体系不完善，市场供给明显不足。截至 2018 年，我国 60 岁及以上人口 2.49 亿，预计至 2030 年，我国慢性病患病率将高达 65.7%，其中 80%的慢性病患者需要康复治疗。据粗略统计，我国当前慢性疾病患者数量已近 3 亿人，其中心脑血管、呼吸系统疾病以及神经系统疾病人数较多，康复需求大。据统计，我国康复医院诊疗人次数呈现逐年增长的态势。2018 年，诊疗人次数达到 1026.67 万人，同比增长 9.55%（见图 1-63）。由于生活方式、工作压力等各方面原因，预计未来几年，康复医院诊疗人次数还将会继续增长。

从康复医疗执业医师的数量来看，我国与发达国家相比相差较大。在美国，每 10 万人中就有 5 名专业的康复技师，而在我国该比例为 1∶25 万。据《2018 年我国卫生健康事业发展统计公报》的数据显示，2018 年我国执业（助理）医师的数量为 360.7 万人，其中执业医师达到 16 万人。

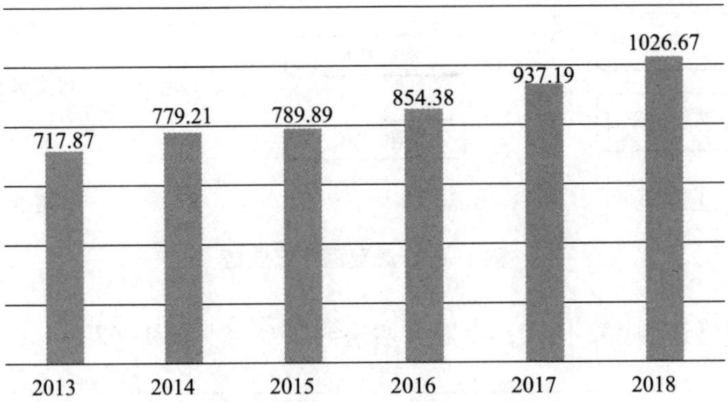

图 1-63　2011—2018 年康复医院诊疗人次数情况（单位：万人）

资料来源：中国卫生和健康统计年鉴。

从医疗条件来看，当前我国康复医学科床位供给量已经达到 17 万张，但是仍然不能满足需求。若根据北京市卫生计生委等九部门联合发布的《关于加强北京市康复医疗服务体系建设的指导意见》中提到的 2020 年实现每 1000 常住人口 0.5 张康复护理床位的标准推算到全国，我国仍有将近 50 万张康复病床的缺口。显然，我国康复产业庞大的市场需求与实际的康复医疗供应形成巨大的反差。

在我国三级医疗康复体系中，康复医疗资源主要集中在三级医院，2018 年我国康复医院数量为 637 家，相比 2017 年增加了 185 家（见图 1-64）。

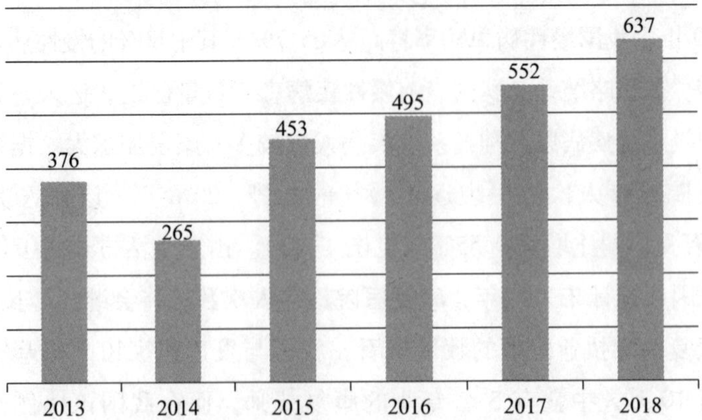

图 1-64　2013—2018 年我国康复医院数量情况（单位：家）

资料来源：中国卫生和健康统计年鉴。

同时，根据艾力彼医院管理研究中心发布的康复医院80强榜单中，我国康复研究产心北京博爱医院、首都医科大学附属北京康复医院、重庆医科大学附属康复医院排前三，其综合得分分别为682.4、454.5和426.8。前10位的康复医院中公立医院有7家，非公立医院有3家，三级医院有9家，三甲医院有3家。从排名前80位的医院来看，三级医院有24家，占前80位的30%（见表1-19）。

表1-19 2017年前十的康复医院情况

排名	医院	得分	城市	级别	性质
1	中国康复研究中心北京博爱医院	682.4	北京	三甲	公立
2	首都医科大学附属北京康复医院	454.45	北京	三级	公立
3	重庆医科大学附属康复医院	426.76	重庆	三级	公立
4	广东省工伤康复医院	400.12	广州	三级	公立
5	福建中医药大学附属康复医院	337.81	福州	三甲	公立
6	国家康复辅具研究中心附属康复医院	329.29	北京	二级	公立
7	江苏省人民医院钟山康复医院	325.16	南京	三级	非公立
8	陕西省康复医院	318.16	西安	三级	公立
9	深圳龙城医院	317.99	深圳	三甲	非公立
10	湘雅博爱康复医院	315.07	长沙	三级	非公立

资料来源：艾力彼医院管理研究中心。

3. 产业发展特点

政策利好将驱动康复医疗产业爆发。我国康复健康产业起步晚，2010年才将康复治疗纳入医疗保险范围，2010年9月卫生部文件《关于将部分医疗康复项目纳入基本医疗保障范围的通知》明确将康复医疗9大治疗项目纳入医保支付范围；2016年人社部、国家卫计委等多部门联合印发的《关于新增部分医疗康复项目纳入基本医疗保障支付范围的通知》中提到，从2016年6月30日开始，纳入医保的康复项目由此前的9项增加至29项，并且各地原已纳入医保支付范围的医疗康复项目继续保留。康复医院主要承接急性期后病人，因此是分流大医院患者的重要渠道之一，康复医院的发展有助于提升公立综合性大医院的效率和床位周转率，未来将是发展趋势，当前康复项目不断纳入医保覆盖范围将带来需求的释放。

康复器械产业经过多年发展，在各个细分领域出现了一批龙头企业，但市场集中度还非常低。从竞争格局来看，康复器械品种众多，国内康复器具生产企业仍以仿制为主，缺乏有自主产权的高端康复器械。另外，国内企业的产品应用推广不足，缺少企业整体形象塑造。整个康复器械产业呈现“大市场小企业”的竞争格局。在我国以康复器械为主的上市公司数量较少，鱼跃医疗、信隆实业、中路股份等多家上市公司也涉及康复器械业务。但信隆实业、中路股份大部分营业收入来自于自行车销售，而鱼跃医疗的康复护理产品收入仅占到公司总体收入的三成左右。

随着国家政策的利好和康复市场的强大需求，康复医疗产业将会成为下一个新的风口。从近两年的投融资情况来看，我国资本市场开始将目光转向康复医疗产业。2018 年 11 月，致力于治疗心血管和呼吸领域重大疾病的创新医疗器械产品生产企业——信迈医疗，完成 7000 万元 C 轮融资，本轮融资由聚明创投和翼朴资本共同领投。

表 1-20　2017—2018 年康复医疗产业的投融资情况（部分）

名称	轮次	时间	金额	投资方	细分领域
信迈医疗	C 轮	2018/11/12	7000 万元	聚明创投和翼朴资本	康复器械
脉沃医疗	天使轮	2018/11/10	700 万元	未透露	康复器械
聚陆医疗	A 轮	2018/4/16	数千万元	幂方资本、天忆集团、旦恩资本	心肺康复
脊近完美	Pre-A 轮	2018/3/19	数千万元	动域资本	康复诊所
颐连医疗	战略投资	2017/8/18	15082.96 万美元	新风天域	康复专科医院
通泽医疗	A 轮	2017/8/14	136.5 万美元	掣金资本	康复器械
弘道运动医学诊所	A 轮	2017/8/8	150.83 万美元	清控银杏	运动康复诊所
欧欧眼保仪	A 轮	2017/5/26	273.42 万美元	未透露	智能硬件、可穿戴设备
健租宝	天使轮	2017/1/23	167.09 万美元	达晨创投、钱景康复、龙之杰	康复器械租赁
邦尔骨科	B 轮	2017/1/18	3088 万美元	金浦资本	骨科康复
体创动力	天使轮	2017/1/7	303.80 万美元	借帆资本	运动康复诊所、可穿戴设备

资料来源：前瞻产业研究院。

（五）“颜值经济”时代来临，医美产业市场腾飞

1. 产业发展情况

医疗美容是指运用药物、手术、医疗器械以及其他具有创伤性或者不可逆性的医学技术方法对人的容貌和人体各部位形态进行修复与再塑的美容方式。根据中国卫生部定义，医美包括美容外科、美容皮肤科、美容牙科和美容中医科等四大项内容，具体来看，从人的面部整形到牙合畸形矫治，甚至包括针灸，都属于医美的范围。

整形美容最早记载于古代印度割鼻再造术，第一次工业革命后兴起的女权运动加速了整形美容外科的发展，再到20世纪50年代国际整形外科医师协会的成立，整形美容作为一个新兴医学学科步入了规范的发展轨道。从当前全球范围来看，医美产业已经形成了基本稳定的格局。从各国医生数量和医美手术案例数量看，美国是全球医美第一大国。而在亚洲，韩国整形医生数量位居世界第四，且是全世界医美渗透率最高的国家。

我国医美产业是改革开放之后才开始兴起，期初以公立医院为主、规模较小、产业发展缓慢；80年代后，民营美容企业兴起，但医美仍然占比较低；21世纪后，医美产业进入了快速发展阶段，多家相关公司上市或挂牌，产业内整合并购频繁，国外先进整形技术也被相继引进。近年来随着经济生活水平提高、女性对医美需求提升、医美技术进步和政策逐步完善，“颜值经济”进入了红利期，医疗美容产业迅速发展。根据MobData《2018年医美产业研究报告》显示，2018年中国医美整体市场规模已经超过2000亿元，未来五年仍将保持20%以上的年增速（见图1-65）。

我国医疗美容产品日趋丰富。按照是否进行手术，医疗美容可分为手术类与非手术类。手术类项目旨在从根本上改变/改善眼、鼻、胸等面部及身体其他部位的外观，非手术类项目主要指注射及激光疗法等微整形术，可分为注射填充类、无创年轻化、激光美容等。一般经卫生部门行政许可设立的医疗美容机构均可开展上述两类项目。

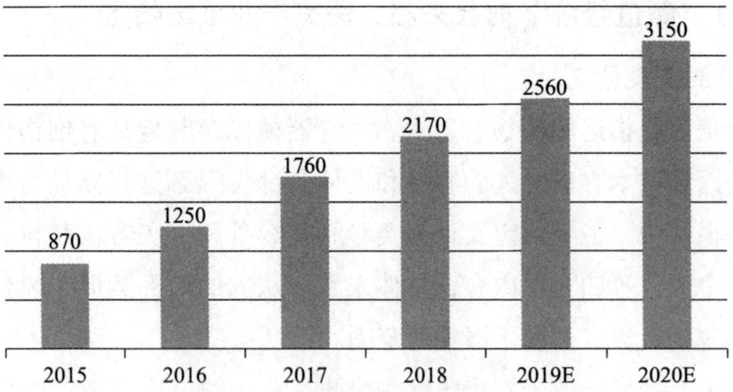

图 1-65　2015—2020 年中国医美产业市场规模（单位：亿元）

资料来源：Mobdata.

表 1-21　医疗美容项目

科目	部位	项目	细分项目
美容外科	头面部	面部整形	下颌整形、改脸型、自体脂肪面部填充等
		眼部整形	眼睑整形、开内外眼角、双眼皮、祛眼袋等
		鼻部整形	隆鼻、鼻尖整形、鼻部再造、鼻部矫正
		唇部整理	兔唇修复、丰唇、薄唇等
	躯干	胸部整形	隆胸、乳房下垂矫正、乳头乳晕缩小术等全身、腹腰吸脂、腋臭手术等
		腹部整形	
		臀部整形	
		四肢整形	
		会阴部	处女膜修补术、阴茎延长术、阴道紧缩术等
		其他	体表小肿瘤切除、自体脂肪注射移植术等
	口腔		明星美牙、牙齿矫正、牙周矫正等
美容皮肤科	抽吸、填充及注射		伊维兰、爱贝芙、玻尿酸注射、肉毒素注射、较远蛋白注射、美白针、水光针等
	化学剥落		化学换肤
	激光和其他电磁波		彩光嫩肤、激光皮肤磨削术
	皮肤相关手术		皮肿瘤物切除、毛发移植、腋臭手术等
美容牙科	牙齿美容修复、牙周美容技术操作、牙合畸形矫治		
美容中医科	针灸、中药内服美容法、中药外治美容技术		

2. 产业发展特点

产业链条日趋成熟。从国内医美产业链的上下游来看，上游以生产商（包括医疗耗材、药品、器械生产等）为主；中游主要指医美机构（包括公立医院整形美容科、大型连锁医院、中小型民营整形医院、小型私人诊所等）；下游即终端消费者，从中游到下游大多通过传统广告、美容院导流以及互联网平台 APP 等宣传方式获取信息（见图 1-66）。

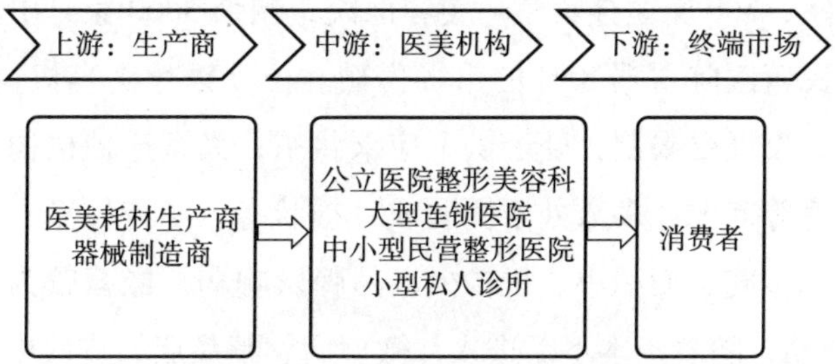

图 1-66 医美产业链结构

我国医美产业上游主要包括美容耗材和器械。其中，主要的美容耗材有伊维兰、爱贝芙、胶原蛋白、玻尿酸、美白针、肉毒杆菌等；美容器械主要包括激光治疗仪、射频治疗仪、吸脂系统等。就上游来看，医美耗材、器械生产本身要求较高，特别是药品类的耗材技术含量较高，进入门槛很高，相比产业中下游，上游生产企业数量较少，竞争并不激烈，仍处在供方市场，企业利润率普遍较高。

非手术治疗中以玻尿酸填充和肉毒素瘦脸为主导产品。就玻尿酸而言，截至 2016 年 7 月，CFDA 通过的纯透明质酸针剂来自 11 家企业，13 个品牌，16 个注册号，其中 2015 年注册产品多达 6 款，堪称玻尿酸爆发的一年，其中 Q-MedAB 公司、LG 生命科学公司、华熙生物等占据 80%以上份额，而国产市场份额占 35%~45%，国产品牌具有一定竞争力。玻尿酸毛利率较高，以在港上市的国内玻尿酸生产商华熙生物科技为例，2018 年财报显示销售毛利率达到 79.94%。目前国内的上市公司中，双鹭药业（002038. SZ）、华东医药（000963. SZ）、昊海生物科技（06826. HK）等都有布局玻尿酸业务。针对肉毒素，目前国内获批的肉毒素仅两种，分别为兰州生物制品研究所的衡力和艾尔建的保妥适，且近几年没有变化。

未来,受市场增长牵引，随着技术引进、研发投入等力度加大，我国医美产业上游厂商将加快发展，逐步加强品牌塑造和终端推广。随着技术成熟、质量提升，我国医美上游产品成本优势会最终体现出来，从设备、材料到制剂，国产取代进口将是长期趋势。

就中游来看，医疗美容机构集中度低，产业处于整合期，竞争激烈。从机构数量上看，国内目前有4000余家整形机构，其中500家属于公立医院的整容科室，500家是连锁整形美容医院，剩余3000家是中小型医美医院和诊所，民营医院占据85%的市场份额。公立医疗美容机构信誉良好、手术偏保守，发展受限制，处于供不应求状态；大型连锁机构存在过度营销、渠道绑客等问题，多数处于微利或亏损状态，亟待转型；传统的中小型医美医院起步晚、面积小、机构少、品牌影响弱，经营较为困难；受医美APP的推动，随着资本不断进入，微型店、精品店、皮肤中心等新兴机构将得到大力发展。同时也看到，中游医美机构的营销成本占到总价值分配的50%，机构利润不足5%，这导致中游医美机构普遍亏损或者微利，传统模式发展遭遇瓶颈。

从消费主力来看，我国医美产业消费的主力为20~30岁的年轻女性。数据显示，2018年，我国20~25岁的消费者达889万人，占我国医疗美容消费者总人数的40.4%；26~30岁的消费者达512万人，占消费者总数的23.3%；而36岁以上的消费者，仅占3.4%（见图1-67）。

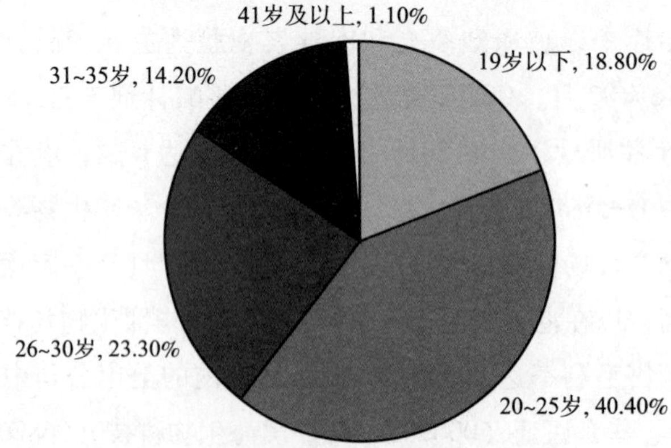

图1-67　2018年我国医疗美容产业消费者年龄段分布情况

资料来源：新氧大数据。

随着移动互联网的普及、消费人群的变化、消费习惯的改变，新旧渠道更替是产业发展的必然趋势，医美 APP 社区则成为新兴的导流方式。目前，80%的机构减少了对搜索引擎的投入，医美 APP 的发展使得医美机构的定价更加透明化，形成良性竞争格局。未来医美机构的品牌优势将进一步发挥，口碑好的大型机构将借助规模优势掠夺市场份额。未来消费者可能会通过视频、自媒体、广告、网红等多种方式了解医美信息，然后在专业的医美 APP 上对信息做进一步审核、对比、判断，或者直接选择到专业的医美 APP 了解关于医美消费的情况。

医美产业并购潮来袭。由于医疗美容产业市场潜力巨大，近几年诸多企业都在全方位布局。数据显示，2001—2017 年，中国医美产业共发生 287 起并购事件，并购总金额 696. 8 亿元。2018 年医美产业并购趋势明显，跨界企业成功进军医疗美容产业，市场集中度进一步提高。如 2016 年 6 月，高端女装品牌国内 A 股第一家上市的朗姿公司以 3. 27 亿元收购米兰柏羽和晶肤两个中国医美品牌，2018 年又以 2. 67 亿元收购了陕西高一生医疗美容医院有限公司 100%股份。未来不断增长的医美市场需求将吸引更多资本介入医美产业，从而有望缓解供应短缺的问题，市场规模将进一步扩大。

医美产业乱象丛生。从医美机构和医师资质来看，国内专业机构、合格医师短缺。在卫生部门注册的医疗美容机构只有 10000 多家，达到卫生部要求的整形外科医生只有 2000 多人，相比之下，韩国 5000 万人口就拥有 5000 家美容机构和 2000 多名认证医师。由于我国居民医疗美容需求大，随之对应的专业诊疗机构与合格医师却供应稀缺，也使得较多非法机构、非法行医、黑中介野蛮生长，严重影响了我国医美产业的健康发展，据中国数据研究中心、中国整形美容协会发布的《中国医美“地下黑针”白皮书》显示，在“黑医美”市场中，每 10 名医美从业者中，就有 9 名“黑医生”。另外，由于非手术类项目（微整形）以风险较低、恢复期短等优势占据当前国内医美主要市场。玻尿酸是微整形填充最受欢迎的项目之一，巨大的市场需求和高额的利润，造成了玻尿酸假货横行的现象。中国整形美容协会数据显示，国内市场上销售的玻尿酸和肉毒素类产品中，70%是假货和水货，由此可见医美机构洗牌在即。

3. 发展趋势

产业将向规范化发展。由于我国医美产业起步较晚，目前仍处于初级阶段，产业发展面临着针剂原料市场混乱、医师水平参差不齐、机构质量良莠不齐、信息不对称等问题。2017 年 6 月底，针对非法医疗美容乱象，原国家卫计委等七部门重拳出击，印发《严厉打击非法医疗美容专项行动方案》，打击非法“微整形”等违法犯罪活动，维护消费者权益。这被业内称为“史上最严整治非法整形”的行动。随着政策监管更严和市场自然淘汰加速，产业未来会向规范化方向发展，规范化与集中化是大势所趋。

表 1-22　2009—2018 年我国医疗美容产业主要政策一览

时间	政策	主要内容
2009 年	《医疗美容项目分级管理目录》	规范美容项目分类
2010 年	《“十二五”期间促进美容行业规范发展的指导性意见》	将医美纳入“十二五”服务业发展的总体框架
2012 年	《北京市医疗美容管理办法实施细则》	加强北京市医美机构监管并制定国外医师聘用标准
2013 年	《国务院关于促进健康服务业发展的若干意见》	对全国盈利性医疗机构提出减半征收等建议，纠正各地出台的歧视性价格政策
2014 年	《医疗美容机构评价标准》	明确了全国民营医美机构中就医者资格、医院服务等评价标准
2016 年	《“健康中国 2030”规划纲要》	“健康中国”上升为国家战略，在多重利好政策下，医美在内的大健康产业真正成为极具开发潜力的“朝阳产业”
2017 年	《严厉打击非法医疗美容专项行动方案》	七部委联合发起监管行动，政府持续加大力度净化市场
2018 年	《中国整形美容协会互联网医美分会互联网医美行业规范指南》（草案）	将通过与第三方平台、机构信息化建设、商业保险等展开标准试点工作，加快推行大数据应用以及信息化建设，推进互联网可信体系建设

市场空间继续扩容。虽然我国医美市场规模已突破 2000 亿元，但相较于美国、巴西等国家，我国医美市场渗透率仍然较低。当前美国医美市场渗透率约为 13%，巴西医美市场渗透率约为 11.6%，我国医美市场渗透率仅为 2%（渗透率以每千人接受医疗美容疗程为单位）（见图 1-68）。随着

人们对医疗美容逐渐开放的态度，以及不断进步的技术使医疗美容变得越来越安全和便捷，预计未来中国医美市场空间将继续展开。

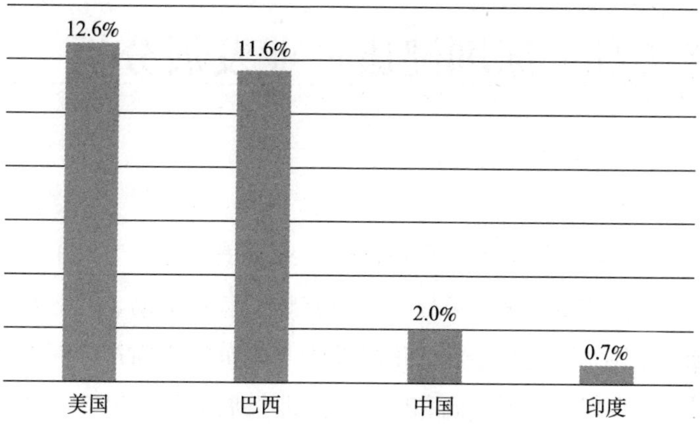

图 1-68 主要国家的医美市场渗透率

资料来源：清科研究中心。

第二章　深圳健康产业发展分析

近年来，深圳市政府非常重视健康产业发展，先后出台了一系列推动健康产业发展的政策，从政策导向、科技创新项目资助、产业基础研究平台建设、人才体系引进与培养、市场监管与规范等方面都为深圳健康产业的发展提供了良好的发展空间和坚实的产业发展基础。2018 年深圳市战略新兴和未来产业实现了 9.1%的增长，占地区生产总值比重 37.8%，继续成为拉动经济增长的新引擎。作为未来产业重要组成部分的健康产业也实现了持续稳定发展，同比增长达到 6%。

第一节　深圳健康产业发展环境分析

在全球经济复苏放缓、动能减弱的背景下，2018 年深圳经济运行稳中有进，经济竞争力持续上升，经济总量位列全国第三。同时，营商环境持续优化，人口数量持续增加，人才吸引力不断提升，产业政策、区域政策等红利不断释放，这些因素正助力健康产业加速发展。

一、经济环境

（一）深圳经济竞争力持续上升，经济总量居全国前列

2018 年以来，面对更加错综复杂的国内外形势，在以习近平同志为核心的党中央坚强领导下，我国坚持稳中求进工作总基调，加大宏观政策逆周期调节力度，坚持以供给侧结构性改革为主线，有力有效应对经济运行中出现的新情况新挑战，保持经济运行总体平稳、稳中有进的态势。深圳经济运行同样稳中有进，经济竞争力持续上升。据中国社会科学院与联合

国人居署联合发布的《全球城市竞争力报告 2018—2019》显示，深圳的经济竞争力位列全球第五，比 2017 年上升一位。从 GDP 总量来看，2018 年深圳实现地区生产总增加值 24221. 98 亿元，同比增长 7. 6%，经济总量位居全国大中城市第三位（见图 2-1）。

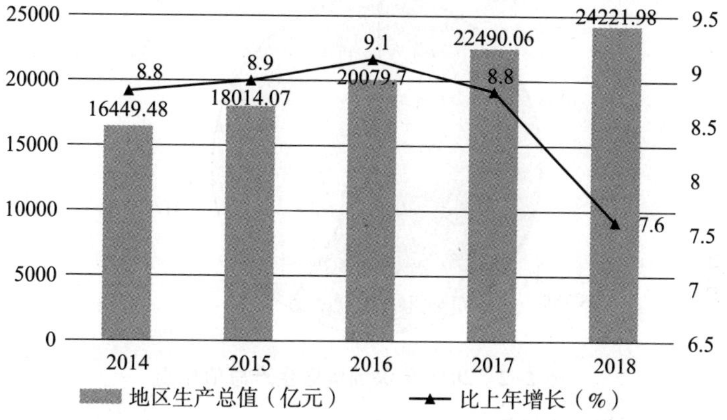

图 2-1 2014—2018 年深圳地区生产总值及增长速度

数据来源：深圳市统计局。

表 2-1 2018 年全国主要城市 GDP 排行榜

排名	城市	GDP（亿元）	同比增幅
1	上海	32679	6. 60%
2	北京	30320	6. 60%
3	深圳	24691	7. 50%
4	广州	23000	6. 50%
5	重庆	20363	6%
6	天津	18809	3. 60%
7	苏州	18697	7%
8	成都	15342	8%
9	武汉	14847	8%
10	杭州	13500	7%

资料来源：公开资料整理。

深圳产业经济结构持续优化，第一、二、三产业共同推动经济增长。2018 年深圳第一产业增加值 22. 09 亿元，增长 3. 9%；第二产业增加值

9961.95 亿元，增长 9.3%；第三产业增加值 14237.94 亿元，增长 6.4%。第一产业增加值占全市地区生产总值的比重为 0.09%，第二产业增加值比重为 41.13%，第三产业增加值比重为 58.78%（见图 2-2）。

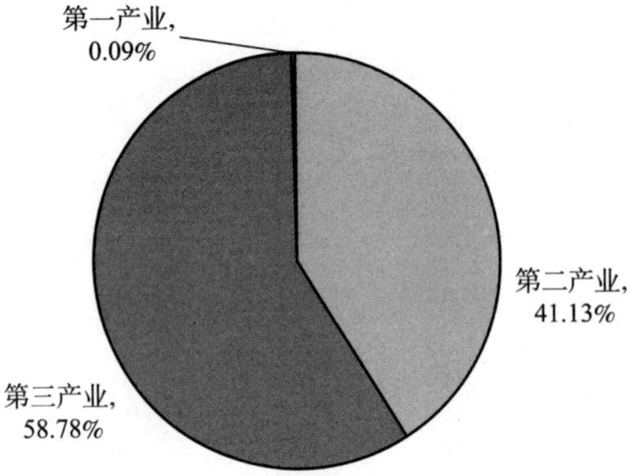

图 2-2　2018 年深圳地区生产总值比重

数据来源：深圳市统计局。

四大支柱产业齐齐发力，支撑深圳经济高质量增长。2018 年深圳高新技术产业增加值 8296.63 亿元，增长 12.7%；金融业增加值 3067.21 亿元，增长 3.6%；现代物流业增加值 2541.58 亿元，增长 9.4%；文化创意产业（规模以上）增加值 1560.52 亿元，增长 6.3%。在现代产业中，现代服务业增加值 10090.59 亿元，增长 7.1%；先进制造业增加值 6564.83 亿元，增长 12.0%；高技术制造业增加值 6131.20 亿元，增长 13.3%。

（二）战略性新兴产业表现强势，为深圳经济注入新的活力

经过多年发展，我国战略性新兴产业表现出强劲势头，对保持经济中高速增长发挥了重要作用。截至 2018 年，国内战略性新兴产业增加值增速为 8.9%，其中新一代信息技术和生物产业作为战略性新兴产业中规模最大、创新最密集的两个产业领域，实现了较快增长，持续发挥支柱作用。为了更好地发挥战略性新兴产业的引领作用，2018 年国家对战略性新兴产业进行分类，规定战略性新兴产业是以重大技术突破和重大发展需求为基础，对经济社会全局和长远发展具有重大带动作用，知识技术密集、物质资源消耗少、成长潜力大、综合效益好的产业，包括：新一代信息技术产

业、高端装备制造产业、新材料产业、生物产业、新能源汽车产业、新能源产业、节能环保产业、数字创意产业、相关服务业等九大领域。战略性新兴产业分类范围进一步扩大，未来将会在我国国民经济和社会发展中扮演更重要的角色、发挥更重要的作用。

深圳从 2009 年起开始通过调结构、转方式，深入推动经济转型升级，大力发展知识技术密集、资源消耗少、成长潜力大、综合效益好的战略性新兴产业。2009—2012 年，深圳战略性新兴产业发展取得初步成效，产业集聚效应初显。产业范围由生物医药、高端装备制造、数字经济扩大到新一代信息技术、新材料、海洋经济、绿色低碳，重点扶持战略性新兴产业项目在 2012 年超过 2000 个。战略性新兴产业效益逐年增强，2009—2012 年产业增加值从 2265.64 亿元提高到 3982.44 亿元，年均增长 20.5%，占 GDP 比重提升至 29.9%。2013—2018 年，深圳战略性新兴产业主引擎作用突出，产业规模不断扩大，产业贡献度显著提升，实现了新的跨越。2013—2018 年战略性新兴产业增加值从 7003.48 亿元提高到 9155.18 亿元，占地区生产总值的比重从 34.3%增加至 37.8%。产业范围也形成了新一代信息技术、高端装备制造、绿色低碳、生物医药、数字经济、新材料、海洋经济等七大战略性新兴产业。

从产业的分类看，2018 年深圳战略性新兴产业中，有 3 个产业的增加值规模突破“千亿元”大关。其中，新一代信息技术领跑其他产业，实现增加值 4772.02 亿元，增长 10.9%；数字经济产业增加值 1240.73 亿元，增长 3.8%；高端装备制造产业增加值 1065.82 亿元，增长 10.7%；绿色低碳产业增加值 990.73 亿元，增长 11.7%；海洋经济产业增加值 421.69 亿元，下降 11.3%；新材料产业增加值 365.61 亿元，增长 8.6%；生物医药产业增加值 298.58 亿元，增长 22.3%（见表 2-2）。

表 2-2 2018 年深圳七大战略性新兴产业增加值 单位：亿元

新一代信息技术	高端装备制造	绿色低碳	生物医药	数字经济	新材料	海洋经济
4772.02	1065.82	990.73	298.58	1240.73	365.61	421.69

资料来源：深圳市统计局。

为了进一步提升深圳市战略性新兴产业的发展能级，加快形成引领型的现代化经济体系，2018 年 11 月深圳市政府发布了《关于进一步加快发展战略性新兴产业实施方案的通知》。方案提出未来发展目标将通过三步走策略，形成重点突出、布局合理、质量效益显著的战略性新兴产业发展格局，成为全球重要的新经济发展策源地。

计划到2020年，实现支撑和引领战略性新兴产业发展的科技创新硬条件与软环境体系不断完善，重大科技基础设施对源头创新的支撑能力切实增强，新建50个以上创新载体，培育10家以上技术引领型的研究机构、具有国际竞争力的跨国公司及创新型企业，创新推出一批精准化扶持政策，组织实施100个以上重大科技产业发展项目，造就一支以世界级科学家、杰出企业家为主体的领军人才队伍，攻克并掌握一批关键共性技术，使产业平台、设施及环境日趋完善，基本形成全域统筹、重点突出的产业空间布局，在优势领域力争打造出万亿产业集群，在前沿领域争取建成一批带动能力突出、竞争优势明显的千亿级产业集群。

计划到2025年，实现战略性新兴产业科技创新水平国际知名，掌握一批前沿引领技术和现代工程技术，力争培育更多世界五百强企业和创新型企业，建成10个以上产业规模超百亿、产业链条完备、产业配套完善的新兴产业集聚区，打造更多千亿级和万亿级优势产业集群。再经过长期的努力，持续突破一批颠覆性技术，成为全球重要的新兴科技与产业创新发展策源地，持续支撑经济更高质量和更可持续发展，为建成竞争力、影响力卓著的创新引领型全球城市做出更大贡献。

该政策充分表明了深圳市政府加快战略性新兴产业发展、夯实先进制造业基础、推动现代服务业高端化发展的决心，对于深圳健康产业发展来说，也是一大利好。

（三）营商环境不断优化，排名位于全国之首

良好的营商环境是建设现代化经济体系、促进高质量发展的重要基础，近年来深圳市政府率先加大营商环境的改革力度，致力于营商环境的建设与优化，一揽子“先行先试”政策走在全国前面。在《2018年中国城市营商环境评价报告》中，粤港澳大湾区研究院课题组根据国家统计局等部门发布的数据指出，2018年，深圳从2017年的第三名跃升至排行榜首位（见表2-3）。

表 2-3 2018 年中国城市营商环境排名

排名	城市	排名	城市
1	深圳	6	成都
2	上海	7	南京
3	广州	8	杭州
4	北京	9	长沙
5	重庆	10	武汉

数据来源：粤港澳大湾区研究院。

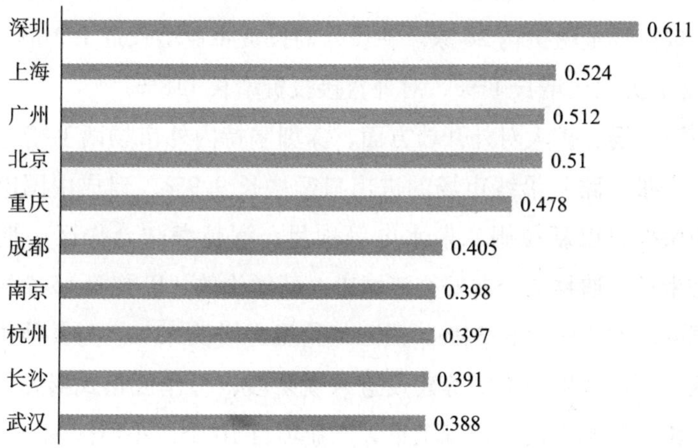

图 2-3 2018 年中国主要城市营商指数

数据来源：粤港澳大湾区研究院。

2018 年深圳市发布《深圳市关于加大营商环境改革力度的若干措施》，在促进民营经济发展、创新创业、活跃市场、扩大开放等方面做了许多工作，取得积极成效。

在支持企业发展方面，深圳精准施策推出了促进民营经济发展的“四个千亿”措施，2018 全年为企业减负超过 1400 亿元，民营经济增加值增长 9.6%。同时，率先出台化解上市公司流动性风险的政策措施，在全国设立首个 150 亿元的政策性纾困资金。为破解中小微企业融资难问题，深圳组建 30 亿元的政策性融资担保基金，设立 50 亿元的银行贷款风险补偿资金池，实现全年小微企业贷款余额增长 16%。并出台了《关于强化中小微企业金融服务若干措施》，推出 8 项举措、11 个政策点，打造中小微企业创新创业良好的融资生态环境。

在投资发展、创新创业方面，2018 年深圳出台的《营商环境改革 20 条》政策措施中指出：缩短企业开办时间，从 9 天减至 4 天；出口通关、外商登记备案时间分别压缩 69%、60%；企业出口退税时间压缩 20%；12 项不动产登记业务实现一小时办结；政府投资项目从立项到施工许可审批由原来的 267 个工作日减少到 90 个工作日以内，社会投资项目控制在 33 个工作日以内等等。通过营商环境的优化，深圳进一步增强了创新创业活力，2018 年全年新设立企业 29 万户，总量增长 11.6%。新增上市公司 16 家，新引进持牌金融机构 26 家。新设外商投资企业增长近 1.2 倍，实际利用外资 82 亿美元，增长 11%，对外直接投资增长 118%。

在活跃市场、扩大对外开放方面，深圳坚持内外市场两手抓。2018 年深圳对“一带一路”沿线市场的进出口额增长 9.9%，建成中国巴新友谊学校，加快推进巴新拉姆二期水电等项目，深越海防合作区一期工程完工。新增米兰、迪拜 2 个友好交流城市，新增伦敦、巴黎等 15 个国际通航城市，国际航空旅客增长 34%，国际邮轮旅客增长 93%。与其他国内城市合作方面，深汕特别合作区等建设进入新阶段，合作区正式揭牌，总体规划和城市设计基本完成，新开工重大产业项目 10 个，小漠国际物流港等项目加快推进。深莞惠“3+2”经济圈合作不断深化，深圳与哈尔滨 33 个对口合作项目加快实施。

另外，深圳在全国率先改革并实施多层次住房供应保障制度，营商环境、工程建设项目审批“深圳 90”改革、智慧城市和数字政府建设等均走在全国前列，前海蛇口自贸区一批制度创新成果在全国推广，成为全国营商环境最好的城市之一。

二、社会环境

（一）人口总量增加，人才吸引力提升

由于深圳聚集大量的创新资源、产业资源、教育医疗等宜居资源，近年来仍保持较高的人口流入。据深圳统计局数据显示，2018 年深圳常住人口 1302.66 万人，同比增长 49.83 万人，增量较过去 3 年有所减少。但对

比北京、上海、广州一线城市，深圳常住人口增量遥遥领先。新增的人口数据显示，深圳 2016 年新增常住人口 52.97 万，2017 年新增常住人口 61.99 万，2018 年新增常住人口 49.33 万人（见图 2-5）。3 年累计增加常住人口达 165 万，连续两年增量领跑北上广。

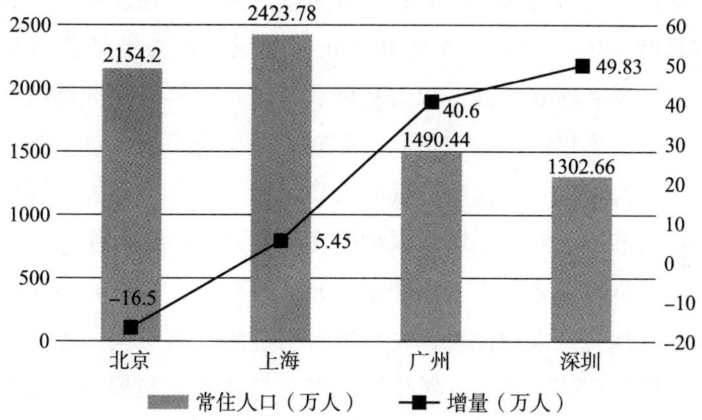

图 2-4　2018 年一线城市常住人口统计

数据来源：根据统计局资料整理。

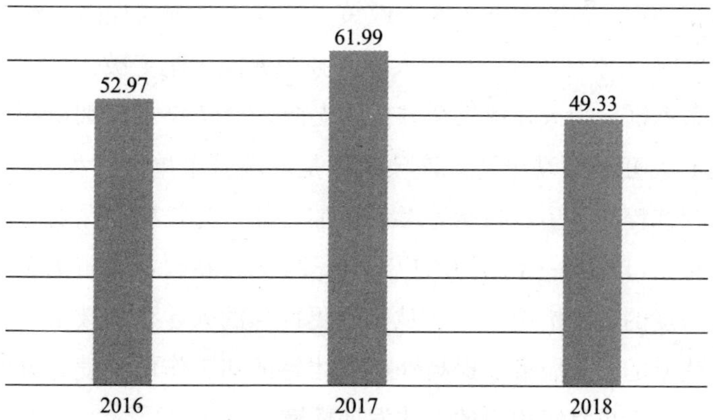

图 2-5　2016—2018 年深圳市流入人口增量情况（单位：万人）

数据来源：根据统计局资料整理。

人口资源是重要的特殊资源，在我国"人口红利"正逐步转向"人才红利"助推社会经济增长。据国家统计局发布数据显示，我国总人口由 1949 年的 5.4 亿人发展到 2018 年的近 14 亿人，年均增长率约为 1.4%。

庞大的人口总量为中国经济的腾飞提供了宝贵的人力资源，为经济发展和社会建设提供了充足的劳动力，以及促进了社会需求，拉动了内需，带动了社会消费。然而伴随着我国步入深度城市化阶段，适龄劳动人口逐渐减少，人口红利高峰期逐渐消失，人口资源也逐渐成为重要的特殊资源。由于我国当前仍有巨大的人口数量，人口劳动的参与率还在提高，在我国人口红利逐渐减弱的同时，人才红利也正在形成，正为推动我国高质量发展、培育经济发展新高地提供智力基础和支撑。近年来深圳持续的人口增量，同时作为新生代的人口增量，具有较好的教育背景、创新潜力、较强的投资能力和消费能力。这些持续的人口增量，将会转化为深圳的创新动能、消费动能和产业红利，增强深圳的发展实力和发展潜力。

另外，深圳对人才引进工作非常重视。多年来，深圳始终坚持把人才队伍建设摆在优先发展的位置，先后出台引进海外高层次人才的“孔雀计划”“人才安居工程”等一系列政策，着力打造人才集聚发展的高地。同时，市财政每年投入引进人才的资金超过 40 亿元，区财政以及各方面资金总量超过 100 亿元。近几年，深圳政府继续出台多部人才政策，营造更具吸引力的人才发展环境。2016 年出台《关于促进人才优先发展的若干措施》提出了 20 个方面 81 条 178 个政策点，在人才安居保障、给各类人才“松绑”、落实人才自主权、优化人才服务等方面大胆突破，打破束缚人才发展的条条框框，为人才提供全方位的支持。2017 年《深圳市积分入户办法（试行）》正式启动申请，该项政策是深圳首个单纯的积分入户政策，其目的是在纯粹的学历、技能等考量标准之外，为长期在深稳定就业和居住的非户籍人口开辟一条新的入户渠道。2018 年在《深圳市关于加大营商环境改革力度的若干措施》中，从实施更优惠的人才住房政策、为海外人才提供更优质的公共服务、提高外籍人才签证和工作便利度等方面提出了相关措施以营造更具吸引力的人才发展环境。

在多年努力下，深圳的人才战略已经显示出积极的成效，并为整个深圳社会经济发展提供了坚实的保障。数据显示，截至 2018 年深圳全市人才队伍总量达 510 万人，全职院士 41 人，累计认定高层次人才 12480 人。其中，国内高层次人才 8171 人，2018 年新增认定 1192 人，“孔雀计划”引进海外人才 4309 人，2018 年新增认定 1355 人。

（二）人口老龄化正在加速，持续驱动“银发经济”

2000年我国65岁及以上人口比重达到7.0%，0~14岁人口比重为22.9%，老年型年龄结构初步形成，我国开始步入老龄化社会。到2018年，我国65岁及以上人口比重达到11.9%，0~14岁人口占比降至16.9%，我国人口老龄化进入不断加深的阶段。据世界卫生组织预测，到2050年，我国将有35%的人口超过60岁，成为世界上老龄化最严重的国家。

在国内老龄化大趋势下，深圳也正小跑进入老龄化社会。据统计数据显示，截至2017年底，全市户籍老年人28.87万人，占户籍总人口的6.6%；按照常住人口统计大约有90万老年人，加上来深投靠子女和“候鸟”型老年人实际上有超过120万老年人，所占人口比例逼近7%，预计2020年深圳将正式进入老龄化社会。

随着老龄化社会的到来，养老问题也成为群众关注的重大民生问题。近年来国家及地方频繁出台了一系列政策，积极支持老龄事业的发展和养老体系构建。从养老设施建设、用地、政府购买服务、社会资本进入、医养结合、养老服务体系建设、互联网+养老、智慧健康养老、标准化建设、人才培养、养老服务补贴、金融支持、税费优惠等各个方面都提供配套扶持政策以深化我国的养老服务体系。

深圳市政府近年来也在积极推进养老服务体系建设，密集出台了《深圳市养老服务业发展“十三五”规划》《关于加快发展老龄服务事业和产业的意见》和《深圳市养老设施专项规划（2011—2020）》《深圳市公办养老机构入住评估轮候管理办法（试行）》《关于全面放开养老服务市场提升养老服务质量的若干措施》《深圳经济特区养老服务条例》《深圳市关于加快商业养老保险发展的实施意见》等一批政策性规范性文件。

虽然目前深圳老龄人口占常住人口的比例相对较小，但是深圳养老基础设施薄弱，一些养老工作所依据的政策零散且效力不高，老年人支付能力不足，养老人才短缺和扶持措施不足。同时，养老是一个复杂的系统性工程，建立一个老有所依、老有所学、老有所医、老有所乐的老龄化社会，投入将是多样化的，要素也将是多样化的。老龄化进程加速也势必带动药品、检测、养生等相应需求。因此，不断逼近的老龄化社会将会带来新一轮的“银发经济”，也将会给健康产业的发展带来结构性改变。

（三）慢病趋势持续上升，政府加大防控支出

由于慢性病危险因素广泛存在、人口老龄化进程加速等诸多问题，深圳慢性病的发病率也处于持续上升态势。据统计，深圳居民死因前三位均是慢性病，其中心脑血管疾病和恶性肿瘤死亡人数占总死亡人数的比例超过60%。虽然深圳是一个年轻城市，但是某些慢性病的患病率或危险因素却远超全国水平，如深圳高胆固醇血症患病率为18.9%，是全国平均水平的近4倍。同时，随着城市化和老龄化进程加快，恶性肿瘤已成为危害居民生命和健康最重要的慢性病之一。据深圳卫计委公布的数据显示，2018年深圳新发肿瘤病例近2.6万例，肺癌依旧位居全部恶性肿瘤榜首。

表2-4　2018年深圳居民主要癌症发病率

癌证种类	合计（%）	男性（%）	女性（%）
肺癌	13.45	18.64	17.2
甲状腺癌	11.89	13.09	14.92
结直肠癌	9.94	11.79	9.28
乳腺癌	9.6	8.12	7.41
肝癌	6.67	6.54	6.21
胃癌	4.34	4.21	3.59
宫颈癌	3.45	4.04	2.61
白血病	3.08	4.01	2.57
淋巴癌	3.02	3.79	2.55
鼻咽癌	2.47	3.48	2.4

数据来源：深圳市卫计委。

为了保障市民健康，深圳不断在慢病防治上实践探索。过去两年，深圳累计完成社区人群风险评估近4万例，高危人群临床筛查11631人次，确诊恶性肿瘤18例，良性肿瘤2例，各类阳性病例968例。面对慢病持续上升的严峻性，近几年来深圳出台了系列防控措施。2016年深圳市人民政府出台《深圳市人民政府关于深化医药体制改革建设卫生强市的实施意见》，明确提出推动健康深圳、提高基本公共卫生服务均等化水平，加强

重大疾病防治能力的意见。同年，还出台了以高血压、糖尿病管理为抓手，开展分级诊疗工作的一系列文件。国家卫生计生委等16部门已印发《中国癌症防治三年行动计划（2015—2017年）》，深圳在此基础上制定了《深圳市癌症防治五年行动计划（2016—2020年）》，指导各级机构开展癌症的预防与控制工作。另外，除了在政策方面加强慢性病预防，深圳还加大提供数千万常规防治经费支持。每年市财政配有数千万常规防治经费，同时另行给予各类专项经费，用于基线调查、慢性病管理、人才培训、疾病监测、适宜技术推广和应用、设备添置、慢性病宣传、健康咨询活动及科研等，为慢性病防治工作的开展提供了强有力的保障。

随着时代的发展以及健康教育的普及，人们对健康的理解和需求发生了很大的变化。当下“早发现、早诊断、早治疗、早预防”已经被越来越多的人所接受。有数据显示，深圳健康体检人数已经达到750万人次，占深圳人口总数比重达到60%。伴随着对慢性病防治的实践探索，更多全新的、多样化的治疗方式将会不断涌现，健康产业的产业形态也将不断丰富。

三、产业环境

（一）产业政策持续完善，助力产业发展

近年来深圳市政府通过政策引导，加大对生命健康产业的资金、产业基地等生产要素的投入力度及相应的配套政策，为深圳生命健康产业的发展创造了良好的产业环境。

1. 多项产业规划支撑健康产业发展

深圳于2009年就率先在全国提出发展生物产业，出台了《深圳生物产业振兴发展规划（2009—2015）》和《深圳生物产业振兴发展政策》，2013年又提出《深圳生命健康产业发展规划（2013—2020年）》《深圳国际生物谷总体发展规划（2013—2020年）》以及《深圳市未来产业发展政策》，为深圳生命信息、高端医疗、健康管理等生命健康相关产业的发展提供了行动纲领。随着国家健康中国战略的提出，2016年深圳再次将生物和生命健康产业作为“十三五”期间重点发展的新兴产业之一，进行了新一轮

的健康产业规划布局，深圳市卫计委和发改委联合发布了《深圳市卫生与健康“十三五”规划》。2017 年 9 月，深圳市委市政府出台了《健康深圳行动计划（2017—2020 年）》，明确了未来三年的工作目标、路径和措施，涵盖 11 项行动计划、35 个方面、94 条具体措施，构建健康全民参与新格局，把健康中国、健康广东的“规划图”转化为健康深圳的“施工图”。

2. 产业专项扶持助推健康产业发展

2017 年，深圳围绕“大健康”理念，不断深化供给侧结构性改革，制定了一系列专项政策。在深化医疗体制改革方面，深圳承担全国城市公立医院改革试点任务，五位一体、先行先试、积极探索，加快推进基本医疗卫生制度建设。2017 年 1 月 1 日，我国首部地方医疗基本法规《深圳经济特区医疗条例》正式施行，对深圳医疗卫生体制改革的重要举措予以固化。为配合该医疗条例的实施，深圳市卫计委印发了《深圳市医疗机构执业登记办法（试行）》（以下简称《办法》），对医疗机构的执业登记、变更登记、补办、校验、延续等均做了明确的规定。2017 年 11 月 30 日，深圳印发了《深圳市社会办医财政扶持政策实施细则（试行）》，整合和细化了 2013 年以来涉及社会办医的各项法规，共梳理出 13 项财政扶持政策，为社会办医提供清晰的“获奖指南”。2017 年，深圳出台国内首个家庭医生服务管理的规范性文件——《深圳市家庭医生服务管理办法（试行）》，给家庭医生服务定标准，还在全国率先定了一把“尺”——《深圳市高级家庭医生胜任力评估指南（试行）》，用来衡量谁是优秀的家庭医生。此外，深圳还出台了市民健康素养提升、公共卫生强化行动、慢性病“防治管”一体化服务管理等专项方案，把“健康深圳”建设落到实处。

2018 年，深圳市政府又颁发了一系列政策与措施，扶持健康产业发展。2018 年 11 月，深圳市政府发布了《关于进一步加快发展战略性新兴产业实施方案的通知》，旨在提升深圳战略性新兴产业的发展能级，加快形成引领型的现代化经济体系。2018 年 12 月，深圳市发改委起草了《关于促进深圳市药品和医疗器械产业发展的若干措施（征求意见稿）》，旨在增强深圳医药产业自主创新能力，培育壮大新业态、新模式，推动产业向中高端迈进。2018 年 12 月，深圳市人民政府印发《关于加强基础科学研究实施办法的通知》，加强深圳市基础科学研究，实现引领性原创成果取得重大突破，促进高新技术产业更快更好发展，加快建设竞争力影响力卓著的创新引领型全球城市。

（二）创新环境不断完善，释放强大动能

1. 继续推进深圳自主创新高地建设

创新是深圳的基因，是深圳发展强劲的内生动能，全社会研发投入占GDP比重是国际通行的反映一国或一个区域科技研发实力、竞争力的评价指标。深圳市每年安排不少于30%的财政科技专项经费用于基础研究和应用基础研究，同时积极争取和布局国家、省市重点实验室、大科学装置，为一流人才的科研攻关和技术创新搭建更好的平台。可以看出，深圳可以迅速从一个边陲县城建设成为一座创新型国际化城市，持续的研发投入是重要因素。

从科研投入来看，近年来深圳科研投入复合增长率达到4%，占比GDP比值达到4%左右。数据显示，2018年深圳全社会研发投入超1000亿元，占GDP比重4.2%（见图2-6）。对比全球各国的研发投入，目前仅有以色列和韩国研发投入占GDP比重超过4%。可以看出，深圳全社会科研投入占比GDP的数据，已经超过多数发达国家的水平。

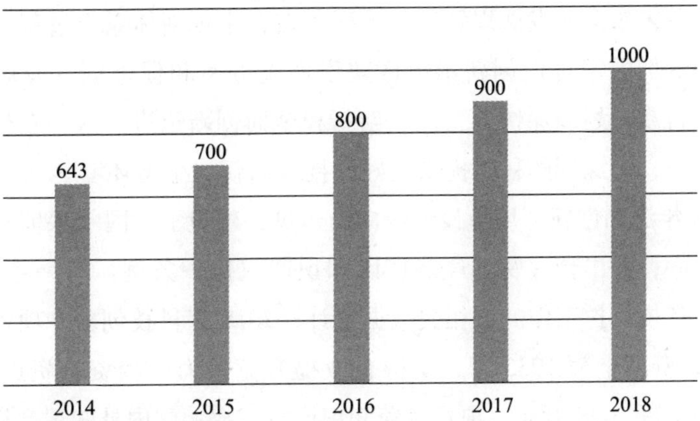

图2-6 2014—2018年深圳市科研投入情况（单位：亿元）

数据来源：深圳市政府工作报告。

得益于科研投入的持续支出，深圳的研发成果、创新平台建设硕果累累。据深圳市市场和质量监督管理委员会发布的数据，2018 年深圳专利申请量 22.86 万件，授权量 14.02 万件，同比增长 29.1%和 48.8%；发明专利申请量 6.99 万件，授权量 2.13 万件，同比增长 16.1%和 12.6%；PCT 国际专利申请量 1.8 万件，占广东省申请总量的 71.5%，连续 15 年居全国大中城市第一。

在创新载体建设成果方面，2018 年，深圳新增各类创新载体 189 家，累计达 1877 家。光明科学城、鹏城实验室、深圳湾实验室等重大创新平台的建设启动。深圳获批国家可持续发展议程创新示范区，成为中国最具创新力的城市，在全球创新体系中的地位不断提升。此外，2018 年深圳制定加强基础研究的实施办法，开展芯片、医疗器械等 10 项关键零部件重点技术攻关，建设合成生物研究、脑解析与脑模拟等重大科技基础设施，建立肿瘤化学基因组学国家重点实验室，新组建第三代半导体研究院等新型基础研究机构 10 家。

2. 加强创新环境持续优化

为提升自主创新能力，深圳市加强对创新环境的持续优化，先后出台了全国首部国家创新型城市总体规划，发布了促进科技创新的地方性法规，并接连出台自主创新“33 条”、创新驱动发展“1+10”文件、战略性新兴产业及未来产业发展规划等一系列覆盖自主创新体系全过程的政策文件，出台深圳国家自主创新示范区建设实施方案和促进创客发展若干措施、三年行动计划，加快向引领式创新和全面创新迈进。这一系列的政策出台和发布，为深圳的科研提供良好的技术创新“生态环境”。

2018 年深圳创新环境建设继续向前迈进，建设了中国（深圳）知识产权保护中心，并出台《深圳经济特区知识产权保护条例》等一系列措施，加强知识产权保护工作。据相关数据统计，2018 年科技创新专项资金项目达 23 项，资助金额 1035 万，支持企业提升竞争力专项资金资助项目 30 项，资助金额 1098 万元，项目涵盖知识产权维权、国内外知识产权保护前沿问题研究、保护平台建设等内容。同时，在深化科技管理体制改革方面，2018 年深圳在全国率先实施重大科技项目评审专家“主审制”，出台科研项目经费管理改革 20 条，赋予高校、科研院所更大的科技经费管理自主权。

3. 持续壮大创新发展新动能

深圳持续壮大创新发展新动能，以求在全球创新体系中的地位不断提升，为深圳谋未来。2018 年 2 月深圳被科技部列为首批创建国家可持续发展议程创新示范区备选地区之一，并发布《深圳市可持续发展规划（2017—2030 年）》和《深圳市国家可持续发展议程创新示范区建设方案（2017—2020 年）》。其中，《深圳市可持续发展规划（2017—2030 年）》中要求到 2020 年，深圳创新生态体系更加完善，基本建成现代化国际化创新型城市，形成国际科技产业创新中心基本框架体系，国家自主创新示范区建设和全面创新改革试验取得显著成效，基本形成以创新为主要引领和支撑的现代化经济体系，全国经济中心城市地位进一步巩固。科技进步贡献率达到 62%，全社会研发投入占 GDP 比重达到 4.25%，每万人发明专利拥有量达到 84 件。电子信息、生命健康、人工智能、新能源、新材料等领域产生一批原创性重大科技成果，一批世界领先的龙头企业和隐形冠军逐步成长，形成一批全球价值链高端产业集群。

在《深圳市国家可持续发展议程创新示范区建设方案（2017—2020 年）》中提出发展目标：到 2020 年，建成国家可持续发展议程创新示范区，经济、社会及环境可持续发展质量达到国内领先水平。科技创新对社会事业发展的支撑引领作用不断增强，经济与社会协调发展程度明显提升，实现优质公共服务资源均衡共享。探索形成深圳环境治理与社会治理现代化的系统解决方案，建设资源节约型、环境友好型和学习型社会，为落实 2030 年可持续发展议程提供可借鉴、可复制的现实样板和深圳经验。其中创新驱动发展目标：科技进步贡献率达到 63%，全社会研发投入占 GDP 比重达到 4.25%，全市 PCT 专利申请量达到 2.4 万件。生命健康、人工智能、新能源、新材料等领域产生一批世界领先的龙头企业。重大科技基础设施达到 6 个，国家、省、市级创新载体达到 2200 家以上。人才高地建设目标：累计引进海外高层次创新团队 100 个、海外高层次人才 2000 人，新增认定国内高层次人才 1500 人，新增技能人才 60 万人。

第二节　深圳健康产业发展总体情况

2018 年，深圳健康产业在国家政策推动、技术驱动、资本追逐的大背景下，迎来蓬勃发展期，这除了得益于国内健康产业的发展大势，也因为近年来深圳市政府积极对健康产业进行政策扶持，支持产业载体建立，增强产业科技创新，加快提升产业集聚。

一、产业规模

2018 年，深圳健康产业发展持续增长。据统计，健康产值规模约 2900 亿元，同比增长达到 6.5%（见图 2-7）。

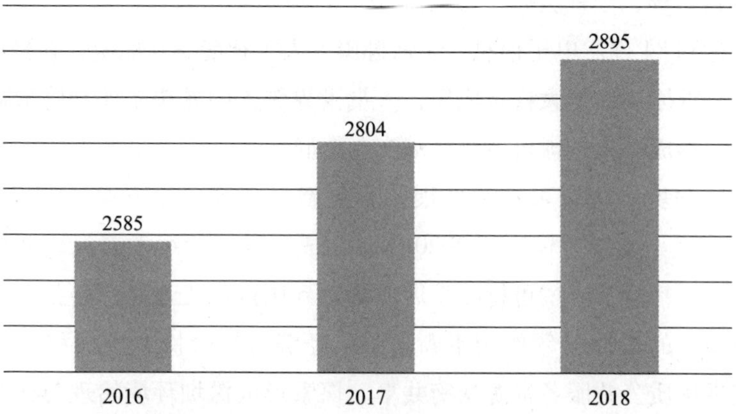

图 2-7　2016—2018 深圳健康产业发展规模（单位：亿元）

资料来源：深圳统计局、深圳市市场和质量监督管理委员会。

深圳健康产业的企业数量处于增长阶段。基于对健康产业发展的信心、对健康中国战略的理解以及深圳良好的经济基础和政策环境，近年来一批批新型的企业加入到健康产业当中。统计数据显示，截至 2018 年底，深圳健康产业相关企业总数为 104766 家，较 2017 年增长了 2303 家，较 2016 年增长了 4779 家（见图 2-8）。

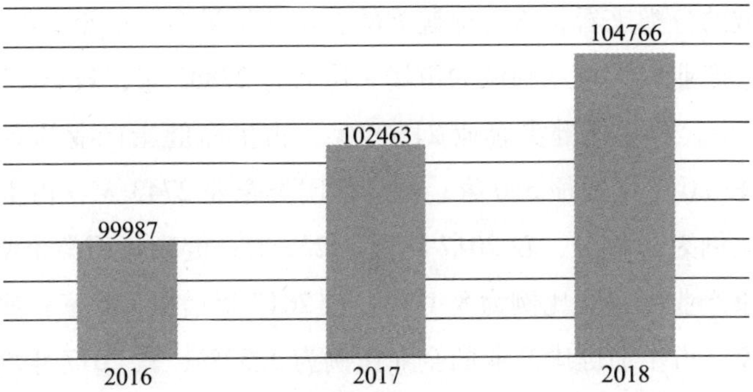

图 2-8 深圳市健康产业企业数量（单位：家）

资料来源：根据深圳市市场和质量监督管理委员会资料整理。

二、产业结构

（一）“三产”统计类别中，健康服务业企业独占鳌头

从三大产业，即原材料种养殖业、健康制造业、健康服务业的分类来看，健康服务业企业仍占企业总数的主要部分。统计数据显示，2018 年深圳健康产业的企业数量中，原材料种养殖业企业 156 家，占企业总数的 0. 15%；健康制造业企业 5315 家，占企业总数的 5. 08%；健康服务业企业 99295 家，占企业总数的 94. 77%（见图 2-9）。

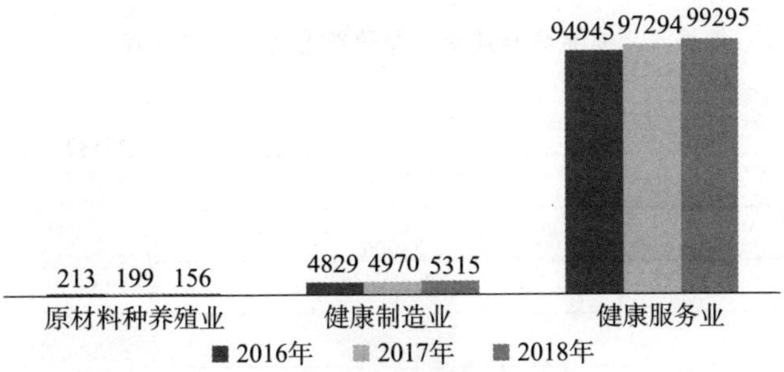

图 2-9 深圳市健康产业企业数量分布情况（单位：家）

资料来源：根据深圳市市场和质量监督管理委员会资料整理。

（二）养生保健类企业位居产业六大领域榜首

从《深圳市生命健康产业发展规划（2013—2020 年）》所列六大重

点发展领域的分类来看，养生保健类的企业数量最多。截至2018年底，深圳生命健康产业六大重点领域的市场主体共有27882家，较2017年增加了976家。其中，养生保健类企业21549家，占生命健康产业的企业比例为77.28%，较2017年增加550家；健身休闲类企业2743家，占生命健康产业的企业比例为9.84%，较2017年增加233家；健康管理类企业2278家，占生命健康产业的企业比例为8.17%，较2017年增加136家；照护康复类企业926家，占生命健康产业的企业比例为3.32%，较2017年增加23家；生命信息类企业288家，占生命健康产业的企业比例为1.03%，较2017年增加21家；高端医疗类企业98家，占生命健康产业的企业比例为0.35%，较2017年增加13家（见图2-10）。

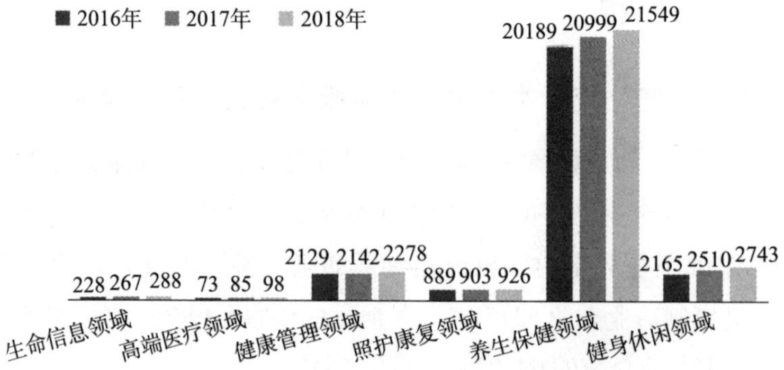

图2-10　深圳市生命健康产业重点领域企业数量（单位：家）

资料来源：根据深圳市市场和质量监督管理委员会资料整理。

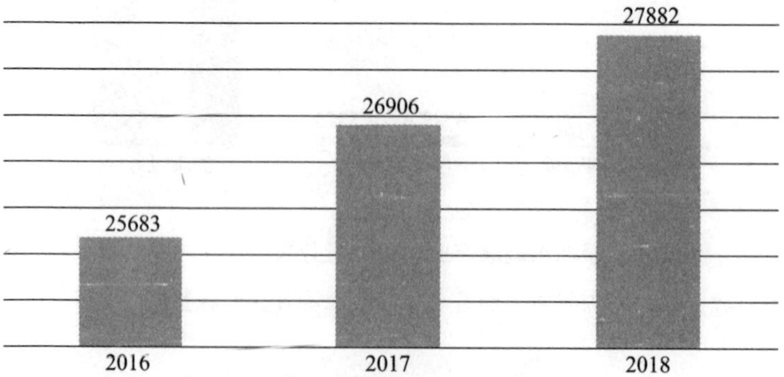

图2-11　深圳市生命健康产业重点领域企业数量（单位：家）

资料来源：根据深圳市市场和质量监督管理委员会资料整理。

三、产业主体类型

据统计，2018 年深圳市健康产业企业的主体类型中，股份制企业（内含股份有限公司、有限责任公司）、个体工商户为主要部分，国有/集体企业和合伙制企业所占比例很低。其中个体工商户占企业总数的 53.55%；股份制企业（内含股份有限公司、有限责任公司）占企业总数的 43.28%；合伙企业占企业总数的 0.43%；外商投资企业占企业总数的 1.04%；国有/集体企业占企业总数的 0.02%；个人独资企业占企业总数的 1.6%（见图 2-12）。从以上数据来看，民营资本为进入健康产业的主要力量。此种情况离不开近年来国家积极鼓励民营资本进入健康服务市场，助力健康中国建设。同时，居民对健康的刚性需求增长，老龄化时代的到来，为健康产业的发展带来了广阔发展空间，也是各类资本进入健康领域的主要动力。

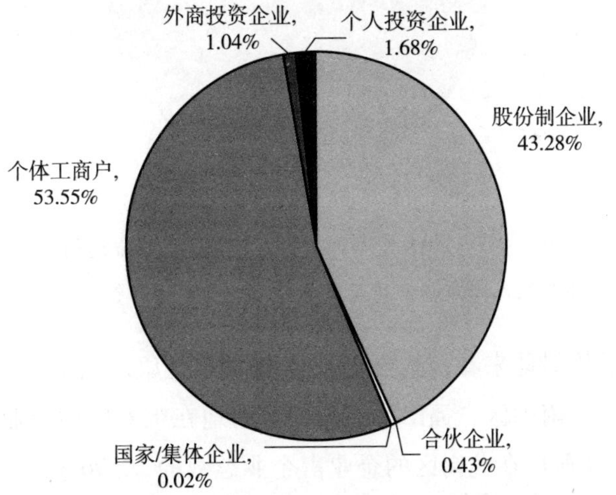

图 2-12 2018 年深圳市健康产业主体类型

资料来源：深圳市市场和质量监督管理委员会。

四、企业注册情况

深圳健康产业的大部分企业成立时间较短，从企业注册成立时间来看，成立了 1~3 年的企业数量占比最大。调研数据显示，截至 2018 年底，成立时间不满 1 年的企业占企业总数的 24. 93%；成立时间 1~3 年的企业占企业总数的 44. 55%；成立时间 3~5 年的企业占企业总数的 11. 87%；成立时间 5~10 年的企业占企业总数的 9. 53%；成立时间 10 年以上的企业占企业总数的 9. 12%（见图 2-13）。由于大健康产业处于蓬勃发展之时，众多企业进入布局健康领域，老牌企业与新兴企业交织并存。在深圳健康产业企业中，既有像健康元、迈瑞等一批老牌健康企业，同时也涌现出海普洛斯、普提扬、小普未来等一批产业新秀，后起之秀也代表着新型的产业形态正角逐健康产业，打造健康产业的“新蓝海”。

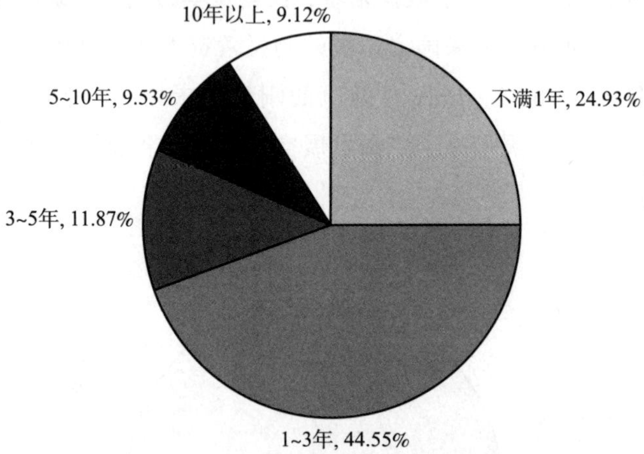

图 2-13　2018 年深圳市健康产业企业成立时间

资料来源：根据深圳市市场和质量监督管理委员会资料整理。

从企业的注册地来看，截至 2018 年深圳市健康产业企业主要集中在宝安区、龙岗区、南山区、福田区。其中注册地在宝安区的企业占企业总数的 23. 34%，注册地在龙岗区的企业占企业总数的 20. 96%，注册地在南山区的企业占企业总数的 17. 29%，注册地在福田区的企业占企业总数的 12. 35%，注册地在罗湖区的企业占企业总数的 9. 48%，注册地在龙华区的企业占企业总数的 10. 83%，注册地在光明区的企业占企业总数的 2. 68%，注册地在坪山区的企业占企业总数的 1. 94%，注册地在盐田区的企业占企业总数的 1. 13%，注册地在大鹏新区的企业占企业总数的 0. 47%（见图 2-14）。交通、配套和空间的舒适度，是企业选择选址的重要因素。目前宝安区、龙岗区、南山区、福田区已有一定的产业发展基础，并在交通、配套设施、各方资源集聚方面，更吸引健康产业企业入驻。近年来，大鹏新区、盐田区、坪山区和光明区大力发展健康产业，并给予一定的区域政策支持，由于交通配套设施还尚待完善等种种情况，对企业的吸引力较弱于其他行政区域。

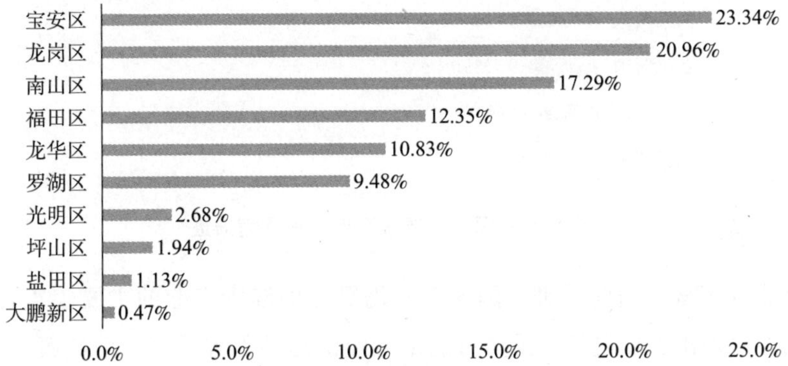

图 2-14　2018 年深圳市健康产业企业注册地

资料来源：根据深圳市市场和质量监督管理委员会资料整理。

五、企业营销渠道与竞争压力

深圳健康产业企业的营销模式以线下为主、线上为辅。通过对深圳健康产业企业的营销渠道进行调研显示，企业采用直营模式的占比为65. 6%，采用“互联网+”营销模式的占比为 33. 63%，采用代理商模式的占比为 30. 97%，采用批发模式的占比为 21. 24%（见图 2-15）。现今，企业在市场中想通过技术领先和创新来保持竞争力，已变得越来越难，营销渠道系统创造的资源对制造商的发展有弥补作用，所以营销渠道是改善经营效果、提升竞争力的重要资源。随着企业营销压力不断增大，相信未来自媒体等一系列新兴的、精准的营销模式的作用也将会越来越突出。

调查显示，深圳市健康产业有 71%的企业主要销售区域为国内市场，26%的企业主要销售区域为国内外混合市场，3%的企业主要销售区域为国外市场（见图 2-16）。此外，在国内外市场混合销售的企业中，出口额比重较低。2018 年，深圳健康产业中产品出口额占总销售额的比重低于 10%

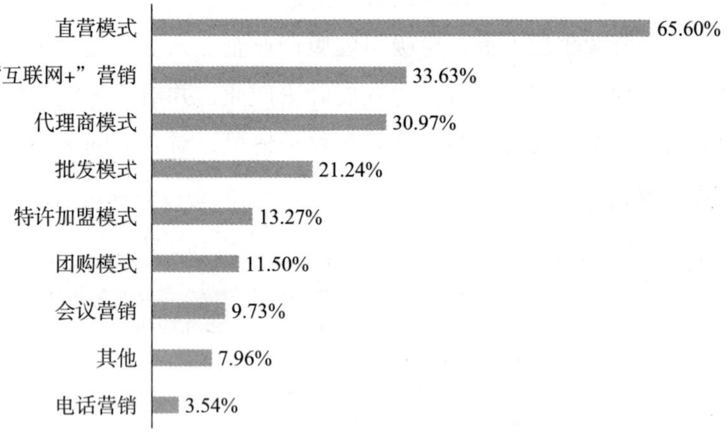

图 2-15　深圳市健康产业企业营销渠道

的企业有77%。由此看来，国内市场仍是深圳健康产业的主要销售目标，但已经有走出去的趋势。虽然目前全球经济形势不容乐观，但健康产业逆势发展，前路可期。

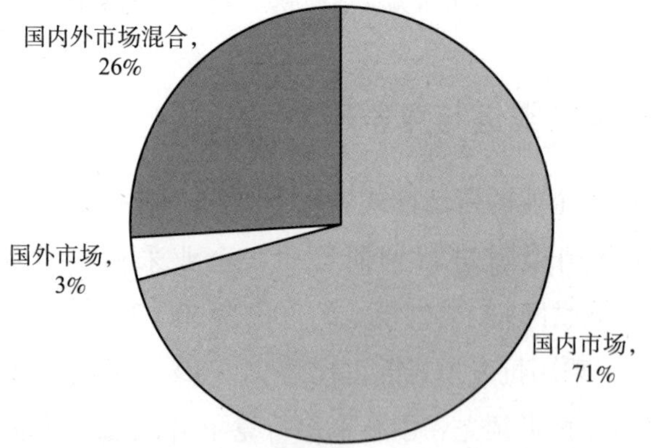

图 2-16　深圳市健康产业企业销售区域

国外健康产业发展时间较早，随着中国市场化程度不断提升，面对中国巨大的市场需求，国外健康产业中具有较高知名度的品牌企业纷纷布局中国大陆市场，多数深圳企业感受到了市场的竞争压力。调研数据显示，60.66%的企业认为压力来源于品牌优势，位列第一，57.38%的企业认为压力来源于市场推广，49.18%的企业认为压力来源于资本（见图 2-18）。

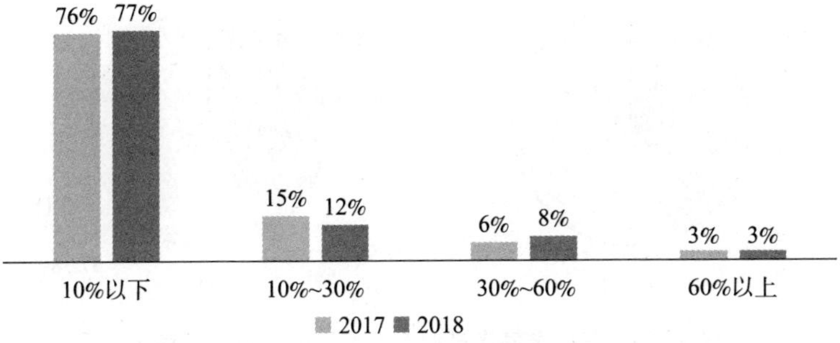

图 2-17　近两年深圳市健康产业企业出口额比重

由此可见，深圳健康产业企业在品牌、市场推广、资本和营销等多方面面临市场压力。

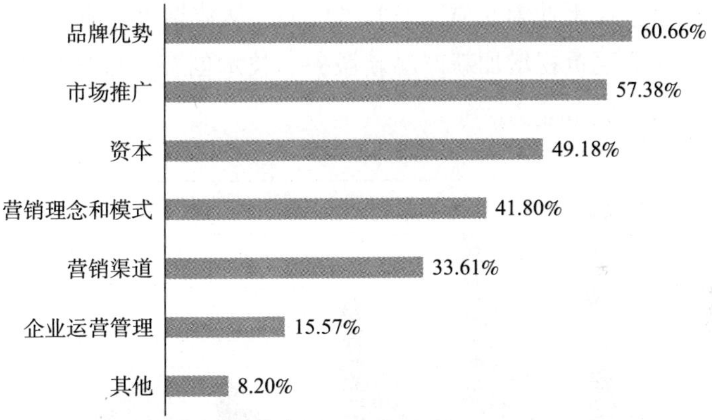

图 2-18　深圳市健康产业企业市场竞争压力来源

六、企业投融资情况

在 2018 年经济下行压力下，深圳健康产业企业在投资新项目上也趋于保守。从新投资项目情况来看，2018 年有 57.38%的企业开展了新项目投资活动，低于 2017 年 4.62 个百分点（见图 2-19）。

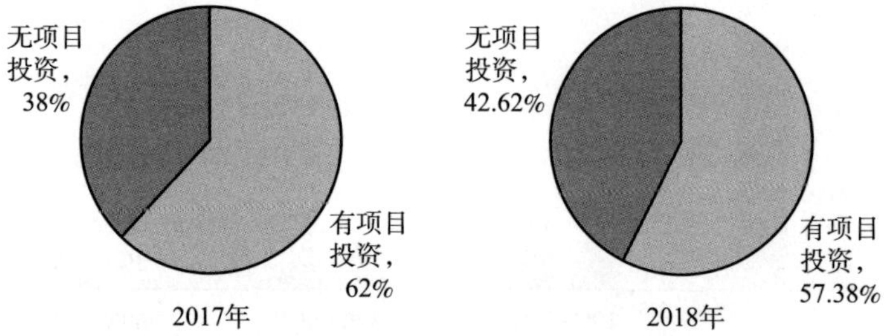

图 2-19　深圳市健康产业企业新投资项目开展情况

从 2018 年深圳健康产业企业新项目投资领域来看，82%的企业新项目为新服务和新产品增加，71%的企业新项目为技术改造和创新，仅有 4%的企业新项目是横向收/并购计划（见图 2-20）。从健康产业发展的阶段来看，目前健康产业正处于井喷发展的风口期。从数据可以看出，2018 年深圳健康产业企业更重视增加新产品新服务、技术创新、自身改革创新发展等，以提升自身竞争能力。

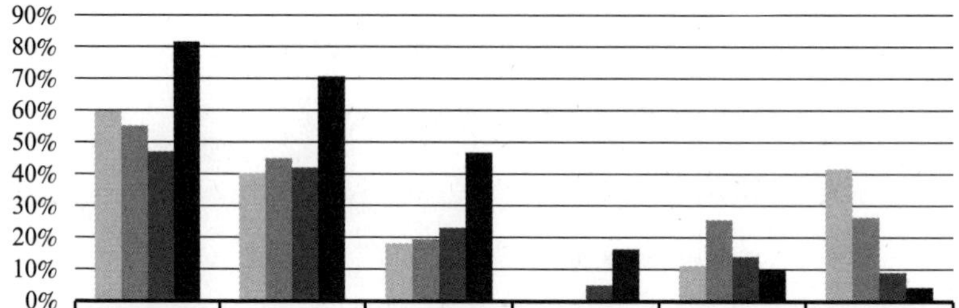

	研发新产品或开展新服务	技术改造和创新	设备更新升级	企业转型升级	延伸扩展上下游产业链	行业横向收/并购计划
2015	59.72%	40.28%	18.05%	0.00%	11.11%	41.67%
2016	55.10%	44.89%	19.36%	0.00%	25.48%	26.32%
2017	47.00%	42.00%	23.00%	5.00%	14.00%	9.00%
2018	82%	71%	47%	16%	10%	4%

图 2-20　深圳市健康产业企业新项目投资方向

企业融资渠道多元化，获政府支持力度较大。融资可以为企业自身的创新能力建设和进一步发展壮大提供有效的资金支持。调研数据显示，当前深圳健康产业企业融资渠道主要包括投融资机构、银行贷款、财政资金扶持等，其中有 37%的企业通过银行贷款获得资金，32%的企业通过投融资机构获得资金。此外，接近1/4的企业获得政府财政资金的扶持，这说明了深圳政府对健康产业的关注与支持（见图2-21）。

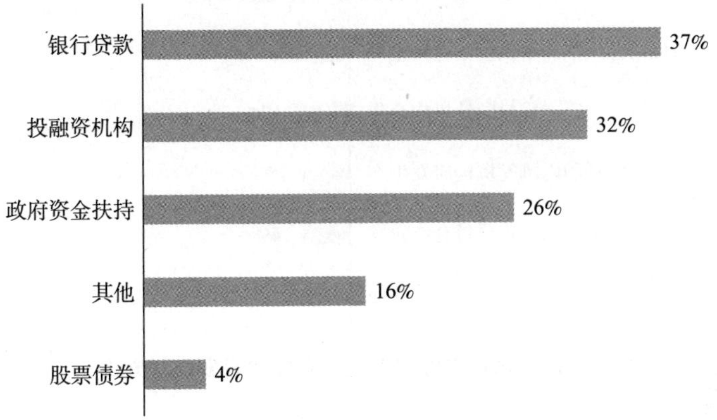

图2-21 深圳市健康产业企业融资渠道

七、企业科技创新情况

（一）企业科研活动情况

习近平总书记在今年两院院士大会上强调："科学技术从来没有像今天这样深刻影响着国家的前途命运，从来没有像今天这样深刻影响着人民的生活福祉。"

深圳企业高度重视科学技术创新，自主开展科研创新活动。在深圳健康产业企业技术研发创新主要方式的调查数据中，84%的企业是自身研究并开发，48%的企业是引进技术后再创新，19%的企业购买国内外成熟技术直接生产（见图2-22）。由此可以看出，深圳健康产业企业研发创新是以自主创新为主，以产学研合作开发共建研发平台、引进科技先进技术等为辅的多渠道创新模式。

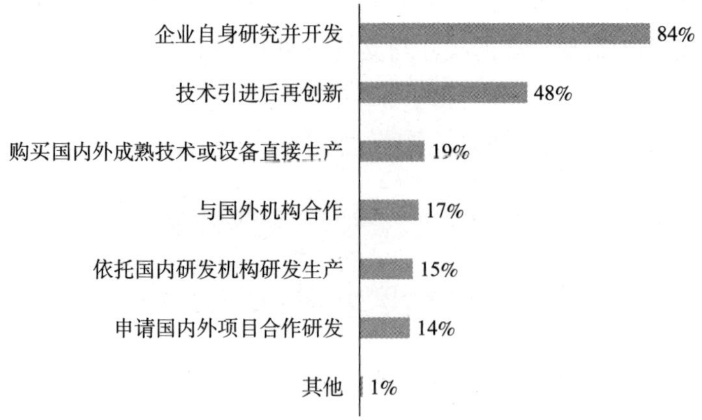

图 2-22 深圳市健康产业企业技术研发创新方式

（二）企业科研人员情况

科研人才是科技创新的必要条件。从调研深圳健康产业从业人员学历分布结构来看，当前从业人员的学历主要集中在本科学历，占比 38%；大专学历占比 27%；大专学历以下占比 25%；硕士与博士学历占比仅为 10%（见图 2-23）。从调研深圳健康产业从业人员的岗位设置来看，当前营销人员的数量占比最大，达到 43%，科研人员的占比为 41%，与之相当。可见，深圳健康产业的企业越来越重视研发和科技创新（见图 2-24）。

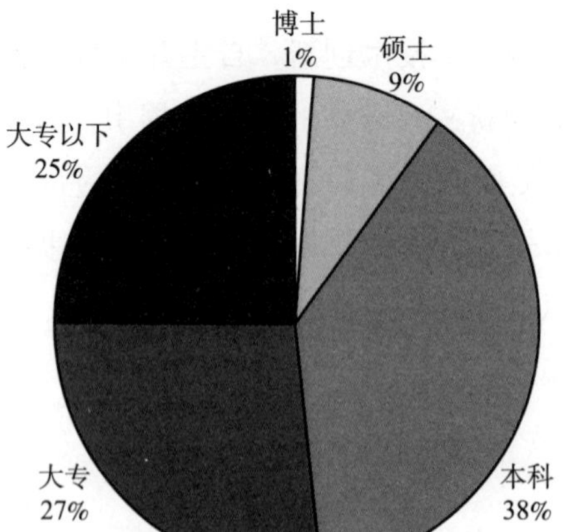

图 2-23 深圳市健康产业企业从业人员学历

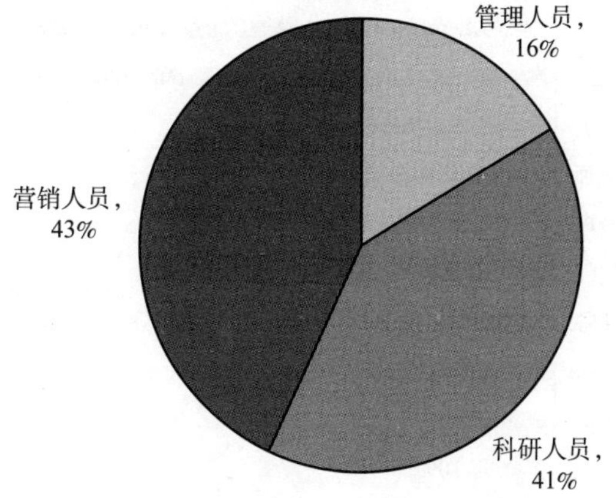

图 2-24 深圳市健康产业企业员工岗位

企业对市场销售人员需求强烈。随着健康产业的强劲发展势头，生物医药产业的蓬勃发展以及物联网、人工智能、大数据等被广泛应用在医疗领域，健康产业对生命健康领域各类人才的需求与日俱增。而受深圳教育资源缺乏的大环境影响以及深圳人才的引进、储备、使用和成长的良性机制尚未成熟等因素的制约，健康产业高层次人才匮乏问题也逐渐成为制约深圳健康产业发展的一个重要因素。深圳是健康产业很好的消费市场，企业为了争夺市场份额、完成业绩指标，对销售人员的需求达到了 74%。但是企业也越来越重视科技创新，研发工程师成为最急需的人才，是各家企业争夺最激烈的焦点。

健康服务业已成为推动我国经济转型升级的重要抓手，国务院发布的《关于促进健康服务业发展的若干意见》中，主要任务第七条明确要求健全人力资源保障机制，加大健康管理师等人才培养和职业培训力度。未来 5 到 10 年健康服务产业需要的专业人才将突破 1000 万，健康管理的专业人员需求将超过 200 万。

（三）企业创新成果产出

21 世纪是知识经济的时代，创新是知识经济时代的灵魂。企业因创新而产生的知识产权如果得不到有力保护，创新就会很快被复制，不仅创新成本无法回收，产品价格也会增加，从而使创新产品失去市场竞争力。因

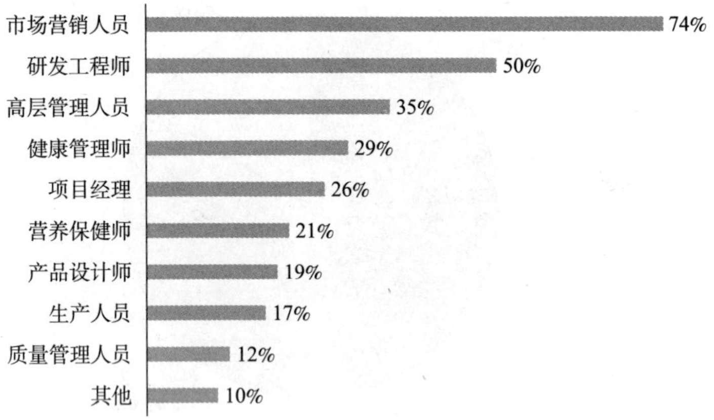

图 2-25　深圳市健康产业企业紧缺人才类型

此，对于企业而言，尤其是高新技术企业，知识产权战略是其可持续发展的重要组成部分。

调查数据显示，深圳健康产业企业重视知识产权申请与保护。在知识产权成果中，实用新型专利占比 19%，发明专利占比 16%，外观设计专利占比 10%。另外，注册商标权占比到 41%，软件著作权占比 14%（见图 2-26）。

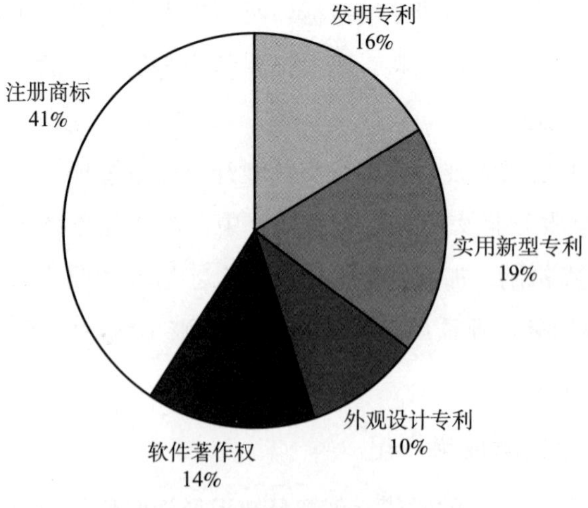

图 2-26　深圳市健康产业企业知识产权情况

企业参与各级标准的修订工作，是提升其竞争优势的重要举措，也是企业战略规划的重要组成部分。调研结果显示，深圳健康产业有52%的企业参与了标准的修订，这不仅能够加速企业产品创新、扩大产品市场，同时还能促进我国标准化工作发展进步和提升标准的先进性、合理性，使标准在我国的科技工作和经济建设中发挥其应有的作用。

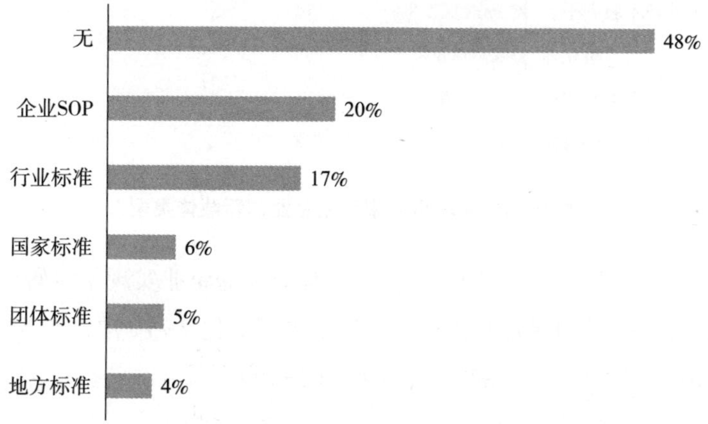

图 2-27 深圳市健康产业企业标准情况

企业技术创新研发平台在提升健康产业科技创新能力中发挥着重要的推动作用。得益于深圳市政府大规模布局创新载体、培育与建设新型研发机构，深圳健康产业的基础研究、应用研究与产业一体化等都得到了落实与支持。深圳健康产业企业逐步建立起重点实验室、工程实验室、工程中心、企业技术中心等各类创新载体 200 多家。调研结果显示，2018 年在深圳健康产业企业创新载体中，38%的企业有技术中心，18%的企业有工程中心，18%的企业有工程实验室，9%的企业有重点实验室（见图 2-28）。深圳健康产业在创新载体建设和培育发展方面，取得了显著成效。

将科技成果转化为现实生产力，是实现科技与经济紧密结合的关键环节。促进科学实践活动成果有效应用于生产活动，以提高生产活动的效益和效率，是科技成果转化的目的，同时也是一个世界性难题。自 20 世纪 80 年代起，不论是发达国家还是发展中国家，都相继出台了许多重要举措来推动科技成果转化，推动科技创新与经济社会的协调发展。深圳健康产业企业在成果转化方面取得了良好的效果，调研数据显示，2018 年有 30%

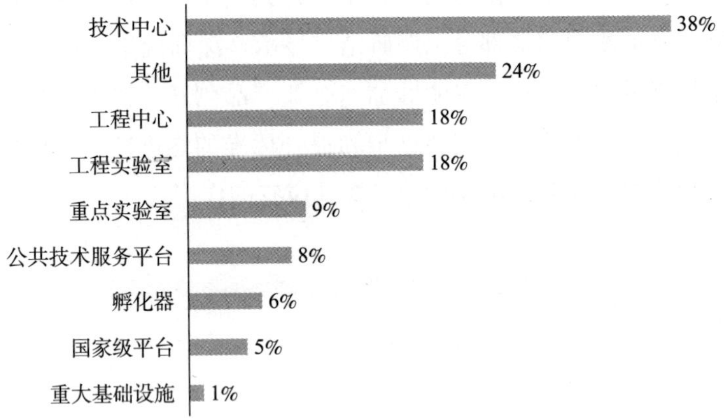

图 2-28 深圳市健康产业企业创新载体类型

的企业实现了科研成果产业化 1~3 项；有 23%的企业实现了科研成果产业化 4~6 项；有 9%的深企业实现了科研成果产业化 7~10 项；有 8%的企业实现了 10 项以上科研成果产业化（见图 2-29）。

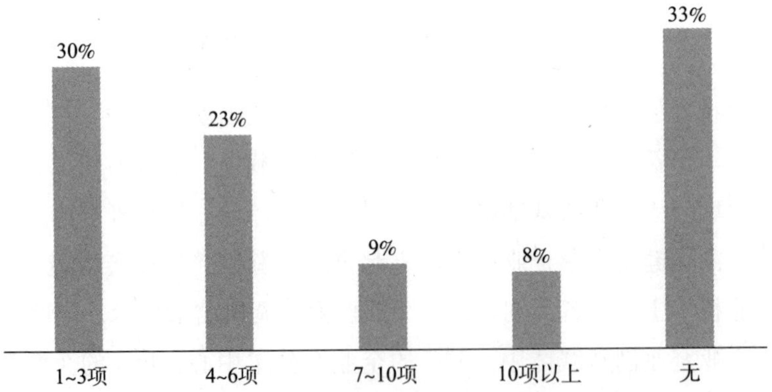

图 2-29 深圳市健康产业企业科技成果产业化情况

（四）企业科技创新面临问题

科技创新是提高社会生产力和综合国力的战略支撑，必须摆在国家发展全局的核心位置。近年来，深圳市坚持实施科技创新驱动经济发展战略，已经取得较大进展，但仍然面临着许多问题，制约着科技创新的进程。调查显示，在深圳健康产业企业的科技创新中，最大的困难是缺乏经费，占比高达 70%。由于健康产业整体起步较晚，大部分企业规模不大，且健康产业本身高投入等特点，没有足够的科研经费投入已经成为众多健康产业企业的绊脚石。此外，缺乏政府扶持与引导、缺少技术带头人等也是健康产业企业科技创新中面临的较大问题，占比分别为51%和34%，这些都需要得到更多的关注和有效的解决（见图2-30）。

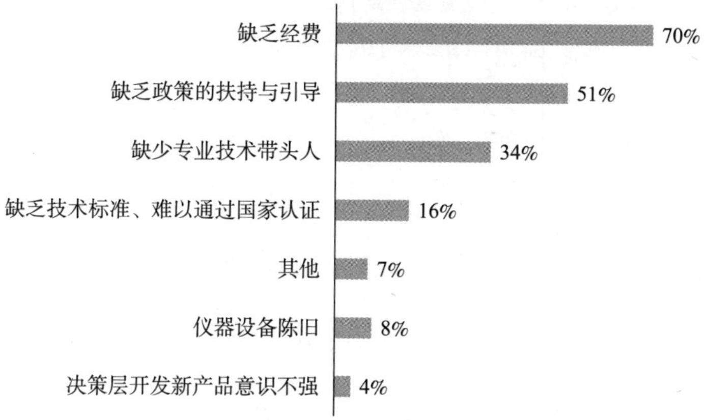

图2-30 深圳市健康产业企业科技创新面临的问题

八、企业获得政府支持情况

改革开放以来，我国经济得到了快速发展，走在了世界经济格局的前列。近两三年来，国家出台的多项重要政策，将健康推到了前所未有的新高度。深圳在加强技术研发和服务提升的同时，持续加大对企业的资助力度，支持健康产业快速健康发展。从对企业调研的情况来看，大部分企业享受过市政府各种优惠扶持政策，其中，享受税收减免政策的企业比例最高，达到50%；享受过财政资金直接扶持、技术改造或创新、贷款贴息支持、人才培训或引进政策、融资支持等的企业均超过10%。由此可见，深圳市政府对企业的扶持主要集中在资金支持，在公共服务、土地政策、产业规划引导等方面的支持还需加强（见图2-31）。

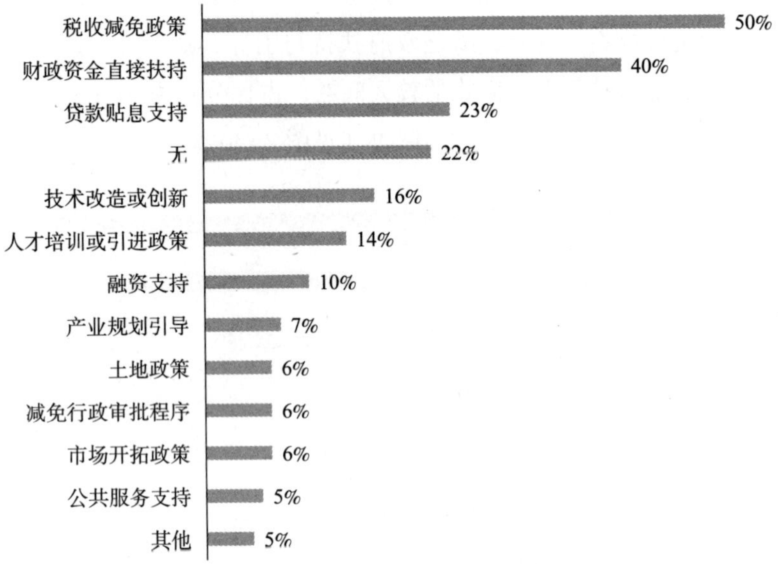

图 2-31　深圳市健康产业企业享受优惠政策的情况

九、深圳健康产业未来发展展望

健康产业是中国最具发展潜力的朝阳产业。随着居民消费能力的提升和健康意识的增强，人们不再满足于基础的物质生活需求，进而追求更高的健康生活需要。未来，人们在健康上的投入势必大大超过基本需求投入，对未来亦是充满信心。

（一）对未来三年业绩的预测

健康产业政策力度巨大，未来前景广阔，整个深圳健康产业企业对未来发展持乐观态度的较多。2018 年调研数据显示，有 88%的企业预计销售额将会增长，7%的企业预计销售额将不会增长，5%的企业预计销售额将有所减少（见图 2-32）。整体而言，大健康产业红利的持续释放，企业的积极乐观，进一步激发了产业的市场活力。

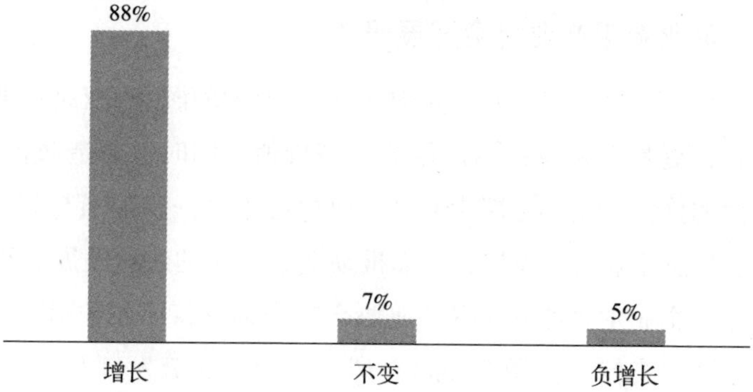

图 2-32 深圳市健康产业企业预计未来三年销售额变动情况

（二）企业对创新环境的创设需求

社会各界都深刻认识到科技创新对推动追赶超越的重要作用，非常有必要进一步优化创新环境、激活创新要素、提升创新能力。在建设创新环境时，政府要努力营造鼓励创新、支持创新的环境，让人才、技术、资本等各种创新要素可在创新环境中发挥积极作用。调研企业对创新环境的创设需求时，企业对政府建设创新环境提出了多项建议，其中有79%的企业希望政府可以加大资金扶持力度，68%的企业希望政府支持企业自主创新，67%的企业希望政府帮助企业加强人才引进和培养，66%的企业希望政府可以解决企业融资难的问题，65%的企业希望政府可以降低企业税费。此外，企业还有加大产业用地保障力度、扶持标准制定与贯彻等需求希望得到政府的扶持（见图 2-33）。

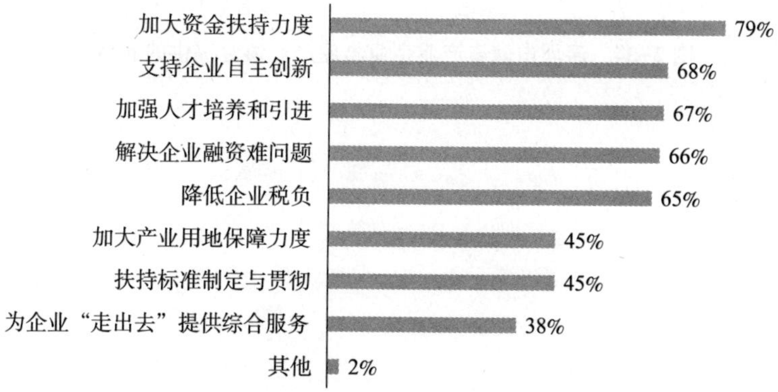

图 2-33 深圳市健康产业企业对政府的需求

（三）企业希望产业协会开展服务

产业协会作为政府与企业之间沟通的平台和桥梁，不仅是产业的参与者、推动者，更是引领者；不仅创造经济价值，同时也创造政治、文化、社会等方面的价值。企业也期望通过产业协会来进一步加强与政府之间的沟通协调，促进企业自身发展，进而推动健康产业的快速发展。2018 年调研数据显示，企业主要希望获得产业协会在培训支持、人才引进、规划引导等三个方面的支持（见图 2-34）。产业协会要充分发挥其在专业资源、市场资源协调与配置上的优势，开展健康产业及各细分领域的调查、统计和信息发布工作，为产业发展提供重要的市场信息和解决方案；充分利用产业协会专业、人才等资源优势，积极开展职业资格、职业技能、服务技能等培训工作，提高从业人员的素质，进而提升整个产业的专业服务水平。

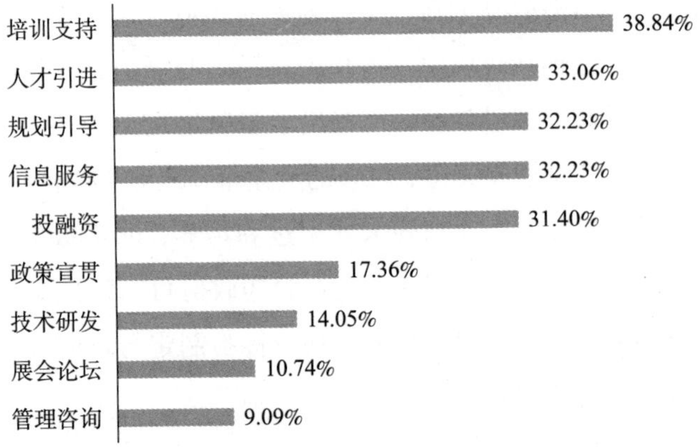

图 2-34　深圳市健康产业企业希望产业协会提供的支持

第三章　深圳健康产业重点领域发展分析

改革开放40年，深圳市高度重视发展生物和生命健康产业，一直把生物和生命健康产业作为经济引领、产业结构调整的重要抓手。在市政府产业政策的大力扶持下，深圳生命健康产业的发展已取得了良好成效，医疗器械、生物医药、基因测序、健康养老、保健食品等细分领域成为了重点领域，共同推动着深圳健康产业向前发展。

第一节　深圳医疗器械产业发展分析

我国是人口大国，医疗器械产业属于国家重点支持的战略新兴产业，伴随着经济的快速发展，我国医疗器械产业增长迅速。深圳是我国高科技医疗器械产业的发源地，其产值和出口总额连续多年在国内大中城市中位居前列，其中医疗电子、高端影像等高科技医疗器械产品优势更为明显，涌现出迈瑞、理邦、尚荣、先健、开立等一批龙头企业。

一、产业规模逐年攀升

医疗器械是深圳的优势产业，深圳市政府非常重视。2018年12月，由深圳市发展和改革委员会起草的《关于促进深圳市药品和医疗器械产业发展的若干措施（征求意见稿）》广泛征求公众意见，旨在提升深圳药品和医疗器械创新研发能力。在政府的一贯支持与引导下，深圳医疗器械发展走在全国前列。

根据深圳市市场和质量监督管理委员会统计，截至2018年12月底，全市共有取得一类医疗器械产品生产备案的企业220家及二、三类医疗器械生产许可证的企业815家，其中三类企业102家，二类企业493家；企业共有一类产品备案1650个，二类产品注册证3326个，三类产品注册证627个。

据统计，2018年深圳市医疗器械产业生产总值为416.44亿元，较2017年的365.37亿元增长13.98%，2010—2018年复合增长率为12.43%（见图3-1）。2018年人均产值为63.24万元，2017年人均产值为56.58万元，同比增长11.77%，2010—2018年人均产值复合年增长率为8.47%（见图3-2）。

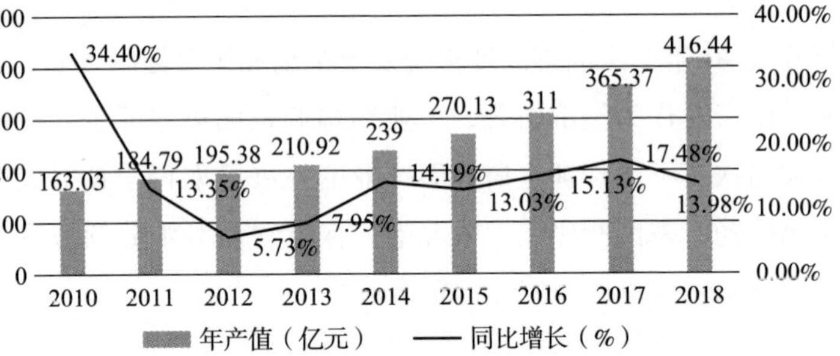

图3-1　2010—2018年深圳市医疗器械产业生产总值

资料来源：深圳市医疗器械行业分析报告（2019版）。

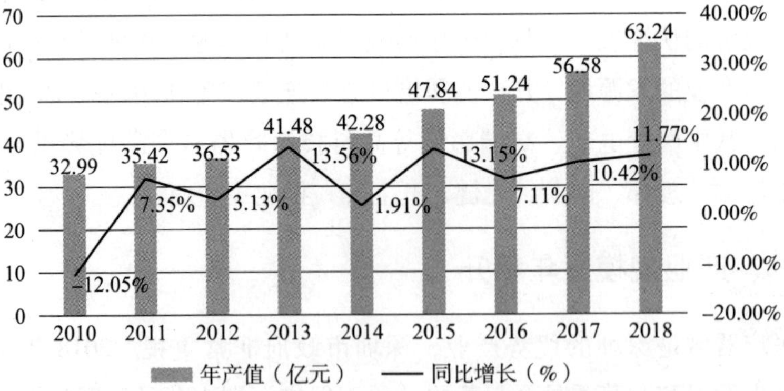

图3-2　2010—2018年深圳市医疗器械产业人均产值

资料来源：深圳市医疗器械行业分析报告（2019版）。

在出口方面，尽管受2018年中美贸易战影响，深圳医疗器械出口仍然保持增长。根据医保商会统计的海关数据，深圳2018年医疗器械出口额为31.38亿美元，同比增长10.07%，超过全国8.88%的增长速度（见图3-3）。2010—2018年深圳医疗器械产品出口复合年增长率为11.57%。

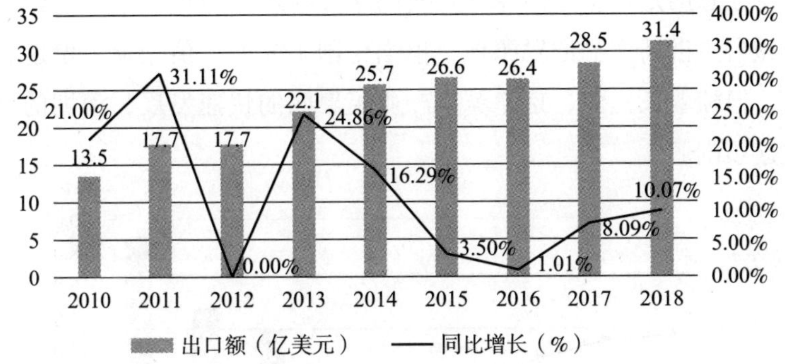

图 3-3　2010—2018 年深圳医疗器械产品出口状况

资料来源：深圳市海关数据。

从 2018 年出口产品大类来看，深圳生命监测设备出口占全国出口的 67.6%。从出口产品单项来看，监护仪出口占全国出口的 68.68%；高端设备中的核磁、彩超出口分别占全国出口的 46.96%、46.01%；假牙出口也占到了全国出口的 62.87%。此外，内窥镜产品的出口虽然占比只有 13.15%，但同比增速近 48.39%，增长最快。

表 3-1　2018 年深圳医疗器械出口优势产品

商品名称	出口额（万美元）	出口金额同比	出口金额深圳占比	出口金额全国同类产品占比
心电图记录仪	3361.22	13.65%	1.07%	59.07%
监护仪	31148.16	11.49%	9.93%	68.68%
彩超	33267.16	24.47%	10.6%	46.01%
B 超仪	3620.99	−1.35%	1.15%	41.27%
核磁	22556.73	8.80%	7.19%	46.96%
X 射线仪	2326.17	23.74%	0.73%	1.81%
内窥镜	1371.56	48.39%	0.44%	13.15%
血管支架	462.94	12.65%	0.15%	21.31%
假牙	16042	20.42%	5.11%	62.87%
医用其他软填料	6703.76	11.74%	2.14%	36.27%
药棉、纱布、绷带	6241.16	10.81%	1.99%	7.8%
漂白全棉医用纱布	1052.41	39.45%	0.34%	17.81%
保健康复用眼镜	27588.01	−4.05%	8.79%	20.11%

资料来源：深圳市海关数据。

值得注意的是，十年前深圳是我国医疗器械产业第一重镇，曾是多种医疗器械自主创新产品的发源地，担当全国 1/8 的产值规模，增速超全国近 1 倍，但随着长三角、京津冀等产业集聚区的快速发展，深圳的领先优势正在逐步削弱。

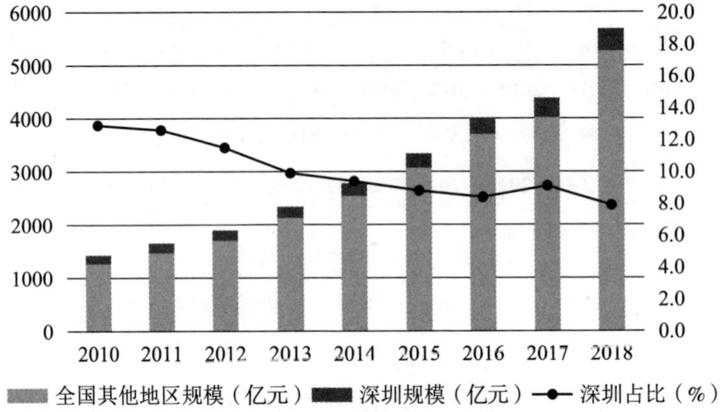

图 3-4　2005—2018 年深圳在全国医疗器械产业的规模占比

资料来源：深圳市医疗器械行业协会。

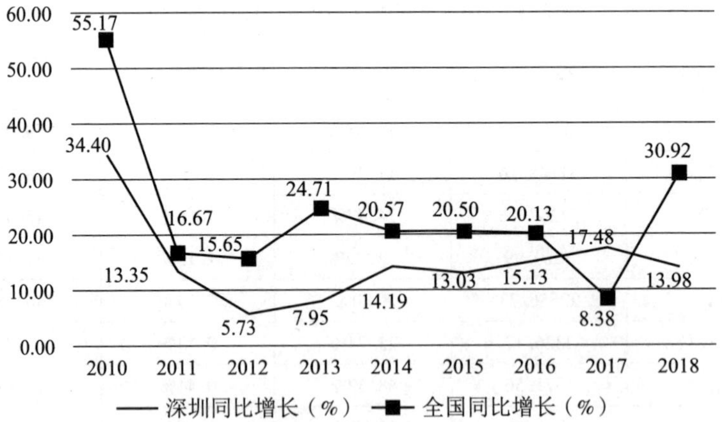

图 3-5　2005—2018 年深圳及全国医疗器械产业增速

资料来源：深圳市医疗器械行业协会。

在地区分布方面，宝安区医疗器械企业最多。据统计，截至 2018 年底，深圳市 815 家医疗器械生产企业中，宝安区以 243 家占比 29.82%居首位，南山区紧随其后，以 170 家占比 20.82%位居第二（见图 3-6）。

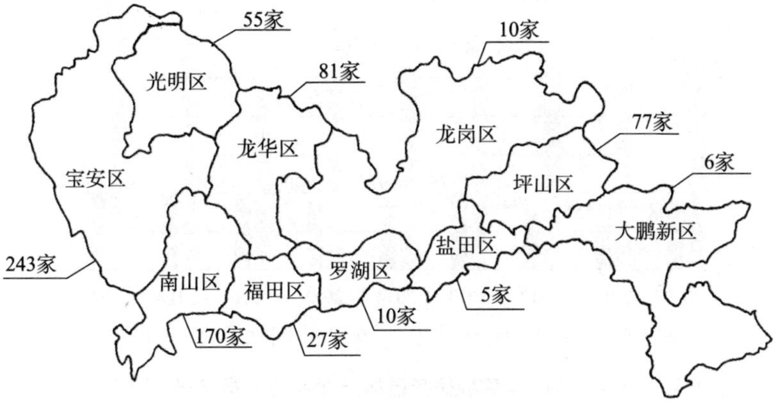

图 3-6 深圳市医疗器械生产企业分布

资料来源：深圳市市场和质量监督管理委员会。

深圳医疗器械生产企业中，国内 A 股上市、IPO 进程中的企业共有 13 家。其中，迈瑞、开立、新产业、安健、雷杜 5 家出自南山区，占比 38.46%；此外，还有 2 家香港上市公司先健、华康也出自南山区。

二、产业竞争格局清晰

（一）企业人才专业化程度高

深圳医疗器械产业保持着高度专业化的高科技产业特征。据统计，截至 2018 年底，深圳市医疗器械生产企业从业人员总数达 65841 人，其中专业技术人员 20632 人，占从业人员总数的 31.33%，专业技术人员比例连续 6 年超过 30%（见图 3-7）。

企业用工面积、用工人数与人才结构在区域发展方面呈现一定的差异及变化。

南山区以 70.9 万平米和 2.5 万从业人员位居各区之首，分别占比 32.83%、38.19%。其中，场地面积同比减少 0.42%，从业人员同比增加 13.63%。这是由于用地成本持续升高导致场地面积不增反降，此外，南山区由于高端医疗器械制造企业较为集中，从业人员密集度随产业发展大幅增加。在研发人员和专业技术人员数量上，南山区分别占比 46.01%和 46.76%，仍然保持产业近半数的专业人才集聚水平，但比上一年分别下降

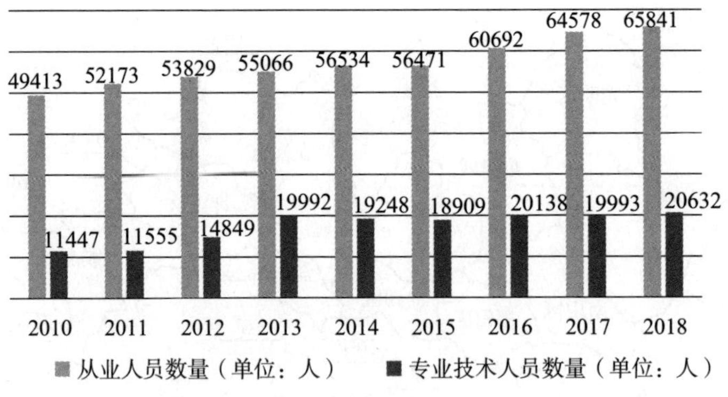

图 3-7　2010—2018 年深圳医疗器械产业从业人员情况（单位：人）

资料来源：深圳市医疗器械行业分析报告（2019 版）。

了 3.01 和 1.92 个百分比，这是因为南山区生产成本、居住成本高等综合因素造成了一部分产业人才外流。

宝安区以 38.98 万平米和 1.3 万从业人员位居第二，分别占比 18.05%、19.93%。其中，场地面积同比减少 15.7%，从业人员同比减少 18.75%。这是因为宝安区由于产业结构原因，成本提升对产业影响幅度大，随着不断提高的产业成本，宝安区场地面积和从业人员同比减少。

坪山区作为国家生物产业基地，近年加大了医疗器械用地的建设和投入，场地面积目前已达 30.70 万平米，同比增长 21.25%，占比 14.22%，位居第三。

（二）产业集群度高

深圳市各区医疗器械发展差异较大，南山区和宝安区是医疗器械产值和出口的主要贡献区域。

南山区由于有迈瑞、开立等龙头企业，2018 年产值占全市的 54.94%，较 2017 年增加了 4.94 个百分点，仍然占半壁江山，稳居首位；出口销售比重 37.41%，已经转向以国内市场为主。

宝安区企业 2018 年波动较大，产值占比 10.67%，较 2017 年下降 5.54 个百分点，位居第二；出口占比达到全市的 17.02%，下降了 13.51 个百分点。

坪山区作为国家生物产业基地，产业发展速度较快，目前已上升到第三位，2018 年产值占比 10.50%，较 2017 年上升 0.84 个百分点；出口占比 6.86%，较 2017 年上升 0.89 个百分点。

在出口销售方面，宝安、光明、福田三区出口销售比均超过 50%，未来受贸易摩擦的影响可能较大（见图 3-8）。

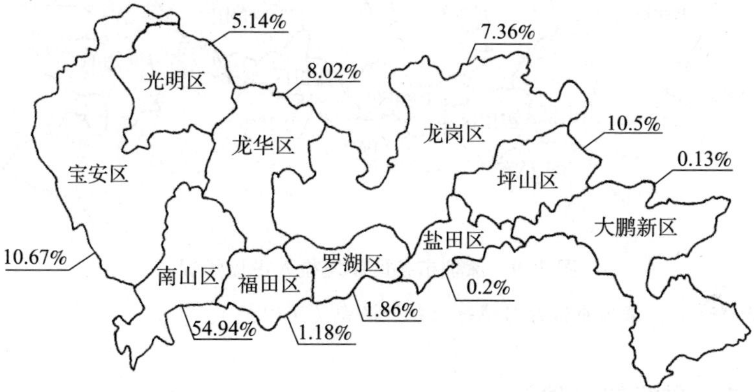

图 3-8　深圳市各区医疗器械产值占比情况

资料来源：深圳市市场和质量监督管理委员会。

（三）深圳企业重视研发投入

南山区企业研发投入最为突出。截至 2018 年，研发累计投入占全市研发累计投入的 64.95%，较 2017 年下降 2.1 个百分点；2018 年研发投入占比 55.79%，较 2017 年下降 5.26 个百分点。截至 2018 年，南山区已授权发明专利占全市的 57.11%，较 2017 年上升 1.09 个百分点；2018 年新授权发明专利占比 50.67%，较 2017 年下降 7.89 个百分点。

坪山区作为国家生物产业基地，近年加大了医疗器械的研发投入。截至 2018 年，累计研发投入排名第二，占比 10.65%，较 2017 年上升 1.69 个百分点；2018 年研发投入占比 12%，较 2017 年下降 0.55 个百分点。截至 2018 年已授权发明专利和 2018 年新授权发明专利占比分别为 11.34%、16.63%，新授权发明专利占比较 2017 年上升 3.64 个百分比。

龙岗区由于新搬迁入区企业较多，超越宝安区排名第三。截至 2018 年，研发累计投入占比 7.11%，较 2017 年上升 1.74 个百分点；2018 年研发投入占比 8.3%，较 2017 年上升 1.23 个百分点（见图 3-9）。

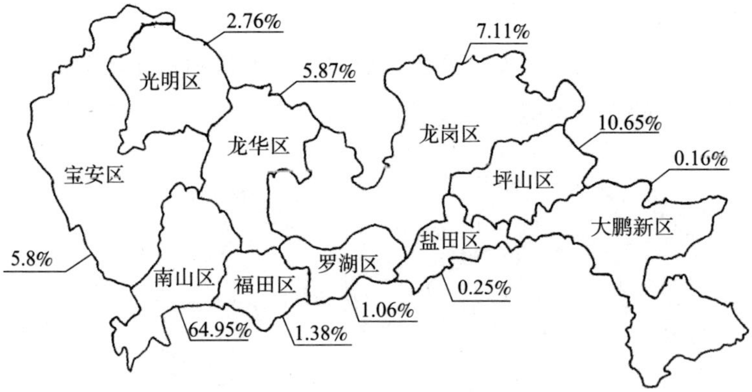

图 3-9　深圳市各区研发投入占比情况

资料来源：深圳市医疗器械行业分析报告（2019 版）。

（四）重视产品注册

截至 2018 年底，深圳市共有一类医疗器械产品备案 1650 个，二类产品注册证 3326 个，三类产品注册证 634 个。2018 年，深圳市二三类产品注册数量为 646 个，其中，三类注册为 75 个（首次注册 40 个，延续/变更 35 个）；二类注册为 571 个（首次注册 449 个，延续/变更 122 个）。根据 2018 年 8 月发布的新分类目录，在深圳的注册产品中，体外诊断试剂最多，占比 36.69%；医用诊察和监护器械其次，占 13.62%；医用成像器械第三，占比 8.67%。

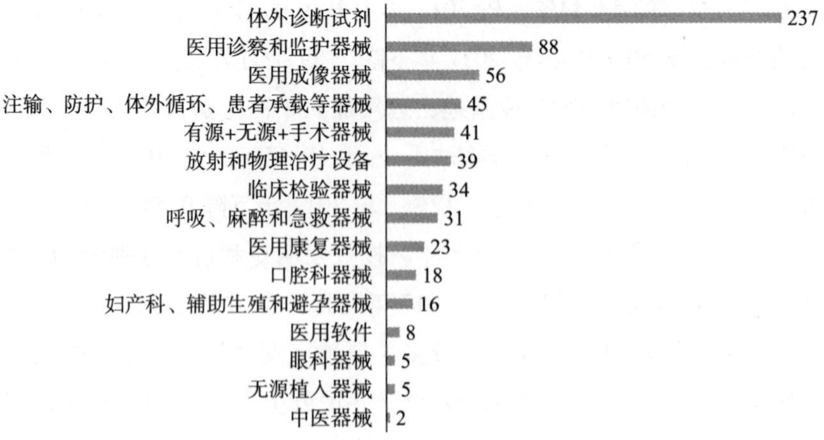

图 3-10　2018 年深圳医疗器械二、三类产品注册数量（单位：个）

资料来源：国家药品监督管理局，广东省药品监督管理局。

三、国产替代进口设备正成为发展趋势

深圳医疗器械产业早期以出口为主，随着国产替代进程的加速，自2015年起，深圳医疗器械的国内销售额开始超过出口额，并以每年20%的增速增长，远超产业总体增速。2018年深圳医疗器械产业国内销售总额为255.17亿元，同比增长20%，2010—2018年国内销售年复合增长率为18.21%。

深圳医疗器械产品在国内市场的国产替代进程中起到了举足轻重的作用。迈瑞、理邦、圣诺、麦科田、开立生物、科曼、雷杜等都是深圳医疗器械领域的优秀民族品牌。

通过全球化布局加大研发创新力度，迈瑞作为龙头企业，在国产替代上已经取得了不错的成绩。据统计，2018年迈瑞的监护类产品全国占有率为63.3%，位居第一，其中三级医院占有率为62.9%，二级医院占有率为65.1%；麻醉类产品全国占有率为14.6%，位居第三，较2017年的11.2%有所扩大，满意度仍然保持最高；检验室设备全国占有率为13.2%，位居第二，较2017年的15.3%略有下降，满意度保持最高；灯床塔类手术设备2017年的全国占有率未进入排名前三，2018年上升至第二位，占有率为12.1%。

某些领域虽然进口产品仍占优势，但以深圳为龙头的医疗器械产品正在逐步占领市场。在外周血管介入器械市场领域，目前主要以进口产品为主，尤其是高端支架市场主要被进口品牌占据，只有深圳先健科技和其他少数国产品牌拥有少量市场份额。在高端的超导型磁共振产品方面，国产品牌近年来取得较大进步，但GE、西门子、飞利浦、东芝等国际知名品牌依然具有技术优势。近年来，深圳贝思达、安科等磁共振设备国产品牌在超导MRI的研发、生产方面有了很大进步，取得多项专利和产品注册证，具备了较强的整机研制能力。其中，贝斯达是国内第二家取得3.0T超导磁共振成像系统注册证的国产企业。在彩超诊断，尤其是高端设备领域，仍被GE、西门子、飞利浦三大外资巨头垄断，占据60%以上的市场份额。而国产彩超诊断企业则由迈瑞、开立领衔。目前，迈瑞已推出高端彩超产品，开立生物的高端彩超目前在研发阶段，预计2020年之前推出。

在光学相干影响系统（OCT）领域，深圳市中科微光的心血管光学相干影像系统已进入创新医疗器械特别审批程序。微光医疗在2018年4月获得1.2亿元战略融资，预计推进速度会加快。在内窥镜领域，开立生物研发出首个国产软性内窥镜。在眼科植入领域，深圳艾尼尔角膜工程有限公司的脱细胞角膜基质产品已作为创新医疗器械产品获批上市，打破了国外眼科植入产品的垄断。在医学数字影像设备（DR）领域，深圳安科、蓝韵、迈瑞、安健、深图、柏斯生物的DR产品先后入选中国医学装备大会“优秀国产医疗设备目录”。

在当前全球贸易保护主义抬头的背景下，中国经济正面临新一轮对外开放的挑战和机遇。工业4.0革命、数字健康、智能制造等技术变革以跃层的速度在发展，深圳市和广东省的医疗器械产业要做大做强，就要突破高端领域的封锁，局限于一地一隅发展已经跟不上时势了。早在《粤港澳大湾区发展规划纲要》出台之前，深圳医疗器械产业的原生态发展已经在自我寻求产业协同的出路，规划纲要的出台，正在关键节点上提供了新的契机。

第二节　深圳生物医药产业发展分析

作为粤港澳大湾区最具影响力的城市，深圳生物医药产业发展迅速，已成为粤港澳大湾区产业发展的重要支撑。

一、生物医药产业呈高速发展态势

自2009年深圳市重点打造生物医药产业集群以来，深圳加大政策扶持力度，推动产业要素集聚，生物医药产业规模保持稳步增长。2018年，深圳生物医药产业规模达到401.38亿元，同比增长6.65%，2014—2018年复合增长率达到4.4%（见图3-11）。

数据显示，2013—2017年深圳医药制造业规模以上工业企业的数量和总产值呈逐年上升趋势，它们为深圳市生物医药产业注入新的活力，成为拉动产业增长的重要力量。

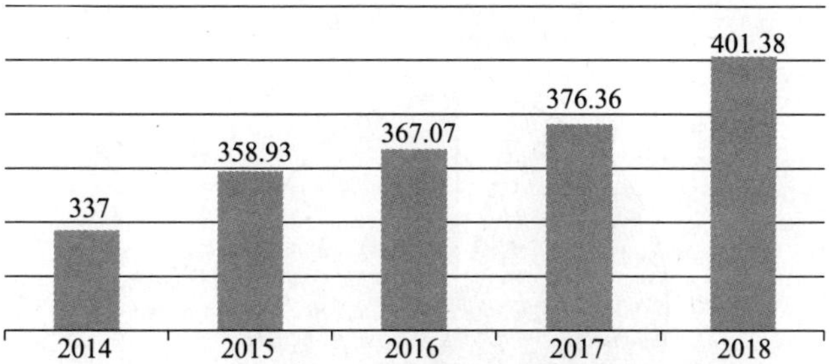

图 3-11 2009—2017 年深圳生物医药产业产值（单位：亿元）

资料来源：深圳市科技创新委员。

表 3-2 深圳市医药制造业规模以上工业企业情况

时间	规模以上企业		股份有限企业		“三资”企业		私营工业		大中型企业	
	企业数（个）	总产值（亿元）	企业数（个）	总产值（亿元）	企业数（个）	总产值（亿元）	企业数（个）	总产值（亿元）	企业数（个）	总产值（亿元）
2017 年	55	275	7	53	22	138	14	35	19	226
2016 年	49	210	7	43	21	104	9	21	18	174
2015 年	50	207	4	30	23	116	10	20	20	166
2014 年	45	204	4	26	19	119	9	20	17	166
2013 年	45	189	4	26	21	112	9	22	16	149

深圳作为我国改革开放的前沿阵地，以及对外贸易交流的重要窗口，生物医药产业的发展促成了众多企业上市。据统计，在 A 股、港股和新三板上市的企业达到 45 家，其中 A 股上市 15 家、港股上市 3 家、新三板上市 27 家（见图 3-12）。根据领域划分，其中医疗器械类企业 20 家，药品类企业 17 家，医疗服务类企业 6 家，医药商业类企业 2 家（见图 3-13）。

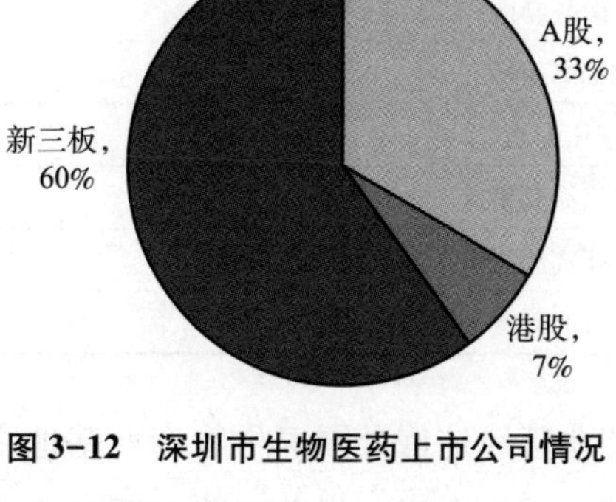

图 3-12 深圳市生物医药上市公司情况

数据来源：wind.

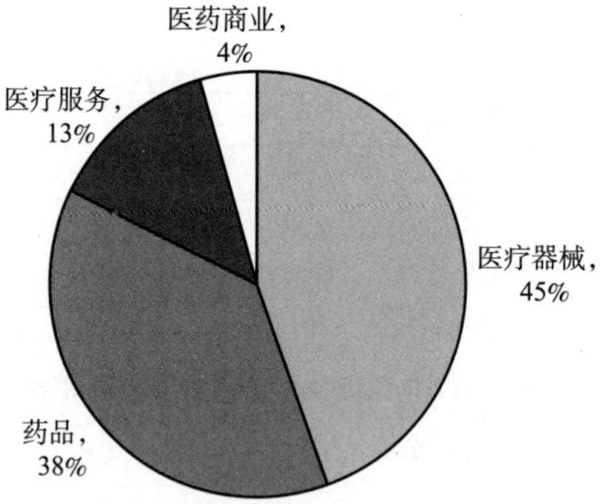

图 3-13　深圳市生物医药上市公司所属领域

数据来源：wind.

二、产业化集群成为产业发展的重要依托

深圳市生物医药领域创新载体数量300余家，其中国家级的21家。深圳的主要产业园区有坪山国家生物产业基地、深圳国际生物谷大鹏生命科学产业园、南山医疗器械产业园和光明现代生物产业园。

表 3-3　2017年国家生物医药产业园区综合竞争力前20强

排名	园区名称	排名	园区名称
1	中关村国家自主创新示范区	11	连云港高新区
2	上海张江高新区	12	泰州医药高新区
3	武汉东湖高新区	13	深圳市高新区
4	苏州工业园区	14	天津技术经济开发区
5	济南高新区	15	南京高新区
6	成都高新区	16	杭州经济技术开发区
7	石家庄高新区	17	郑州高新区
8	天津滨海高新区	18	南通高新区
9	广州高新区	19	威海火炬高新区
10	长沙高新区	20	淄博高新区

坪山国家生物产业基地是首批国家生物产业基地之一，重点发展生物医学工程、生物制药、现代中药、化学制药、医疗器械等领域，拥有一大

批领军企业，如国药致君、万乐药业、赛诺菲-巴斯德、翰宇生物等生物技术制药企业；威尔德、理邦医疗器械等医疗器械企业。

深圳国际生物谷生命科学产业园园区占地面积16.8万平方米，建筑面积约24万平方米。目前，园区已引进包括诺贝尔生理或医学奖获得者马歇尔院士团队、美国“三院”院士罗兹曼带领的国际转化医学研究院、王荣富教授带领的肿瘤生物标志物和免疫治疗研究团队、华大农业等多家知名企业和团队入驻，进驻企业将达200家，园区产值达10亿元。

南山医疗器械产业园建筑面积约6万平米，占地面积2万平米。产业园现有医疗器械及医药企业30余家，年产值约计20亿元，集聚了深圳市医疗器械领域近半数的专业人才，特别在影像、诊疗设备领域领跑全国。

光明现代生物产业园位于光明区产业园内，依托于迈瑞公司、卫武光明、楼村医疗器械产业园区，以及葛兰素史克、海王、康素生物、雷杜、卫武生物等为代表的产业集群。

三、人才聚集，创新氛围不断提升

2018年深圳市新引进人才包括10名全职院士，“孔雀计划团队”30个，海内外高层次人才1000名以上。深圳拥有13所普通高校以及虚拟大学园，虚拟大学园中集聚了60所国内外知名院校，也是我国第一个集国内外院校资源、一园多校、市校共建模式的产学研结合基地。建立事业单位建制、独立法人资格的成员院校深圳研究院47家；搭建“深圳虚拟大学园国家重点实验室（工程中心）平台”，设立研发机构227家，其中获批市级以上重点实验室、工程实验室等创新载体的74家，累计培训各类人员32.6万余人。

近年来，深圳市创新氛围不断提升，投融资环境改善，生物医药产业投资基金规模发展壮大。统计显示，2018年深圳市生物医药PE/PC领域共有38起投资事件，投资方不乏IDG、红杉资本、软银、深创投、达晨创投等在资本市场活跃的机构。从融资阶段来看，发生在B轮之前的融资占了绝大多数，占比超过80%。

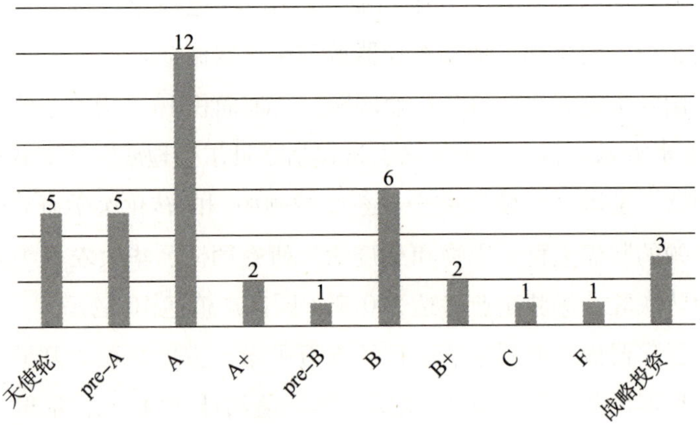

图 3-14　2018 年深圳市生物医药 PE/VC 领域投资事件数量（单位：起）

数据来源：wind.

四、政府持续出台相关利好政策

深圳是全国最早重视生物医药产业的城市，政府出台多项生物医药产业相关政策，积极促进生物医药发展。在生物、生命、信息科学领域政府加快布局一些重大的科技基础设施项目建设，谋划和推进合成生物学、脑科学等重大基础设施的布局和发展；在发掘国内外高端创新人才、技术团队和研究平台方面，政府通过布局一些前沿交叉领域的研究平台，汇集生物医药的高端人才和技术资源，推动生物医药产业政策从选择性的产业政策向更加普惠、更加公平的产业政策转变。

表 3-4　深圳市生物医药产业相关政策

时间	政策名称	主要内容
2009	《深圳生物产业振兴发展规划（2009—2015）》	加快深圳国家生物产业基地建设，将生物产业打造成为新兴高技术支柱产业
2013	《深圳生命健康产业发展规划（2013—2020 年）》 《深圳国际生物谷总体发展规划法（2013—2020 年）》 《深圳市未来产业发展政策》	为深圳生命信息、高端医疗、健康管理等生命健康相关产业的发展提高了行动纲领

续表

时间	政策名称	主要内容
2016	《深圳市十三五规划》	将生物和生命健康产业作为“十三五”期间重点发展的新兴产业之一
2016	《深圳市战略性新兴产业发展“十三五”规划》	加速生物技术与信息技术融合，创新发展精准医疗、数字生命等前沿交叉领域，提升生物医药、生物医学工程等优势领域发展水平，打造国际领先的生物技术科技创新中心
2017	《深圳市科技创新“十三五”规划》	将医学影像技术、生物医学传感与监护技术、体外检测、培养与诊断技术、植入介入性医疗器械作为重点发展领域
2018	《关于促进深圳市药品和医疗器械产业发展的若干措施（征求意见稿）》	增强深圳市医药产业自主创新能力，培育壮大新业态新模式，推动产业向中高端迈进，促进经济高速发展

第三节　深圳基因测序产业发展分析

基因测序是通过测序设备对脱氧核糖核酸（DNA）的碱基排列顺序进行测定，从而解读DNA的遗传密码，为生命科学研究、临床诊断和治疗等提供指导。基因测序产业受益于第二代高通量测序仪的上市，在2012年后蓬勃发展。

一、基因测序产业链发展分析

基因测序产业链分上、中、下游三个环节。

上游为设备、试剂耗材、软件研发等，尤其是基因测序仪等设备、配套试剂生产商，掌握着基因检测的整个产业命脉。目前测序上游是全产业链中规模最大的一环，被Illumina、LifeTechnologies两大国外巨头垄断，高技术壁垒和封闭性的特点使中国企业在短时间内很难打破垄断格局。

中游为基因测序服务提供商，提供测序服务及生物信息学的数据分析。包括面向基础研究的测序服务和面向终端用户的临床、医疗类的测序服务，该领域增长速度最快，是国内企业的主攻方向，呈现出短期加速分散化的竞争态势。随着政策准入标准的提高，集中度提升是必然趋势。未来产业模式成熟且具备持续布局能力，以及具有强大生物信息学分析和数据处理能力的企业有望从中突围。

下游是终端用户，主要包括医院、第三方医学检验所（独立实验室，ICL）的临床应用端，以及大学、医院、研究所、药企的科研机构端。从应用领域来看，目前相对成熟的是无创产前诊断（NIPT）的生育健康领域，未来最具价值的是肿瘤筛查和个性化治疗领域，其他还包括遗传缺陷基因检测、致病基因检测、病原微生物检测、疾病风险评估等。

目前市场应用的几乎是二代测序仪，基因测序仪产业已经形成寡头垄断的格局，市场基本上是由 Illumina 和赛默飞世尔两家美国公司垄断的。此前，Illumina 占据了全球测序仪器市场 71%的份额；赛默飞世尔以 16%的市场占有率居第二；罗氏排名第三，市场占有率为 10%。前两家测序仪公司的全球市场占有率接近 90%。目前，借助 HiSeq 系列测序仪的不断升级和推广，Illumina 继续蚕食剩余的市场份额，已增长至 84%，正逐渐形成一家独大的局面。

华大基因测序仪 BGISEQ-1000、BGISEQ-100 已经上市，一定程度上削减了 Illumina、赛默飞世尔公司的份额。目前，华大基因拥有上百台世界先进的测序仪、质谱仪和大型计算机组成的高通量测序平台和生物信息分析平台。在国内，除华大基因外，诺禾致源公司也具备生产基因测序仪的资质。同时，不乏公司间合作生产适合中国市场的测序仪，其中就包括达安基因与赛默飞世尔合作、贝瑞和康与 Illumina 合作等。

表 3-5　基因测序上游主要设备供应商

时间	市场主体
2013 年以前	Illumina 和赛默飞世尔垄断市场
2014—2017 年	Illumina、赛默飞世尔、华大基因、诺禾致源、达安基因、贝瑞和康等
2018 年	第三代基因测序仪：Pacific. Biosciences、Oxford. Nano pore. Technologies

资料来源：公开信息整理。

二、深圳基因测序产业结构及特点

近年来，深圳市逐步落实生物医药的振兴规划及其配套政策，构建研发载体，引进优秀人才，积极扶持生物医药产业的发展，为发展精准医疗产业营造了良好产业基础，作为精准医疗的基石，深圳基因测序产业正在快速发展。2018 年，深圳市共有 288 家基于测序企业，较 2017 年增长 21 家，增速 7.3%。

从企业的地理分布来看，深圳基因测序产业企业主要集中在南山区域。2018 年统计数据显示，南山区涉足基因测序产业的企业数量占比达到 32%，这源于南山区的孵化能力比较强，具备大量科研人才及平台资源，为基于测序产业的初创企业提供了足够的智力、资源支持。其他行政区涉足基因测序产业的企业数量占比依次为：龙岗区 14%、宝安区 14%、福田区 11%、罗湖区 7%、盐田区 7%、龙华区 6%、坪山区 4%、大鹏新区 3%、光明区（见图 3-15）。

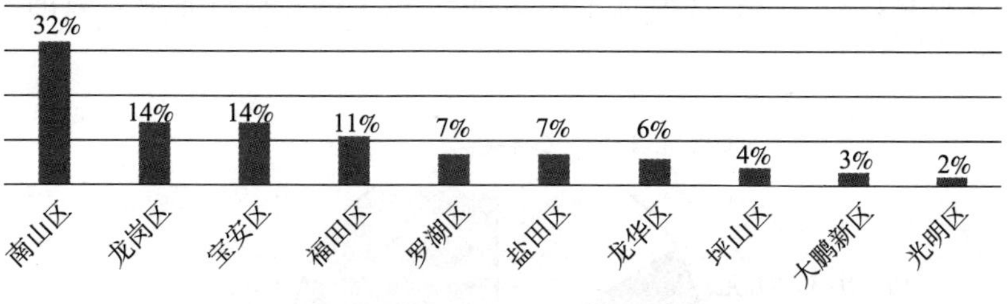

图 3-15 2018 年深圳基因测序产业企业各区分布情况

资料来源：深圳市市场和质量监督管理委员会。

在基因测序产品服务方面，深圳整个诊断市场服务主要以测序服务为主，形成了以华大基因为龙头企业的基因测序产业集群。华大基因作为基因测序的龙头企业，在科学探索、技术创新、成果转化等多方面取得了令人瞩目的成就。顶级学术期刊《自然》将华大基因评价为“世界领先的遗传学研究中心”和“基因组学、蛋白质组学和生物信息分析领域的领头羊”。华大基因 2016—2018 年的营业收入分别约为 17.11 亿元、20.96 亿元和 25.36 亿元，年均增长 21.75%，业务覆盖 100 余个国家和地区，无创产前基因检测样本量突破 400 万例。

深圳海普洛斯生物科技有限公司测序通量居亚洲前三，肿瘤基因数据产出量居全国前列，基因业务覆盖全国20余个省份，超过100家顶级三甲医院。2018年6月，公司获得深创投领投的数亿元B轮融资。此前，海普洛斯获得的融资总额约为2.7亿元，投资方包括软银中国、优选资本、磐谷创投、可信资本等。

在基因测序大数据方面，包括华大基因在内的企业通过运用互联网、物联网、大数据技术，将基因检测的科技服务推向普通消费者市场，产业也出现了一些新兴的互联网基因企业，如深圳碳云智能集团有限公司、深圳早知道科技有限公司、深圳基因家科技有限公司、深圳前海猛犸基因科技有限公司等。

基因测序产业企业的起点一般较高，资本规模相对也较大。调查数据显示，深圳市基因测序产业企业几乎没有注册资本在100万以下的；注册资本在100万~500万元的企业占比企业总数的49%；注册资本在501万~1000万元的企业占企业总数的25%；注册资本在1001万~3000万元的企业占企业总数的10%；注册资本在3000万以上的企业占企业总数的16%（见图3-16）。

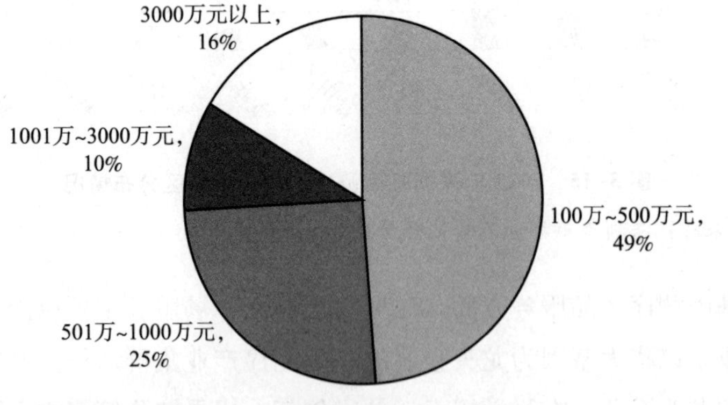

图3-16　2018年深圳基因测序产业企业注册资本分布情况

资料来源：深圳市市场和质量监督管理委员会数据整理。

三、产业发展未来可期

未来，深圳基因组学相关产业将在四大领域取得突破性的发展：基因技术将被广泛应用于复杂疾病、农业基因组学、微生物学和宏基因组学等研究领域，将对人类健康、农业和环境保护带来巨大的变革；基因技术应用于生殖健康，将显著降低出生缺陷，提高人类健康水平；肿瘤基因组研究将揭示肿瘤的发病机制，肿瘤基因组测序技术成为肿瘤个体化治疗的基础；基因组技术与传统临床医学的最新科研结果结合，形成精准医疗，为疾病诊断、治疗、临床决策带来革命性的改变。

第四节 深圳健康养老产业发展分析

随着经济社会的发展，深圳户籍人口不断增加，再加上早期来深圳工作的创业者现在逐渐退休，很多年轻人接父母来深圳共同生活，深圳健康养老服务需求日益突出。全面调查了解深圳健康养老产业的发展，将为政府部门构建以需求为导向、具有针对性的社会化养老服务体系提供决策参考。

一、深圳健康养老情况现状

2018 年，为进一步了解深圳市养老服务水平，建立和完善“以居家养老为基础，以社区养老为依托，以机构养老为补充”的社会化养老服务体系，满足老年人不断增长的多元化养老服务需求，深圳市健康产业发展促进会联合越健集团有限公司在全市范围内进行了社区居家养老情况调查，形成了关于深圳健康养老现状的全面调查分析成果。本节内容提供的调查数据仅供参考。

（一）基本情况

深圳是一座年轻的城市，其实也同样面临着健康养老的巨大压力。截至 2018 年 11 月，在深圳实际居住的 60 岁以上长者超过 120 万人，其中户籍人口 32 万人。依据现有人口结构和户籍制度改革趋势，预计到 2020 年健康养老服务需求会日益凸显。

由于老年人身体功能随年龄退化，常同时患有多种慢性疾病。调查显示，随着人口的老龄化，深圳的老年疾病谱正从以传染性疾病为主，转向以高血压、心脏病、脑卒中、癌症等慢性非传染性疾病为主，有 30.75%的老年人患有高血压、15.28%的老年人患有心脑血管疾病、11.79%患有糖尿病，其中也有35.37%的老人认为自己身体健康无慢性疾病问题（见图3-17）。

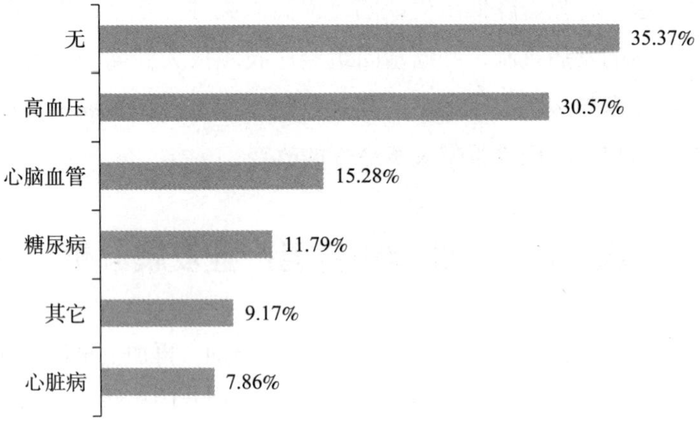

图3-17　深圳市老年群体患病情况

在老年人支付医疗费用方式的调研中，大部分深圳老年人更倾向于用基本医疗保险支付医疗费用。其中有47.16%的老年人选择用基本医疗保险支付医疗费用，25.76%的老年人选择用公费、合作医疗等方式支付医疗费用，而选择用自付、商业保险支付方式的老年人比较少，分别为8.73%、4.37%（见图3-18）。

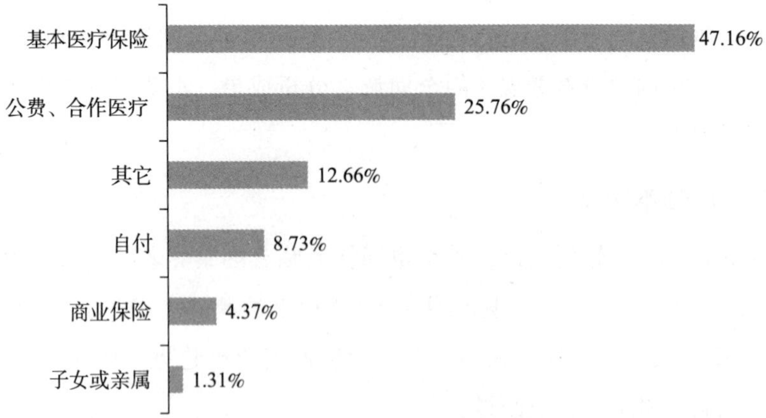

图3-18　深圳老年人支付医疗费用的方式

大部分深圳老年人平均每个月的医疗费用支出在200元~500元。具体：30.65%的老年人每月医疗费用支出在200元以下，36.18%的老年人每月医疗费用支出在200元~500元，12.56%的老年人每月医疗费用支出在501元~800元（见图3-19）。

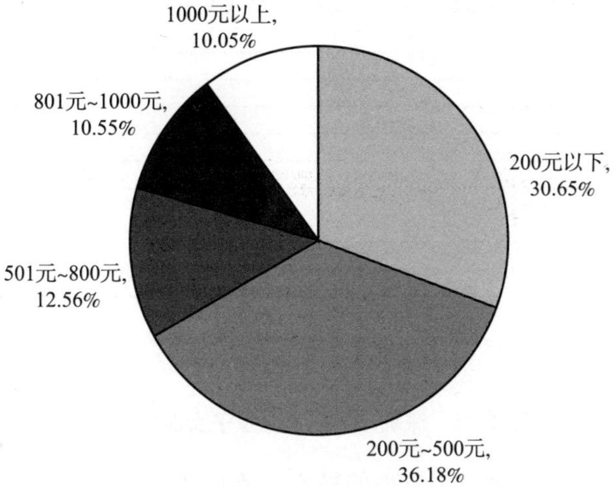

图3-19 深圳市老年人每月医疗费支出情况

深圳是移民城市，随子女将户口迁来深圳的老年人也越来越多，大部分老年人与子女居住在一起。在接受调研的人群中，独居或跟自己配偶居住的老年人比例仅为29.3%，约70.7%的老年人与子女一起居住（见图3-20）。

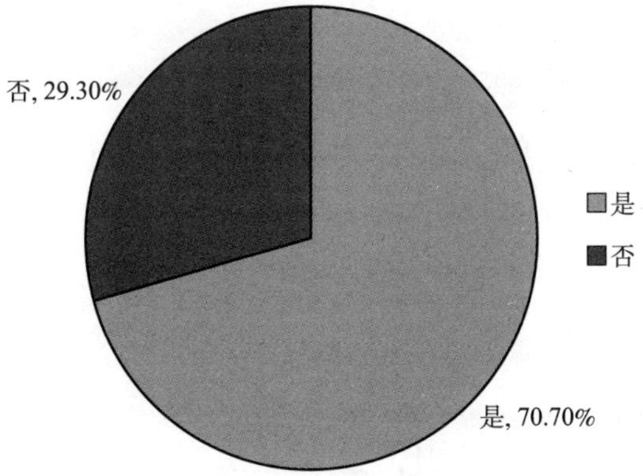

图3-20 深圳市老年人居住情况

空巢老人是当下社会面临的一个新问题，深圳也有部分老年人独居。空巢老人比其他与子女居住的老年人更渴望精神慰藉，需要家庭成员的关怀与陪伴。儿女常回家看看成为众多空巢老人的首要情感寄托。调研数据显示，40.16%的深圳老年人希望子女能每周探望一次，21.26%的老年人希望子女能一两天探望一次，12.60%的老年人希望子女两周探望一次，16.54%老年人希望子女每一个月探望一次（见图3-21）。

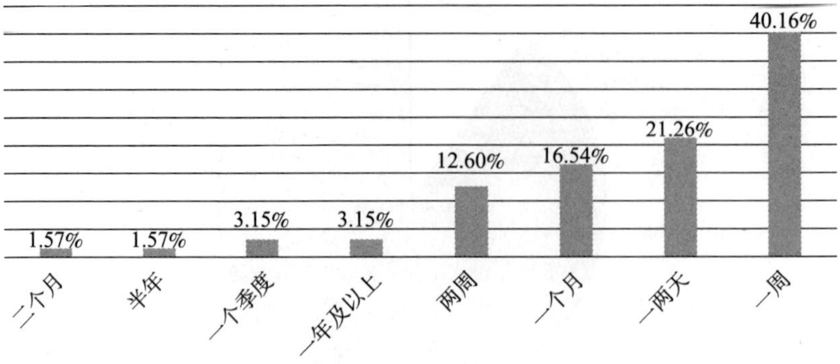

图3-21　深圳市老年人希望子女探望频次

深圳是全国城镇化率比较高的城市，不同于农村的老年群体，深圳的老年群体靠退休养老金生活是普遍现象。调研数据显示，58.08%的老年人的经济来源是退休金（养老保险金）；28.82%的老年人的经济来源是在职工资，这部分老年人主要是退休后继续工作或退休返聘；23.58%的老年人的经济来源是存款、红利或租金；仅有14%左右的老年人是靠子女赡养、亲友资助、政府低保维持生活（见图3-22）。

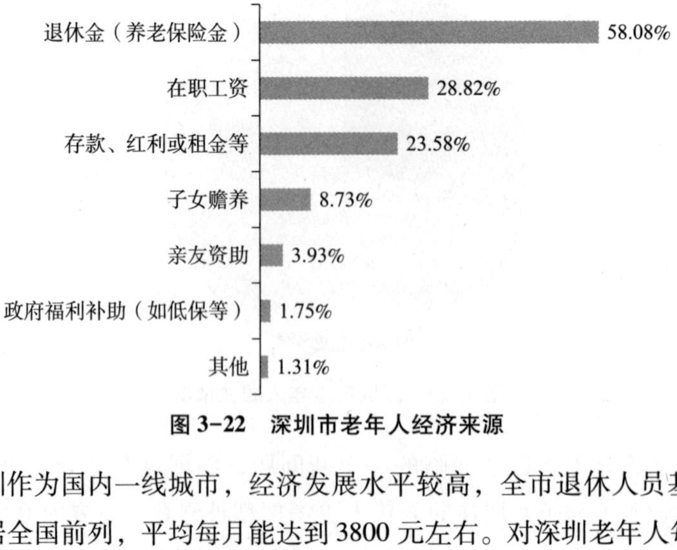

图3-22　深圳市老年人经济来源

深圳作为国内一线城市，经济发展水平较高，全市退休人员基本养老金也位居全国前列，平均每月能达到3800元左右。对深圳老年人每月的退休金收入调研显示，38.22%的老年人退休金月收入在4000元以下，34.41%的老年人退休金月收入在4000元~6000元，17.8%的老年人退休金月收入在6001元~8000元，退休金月收入在8000元以上的老年人仅占12.57%（见图3-23）。

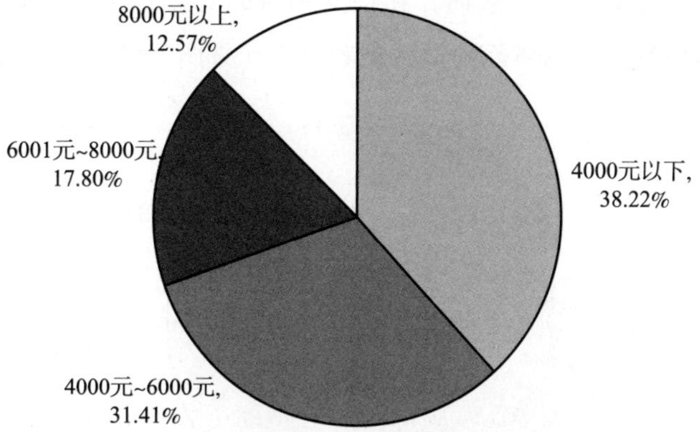

图3-23 深圳市老年人退休金月收入情况

深圳老年人每月能承受的养老支出费用主要集中在5000元以下。其中44.33%的老年人可以承受每月2200元以下的养老费用，43.81%的老年人可以承受每月2200元~5000元的养老费用，仅有11.86%的老年人能够支持每月5000元以上的养老费用支出（见图3-24）。

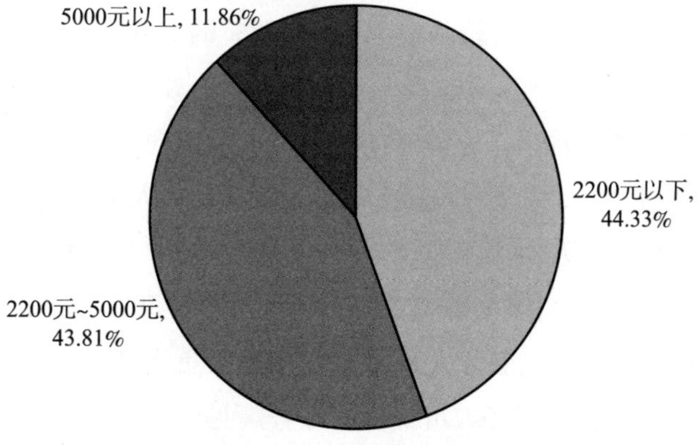

图3-24 深圳市老年人每月能承受的养老支出情况

（二）社区养老服务情况

社区养老是目前常见的养老方式之一。主要是指以家庭为核心，以社区为依托，以老年人日间照料、生活护理、家政服务和精神慰藉为主要内容，以上门服务和社区日托为主要形式，并引入养老机构专业化服务方式的居家养老服务体系。社区养老机构，可为老年人在熟悉的生活环境里提供集中居住、生活照料、康复护理等专业养老服务，15 分钟的服务半径正是社区养老的意义所在。然而，在接受调研的老年人中，仅有 34. 11%的老年人在居住的社区内体验到社区养老服务（见图 3-25）。

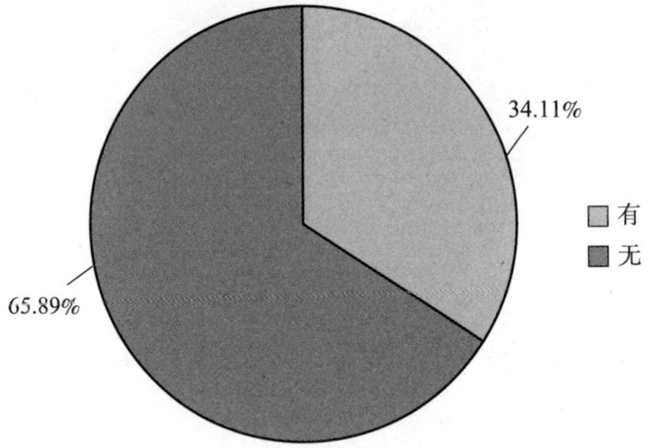

图 3-25　社区养老服务体验情况

老年人普遍对于现住社区的居家养老现状满意度较低。调研显示，有 59. 09%的老年人选择了“一般”，15. 15%的老年人选择了“比较满意”，12. 12%的老年人选择了“较为满意”，7. 58%的老年人选择了“很不满意”，而仅有 6. 06%的老年人选择了“满意”（见图 3-26）。

社区养老服务是社区居家养老的重要部分，通过老年人对养老服务人员的满意度调研显示，大部分老年人认为养老服务人员提供的服务一般。其中 52. 13%的老年人对养老服务人员的满意度为“一般，总体还过得去”，16. 49%的老年人认为养老服务人员“服务很好，很贴心”，仅有 1. 06%的老年人认为养老服务人员“工作十分不负责任”，而有 30. 32%的老年人尚未体验到养老服务人员提供的服务（见图 3-27）。

目前养老分为居家、社区和机构养老三种情况，63%的受访老年人选择居家养老，22. 5%的老年人选择社区居家养老（见图 3-28）。为规范社区居家养老健康管理的服务规范，深圳市健康产业发展促进会牵头制定了

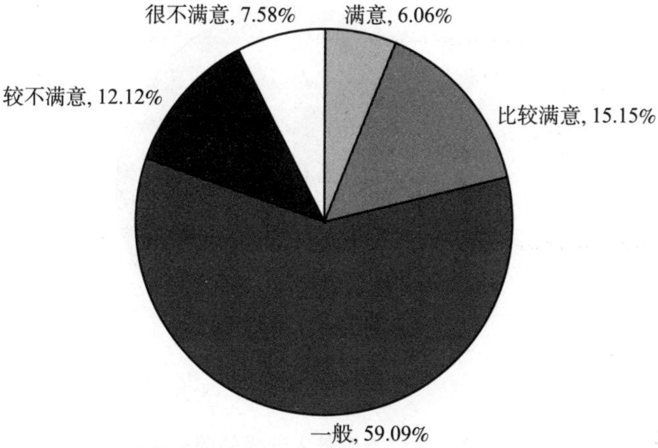

图 3–26　社区居家养老现状满意度

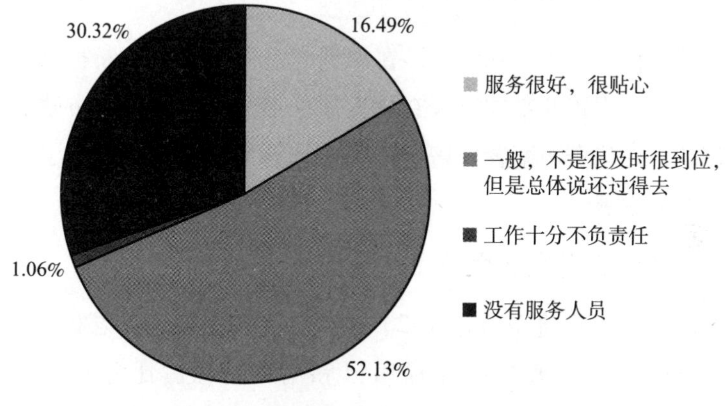

图 3–27　对社区养老服务人员的满意度

《社区居家养老健康管理服务规范》团体标准，对开展社区居家养老健康管理服务的术语与定义、产品分类、企业要求、人员要求、活动要求、服务质量等方面进行了规范，助力健康养老的发展。该标准属国内首创，填补了国内社区居家健康管理服务领域标准的空白，为全面规范深圳市社区居家养老健康管理服务提供了技术依据，对引导产业健康、有序的发展具有重大意义。深圳市恒康泰医疗科技有限公司、深圳市越健管理咨询有限公司、深圳市艾尔曼医疗电子仪器有限公司等企业积极采标并且认真贯标，希望为广大老年人提供规范优质的社区居家养老健康管理服务。

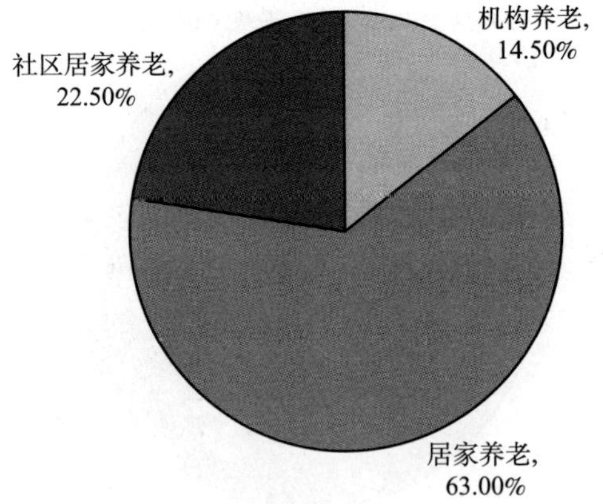

图 3-28　深圳市老年人选择的养老模式

二、深圳健康养老产业特点

健康养老作为新兴消费领域，在深圳老龄人口规模不断扩张、供需矛盾突出的情况下，正迎来前所未有的发展机遇。同时，深圳市政府通过推进政策创新、优化资源配置、培育市场主体等措施，有力推进了健康养老市场的提升和发展。

（一）健康养老产业供需矛盾突出

在政府的大力推进下，截至 2018 年末，深圳共有养老相关企业 236 家、机构 136 家，主要集中在福田区和南山区，占比分别为 25.00%、19.41%。其他行政区涉足养老产业企业数量占比依次为：宝安区 16.45%，龙岗区 15.79%、罗湖区 11.84%、大鹏新区 4.61%、光明区 2.96%、龙华区 2.63%、盐田区 0.99%、坪山区 0.33%（见图 3-29）。

调查数据显示，深圳市健康养老业注册资本在 100 万元~500 万元的企业占企业总数的 44%，注册资本在 501 万~1000 万元的企业占企业总数的 25%，注册资本在 1001 万~3000 万元的企业占企业总数的 14%，注册资本在 3000 万以上的企业占企业总数的 17%（见图 3-30）。

深圳养老供需矛盾突出。深圳老龄化的加速发展将养老产业推向了风口浪尖，然而深圳社会养老机构相对于常驻老年人的数量来说是杯水车薪，社区养老服务也远远满足不了目前需求。深度老龄化所蕴藏的对相关

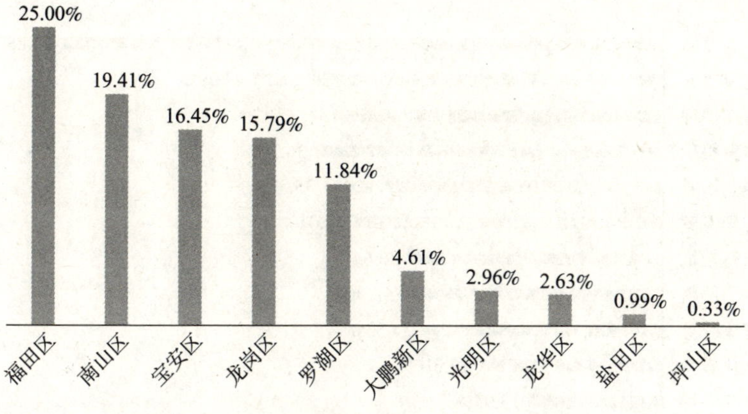

图 3-29 2018 年深圳各区养老产业企业分布情况

资料来源：深圳市市场和质量监督管理委员会数据整理。

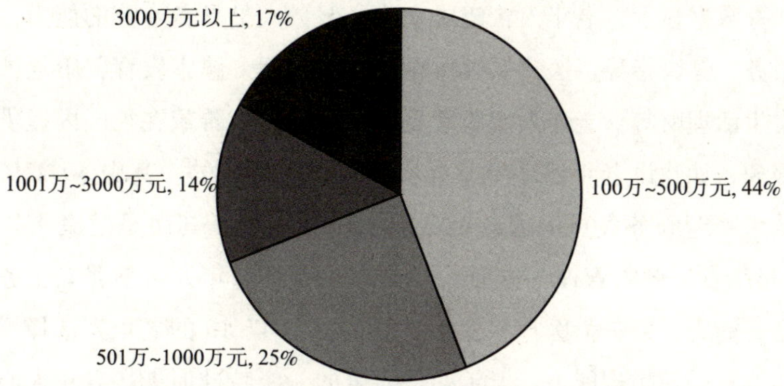

图 3-30 2018 年深圳养老产业企业注册资本情况

资料来源：深圳市市场和质量监督管理委员会数据整理。

养老产品和服务的需求，将在未来快速迸发。

调查数据显示，老年人希望社区居家养老机构提供很多服务，包括提供养老设施、健康指导、医疗护理、体育娱乐、养老物质、心理保健、出行帮忙、生活照料等。具体来说，有 62. 88%的老年人希望社区居家养老机构能提供足够的养老设施，42. 79%的老年人希望能有健康指导，37. 12%的老年人希望能获得及时的医疗护理，35. 37%的老年人希望有足够的养老物质，32. 31%的老年人希望在心理保健方面获得重视（见图 3-31）。

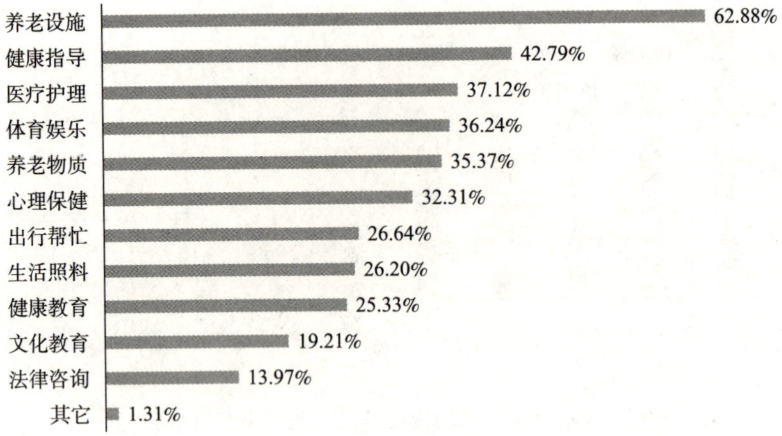

图 3-31 深圳市老年人所需社区居家养老机构提供的服务

调查数据显示，老年人希望居家养老服务人员具备专业的能力，包括家政服务、健康指导、医疗保健指导、心理护理、健康教育、康复护理以及日常生活理财等。老年人们非常重视文娱生活，希望在社区内提供精神文娱服务，如建设老年活动室举办兴趣班、培训班等。其中 50.22%的老年人认为养老服务人员的家政服务能力极其重要；其次是健康指导能力（主要指膳食、健康管理等方面），有 48.91%的老年人希望养老服务人员具备这一能力；第三为医疗保健指导能力，有 47.16 的老年人选择了这一点；再次是心理护理能力，老年期是人生的一个特殊时期，老年人心理会有明显的变化，有 41.92%的老年人比较重视心理健康，而且希望养老服务人员具备心理护理能力（见图 3-32）。

文娱活动是老年人生活的重要组成部分，是发挥老有所乐的重要内容。通过对老年人文娱生活的重要程度调研发现，大部分老年人都渴望丰富多彩的文娱活动，以使老年生活过得丰富多彩和富有尊严。有 51.58%的老年人认为文娱生活在日常中"非常重要"，有 35.75%的老年人认为文娱生活"比较重要"，8.06%的老年人觉得文娱活动"无所谓"可有可无，4.07%的老年人认为文娱生活"不太重要"（见图 3-33）。

大部分老年人有强烈的精神文化追求，并希望社区能够提供形式多样的文化活动。调研显示，53.71%的老年人希望社区能专门设立老年活动

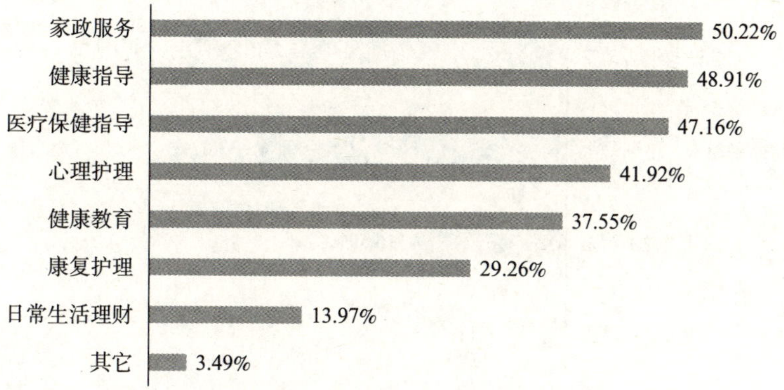

图 3-32 深圳市老年人所需养老服务人员具备的专业能力

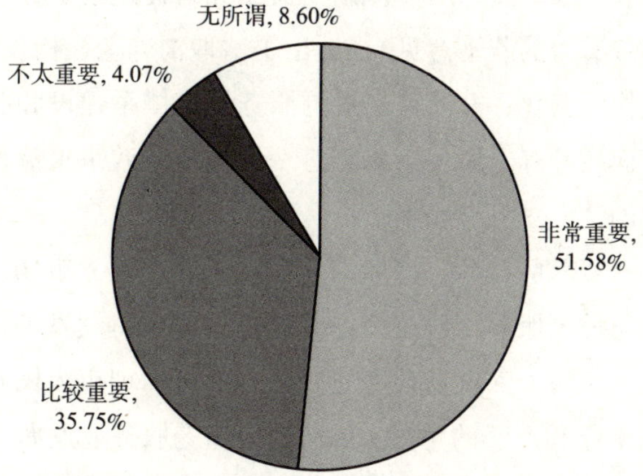

图 3-33 文娱生活对老年人的重要程度

室；33.62%的老年人希望社区可以举办兴趣班、培训班等各种形式的活动。

（二）政策助力养老产业打开市场空间

随着人口老龄化的加剧，国家越来越重视养老产业的发展，相继发布了一系列政策扶持。从 2017 年 12 月到 2018 年 10 月，国家质检总局、国家标准局、卫健委和住建部，先后颁布了《养老机构服务质量基本规范》《食品安全国家标准老年食品通则》及《老年人找了设施建筑设计标准》。2018 年 9 月，国务院办公厅先后颁布了《关于印发完善促进消费体制机制

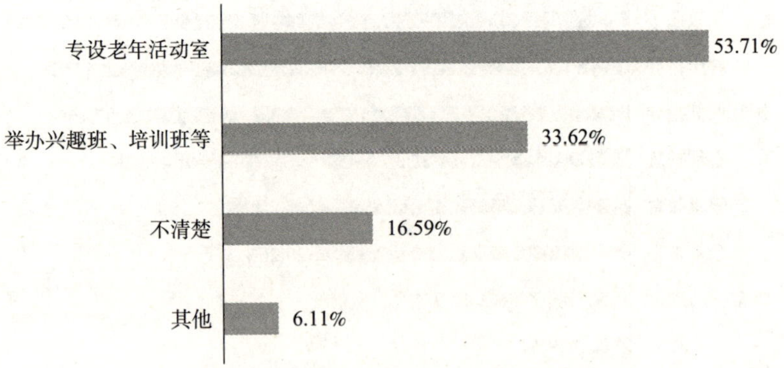

图 3-34　深圳市老年人希望社区提供的文化活动

实施方案（2018—2020 年）的通知》《关于完善促进消费体制机制，进一步激发居民消费潜力的若干意见》，提出了“取消养老机构设立许可”，推动公办养老机构民营化，开展养老机构服务标准体系建设和服务质量专项行动，要求全面放开养老服务市场，进一步简化行政审批流程，推进养老服务机构申办的“一站式”服务。

为达到老有颐养的目标，深圳拟全面放开养老服务市场。为进一步调动社会力量参与养老服务，扶持民办养老机构健康持续发展，规范政府资助社会兴办养老机构，深圳市政府先后发布了《深圳市人民政府关于加快发展老龄服务事业和产业的意见》《深圳市养老服务业发展“十三五”规划》等文件，并制定了《深圳市民办养老机构资助办法》，提出要降低准入门槛、简化审批手续、放宽外资准入等，吸引更多社会资本进入养老服务业领域。2020 年，社会力量举办或经营的养老机构床位数占总床位数的 60%以上。

在养老服务设施供给方面，深圳的目标是，到 2020 年，实现全市养老机构床位和社区托养床位总数达到 1.1 万张，每千名户籍老年人拥有床位数不低于 40 张。重点发展面向失能（失智）老年人的照料护理服务，提高面向老年人治疗、康复护理、临终关怀等机构的比例，到 2020 年护养型床位数达到总床位数的 70%。为保证提供高质养老服务，深圳市民政局与日本微风介护管理系统株式会社签署战略合作。深圳将利用日本微风介护标准化的养老服务管理模式，完善深圳市养老服务质量标准和评价体系。

（三）企业纷纷布局养老产业

在政府政策的支持下，社会老龄化的需求下，深圳市养老产业蓬勃发展，涌现了一批优秀的养老服务企业。越健集团有限公司成立于1996年，至今已有23年的历史。23年前越健集团从经营天年素系列产品起步，现在已经拥有800多名员工，其中健康管理师和营养保健师超过200名。越健集团目前在深圳、惠州、广州、珠海、中山、东莞、番禺等地开设了100多家健康服务中心，并拥有大型科技馆和水文化馆科普教育基地。

越健集团关注养老产业，根据国家养老“9073”计划（90%居家养老，7%社区养老，3%机构养老），全年在各大服务中心、各大社区组织红歌会、广场舞大赛、健康知识讲座等活动丰富中老年朋友的晚年生活。其中，2013年第三届诺贝尔奖科技节，请到1996年诺贝尔奖得主穆拉德博士向上万名南粤中老年朋友科普健康养生知识；2014年举办的“关爱今天的老年人就是关爱明天的自己”大型公益活动，请来耿莲凤、苏芮、李光曦等知名老艺术家倾情献唱。此外，越健集团在深圳的锦绣中华和海上田园举办了两场爱情孝亲节，以“孝爱”为主题，为百对夫妻举办金婚盛典，为百名健康老年人举行孝亲盛典，弘扬中华民族传统文化，传递社会正能量。精彩缤纷的活动增强了深圳中老年朋友晚年的幸福感、荣誉感、获得感。

越健集团拥有两家专业旅行社，可为消费者提供旅游服务：包专列、乘邮轮，游西北、闯关东、探巴马、巡广东……每年随同越健集团旅游的顾客超过10万人次。未来越健集团计划在全国建立大量驿站式养老服务基地，通过3到10天的旅游疗养，学习健康知识、提高健康素养、建立健康习惯，使中老年人达到身心灵的愉悦与健康。

此外，各路资本纷纷瞄准了养老领域这一片巨大的蓝海，利用自身优势加快投资养老产业的步伐与布局。据不完全统计，已有近40家上市房地产企业涉足养老业务，布局养老地产。万科的养老地产业务目前集中在建设养老住宅和提供养老社区服务等方面。截至2018年，万科的养老项目约为170个，基本都处于亏损状态，但这似乎丝毫没有动摇万科做养老的决心。恒大是较早布局养老地产的品牌，恒大·养生谷便是该集团在“地产

+健康”领域下探索的新产物，通过“租、购、旅”会员机制向客户提供养生养老服务。2017 年，华润置地与同属华润集团旗下的凤凰医疗签订战略合作协议，大规模布局医疗、养老和大健康产业。2018 年底，中海地产也正式发布康养品牌，并打造包括城市中心社区养老产品、市郊田园养老产品、候鸟式度假养老产品等产品类型。

三、深圳健康养老发展趋势

（一）居民支付能力较强，养老产业市场前景广阔

2018 年，深圳市人均 GDP 近 20 万元，居全国首位。统计数据分析，深圳市急需养老的人群主要包括两大部分：深圳特区建立之初，以工程兵为主体的拓荒者、建设者，35 年过去，当年为特区建设作出巨大贡献的“拓荒牛”们，渐渐步入人生的老年；第二部分，是正在为特区进一步发展辛勤工作的“新移民”，大多已经在深圳落地生根，远在内地的“候鸟老人”，随着年岁增大，也已经陆续随儿女落地深圳。相对于全国范围内“未富先老”的情况，深圳市老年人口高净值人群规模更大，消费能力更强，养老产业的市场容量巨大，高端养老市场前景广阔。

（二）科技促进健康养老未来可期

随着养老产业的发展，养老智能化成为必然趋势。深圳市科技产业发达，随着老龄化不断加剧，深圳市正积极推行科技养老，南山区 96881 服务热线提供智能化养老服务，形成一个高效响应、智能分流、分类服务、安全可靠的“一站式”综合智能养老服务平台。通过线上线下相结合的方式，将机构养老、社区照顾、居家养老有机融合，科技元素的使用助力养老服务提质增效。同时，一大批企业也开始试水到养老智能化的大潮。2016 年 9 月深圳市民政局与中兴通讯签订战略合作协议，共同推动深圳市养老服务信息化、智能化发展。此外，前海守护云健康管理有限公司、感讯科技等一批企业正依托自身技术优势，采用 O2O 服务平台、智能家居等不同方式助力养老服务智能化发展。随着人口老龄化的加剧，智能化养老必然成为未来产业的一个重要增长点。

四、深圳健康养老存在问题及发展建议

深圳作为一个年轻的城市也正在面临老龄化问题，目前还面临一些困难：深圳社会养老机构数量少、空置率高，目前仅能满足两成需求，深圳的养老机构建设无论是数量上还是质量上都有很长的路要走；专业人才缺口制约了深圳养老产业的发展，深圳在养老服务机构稀少的同时，护理人员也存在巨大缺口；分担周边的养老需求，香港养老长期处于供不应求的状态，香港政府曾于2013年推出“广东计划”鼓励老年人前往内地养老。近年来，香港居民选择在深圳置业、养老的热情不断高涨，深圳在面对自身老龄化问题的同时，还不得不面对来自周边的压力。

为积极推动深圳健康养老产业的发展，针对当前存在的问题，提出如下建议：

第一，进一步优化机构布局，继续增加社区养老服务机构数量、优化机构布局、增强服务便利性，加快形成“15分钟养老服务圈”。老年人最需要的是助餐、助洁、助医和助急等四类服务。目前，这些服务发展还不均衡。同时，服务精细化水平还应提高，质量标准和管理规范尚待完善。医养结合有待深化，由于人员编制受限，各方面布置的工作任务多而杂，部分社区卫生服务中心表示难以安排更多人手提供医养结合服务。

第二，不断提高服务水平，聚焦生活照料、健康照护、医疗护理、精神慰藉等服务内容，提升服务品质。逐步拓展服务范围，将认知症筛查预防、健康管理、夜间应急等共性需求纳入“服务包”，大力发展“智慧养老”。着力提升医养结合实效，完善规划，实现新设的社区养老服务机构与社区卫生服务机构同址或临近设置。

第三，持续推进队伍建设，大力开展学历培训、专业培训、能力培训，以国家新出台的养老护理员技能标准为基础，不断提升养老服务从业人员的技能水平。抓好操作落实，提升养老服务机构登记、变更、运行等各环节的效率。

第五节　深圳保健食品产业发展分析

深圳地处岭南，养生文化历史悠久，养生保健食品市场相对繁荣。20世纪90年代初深圳保健食品就异军突起，曾居于中国保健食品产业的领先地位。近30年来，深圳保健食品制造业停滞落后于周边地区，却是保健食品最好的市场。随着健康中国的建设，深圳保健食品产业发展迎来新的突破期，机遇与挑战并存。

一、产业整体发展情况

深圳人均GDP较高，文化教育较发达，拥有较为成熟的消费群体，同时深圳具备历史悠久的岭南养生文化，中医药养生保健氛围浓厚，市民在健康观念上对防治亚健康很重视。这一切都在慢慢孕育着深圳保健食品市场。目前深圳养生保健市场发展相对繁荣，市场覆盖了功能保健食品、传统滋补品、营养补充剂等三大类。数据显示，当前国内人均年保健食品消费在230元左右，而深圳的人均保健食品消费高出国内其他城市近3倍以上，保守估计深圳现有保健食品消费市场容量已超过100亿元。

（一）保健食品企业主要以民营的中小企业为主

深圳市保健食品生产企业主要以民营企业为主，部分企业在国内还有一定的品牌效应。深圳市场监管委的数据显示，2018年深圳市保健食品生产企业有14家。其中，健康元药业集团股份有限公司、深圳海王集团股份有限公司等已经在深圳乃至全国形成了一定的品牌效应。深圳健康元集团股份有限公司的保健食品业务已从公司成立之初延续至今，“太太”“静心”“鹰牌”等知名品牌具有广泛的市场影响力，尤其“太太”更是在20世纪90年代国内保健食品兴起时稳立潮头，太太口服液、静心口服液等在女性保健食品市场上具有较高的市场占有率，2018年健康元药业集团股份有限公司保健食品业务的营业收入达到2.05亿元。深圳海王集团股份有限公司的“大保健战略”已进入实施阶段，2018年食品、保健食品营业收入6.61亿元。

深圳市保健食品企业主要以中小企业为主。2018 年深圳市合法取证的保健食品经营企业已经超过 1.5 万家。从深圳保健食品经营企业注册资金规模来看，10 万元以下的企业占到 61.74%，10 万~100 万元的企业占到 22.52%，100 万~500 万元的企业占到 10.71%，500 万~1000 万元的企业占到 3.80%，1000 万元以上的企业占 1.23%（见图 3-35）。深圳保健食品经营企业大部分为个体工商户，占比达 68.72%，其次为股份制企业（内含股份有限公司、有限责任公司），占比 27.14%，个人独资企业占比 3.28%，外资企业（内含港澳台企业）占比 0.85%（见图 3-36）。

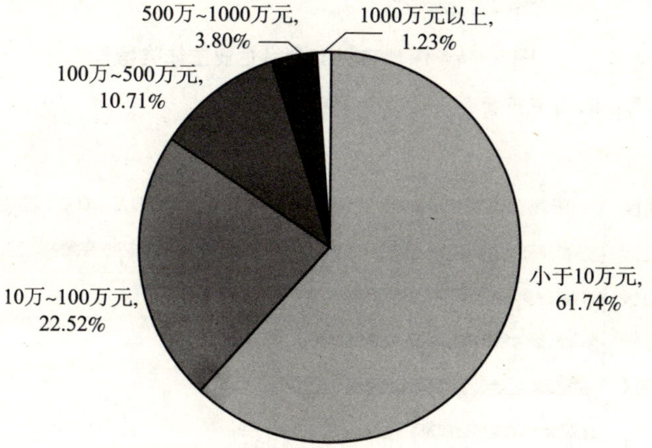

图 3-35 深圳市保健食品企业注册资本

资料来源：深圳市市场和质量监督管理委员会。

保健食品企业在深圳各区分布较为均衡。调研数据显示，龙岗区占比 25.41%，宝安区占比 24.62%，南山区占比 14.29%，福田区占比 13.45%，龙华区占比 11%，罗湖区占比 8.36，坪山区占比 1.04%，盐田区占比 0.99%，大鹏新区占比 0.54%，光明区占比 0.3%（见图 3-37）。

（二）企业跨界引领保健食品向精准营养发展

伴随着精准医学和基因检测技术的发展，保健食品企业为消费者提供了精准化服务，精准营养也随之成为当下发展的一种趋势。

精准化营养服务主要是根据科学检测判断自身的物质缺乏情况，有针对地进行补充和调整，按需补充保健食品或功能性食品。据了解，精准医

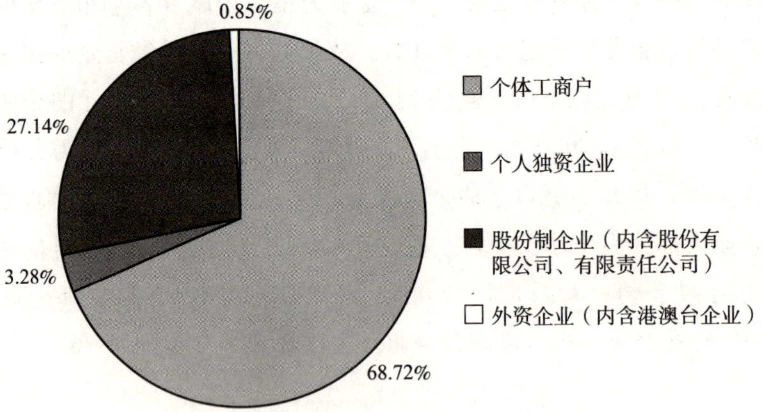

图 3-36　深圳市保健食品企业主体类型

资料来源：深圳市市场和质量监督管理委员会。

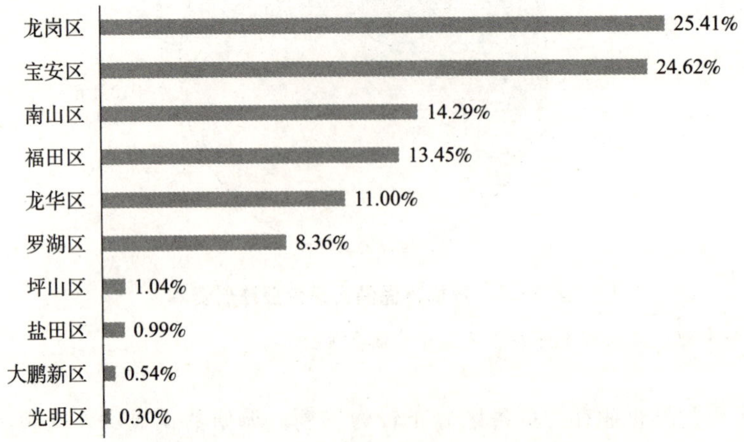

图 3-37　2018 年深圳市保健食品经营企业分布情况

数据来源：深圳市市场和质量监督管理委员会。

学是根据不同基因型、多组学特征、代谢状态和生活方式等因素制定治疗方案。精准营养也以群体为对象，借助多组学的分子信息和新的营养标志物，结合基因检测等先进技术，提供更细化的营养方案。目前，精准营养已经被用于降糖、叶酸、维生素等营养产品的研发和运用中。

深圳奥萨制药有限公司作为重点企业，主要针对严重影响大众健康的心脑血管疾病，研究、开发安全有效的诊断和治疗产品，提供从预防、预测到治疗的系统解决方案。该公司认为，精准医疗与精准营养是未来医学的发展趋势，并提出可以以叶酸为起点，进行更多精准营养研究，为我国人群营养素水平与心脑血管关系提供循证医学依据，为营养素健康标准修订提供理论依据。针对维生素 D、B12 与心脑血管疾病有关、维生素 B12 参与体内 Hcy 的生化代谢、维生素 D 与动脉粥状硬化密切相关，深圳奥萨制药有限公司进行了维生素 D、维生素 B12 等营养素相关代谢基因筛查研究。研发项目利用候选基因法，采用核酸质谱、基因芯片技术构筑维生素 D、B12 的检测 Panel，通过百万高血压人群队列的验证，得到维生素 D、B12 相关基因检测位点，并开发检测试剂盒。

华大精准营养（深圳）科技有限公司，涉及普通食品、功能性食品、保健食品的新产品、新工艺、新技术的研究开发及成果产业化。华大精准营养依托华大基因全球领先的高通量基因测序、信息分析平台，精准识别不同人群的营养健康需求，并与现代营养学有机结合，开发针对不同人群的个性化精准营养系列产品。目前华大精准营养依托华大基因肠道微生物研究平台，以“健康与长寿”概念为核心，与预防医学及现代健康干预系统有机结合，主要以乳酸菌和双歧杆菌等有益微生物为研究对象，利用我国独特而丰富的微生物资源优势，研究开发出一系列功能性益生菌产品。目前，华大除了自有菌株的益生菌产品，还在加速体重管理、孕产妇适用的益生菌及营养干预产品的开发。

国民营养总体水平随着居民生活水平的提高而显著改善，但居民营养不足与过剩并存的现状也普遍存在。可以预见，以保持健康和疾病预防为主的“精准营养”也将有机会成为未来全球营养健康产业的重要发展方向。

二、政府对产业的监管情况

长期以来，保健食品市场鱼目混珠、无序发展的现象一直存在，尤其是夸大其词、虚假宣传的情况，严重抹黑了保健食品的市场名声，损害了消费者利益，并造成一定程度的经济损失。深圳市一直以来重视并加强对保健食品市场的监管，严厉打击违法违规行为。据统计，2018 年深圳市市场和质量监督管理委员会共查处保健食品案件 52 件，商品价值金额 13.20

万元，罚款金额 121.80 万元，没收违法所得金额 5.31 万元，捣毁制假售假窝点 1 个，责令停产停业 8 户，移交司法机关 2 件（见图 3-38）。

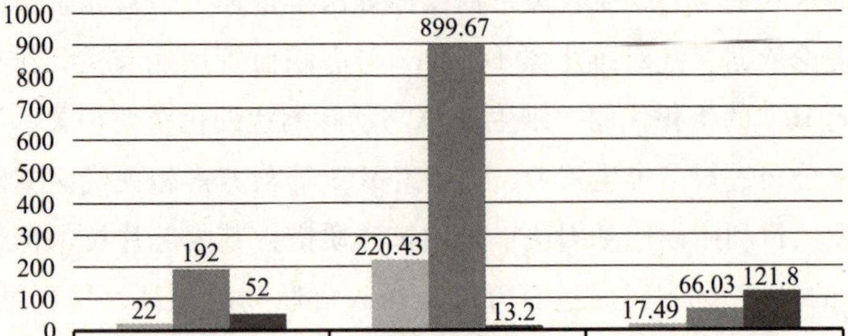

	查处案件（件）	货值金额（万元）	罚款（万元）
2016	22	220.43	17.49
2017	192	899.67	66.03
2018	52	13.2	121.8

图 3-38　2016—2018 年深圳市保健食品市场监管情况

数据来源：深圳市市场和质量监督管理委员会。

由于营销技术的发展，营销场所的隐蔽，保健食品在实际监管中面临着一些难题：如网络运作，取证难。近年来随着网络技术的发展，网络虚假宣传成为保健食品监管的重灾区，特别是微信朋友圈（群）、购物 App、网络直播、微博等网上平台，具有受众群体广以及违法行为取证难、交易信息核实难、实体地址定位难等特点，而现行的法律法规及办案程序大都针对的是线下实体渠道的违法生产经营行为，很多保健食品经营网络的违法行为难以收集证据和查处。更有一些非法营销采取线上线下结合的手段，线下通过讲课让老年人加入微信群，线上在微信群进行封闭性推销，大大增加了常规执法的取证难度。

为进一步完善对保健食品产业的监管，创建良好的市场秩序，深圳着力强化执法办案实效。在此过程中，2018 年深圳针对保健食品市场的监管进行了研究创新：

首创“云上稽查”，解决取证难题。“云上稽查”是深圳市市场和质量监督管理委员会开发的互联网行政执法取证平台工具，在不增加现有执法办案的环节流程、不增加执法人员使用难度的前提下，能自主、自动叠加电子数据，并将证据记录安全备份。“云上稽查”具有两大特性：一是将现有行政执法流程系统与电子数据固化见证技术结合，执法人员在手机端App上通过照片、视频、录音等多种形式对证据进行记录，相关证据记录可根据具体案情需要直接生成具备仲裁、公证或司法效力的证明材料；二是具有全网特定数据搜集功能，最大维度地对各种网络数据信息进行搜集，在法律允许的范围内开展分析筛查、归拢提取、证据固化，并根据具体情况对相关信息进行实体关联。目前，“云上稽查”系统已与腾讯、阿里巴巴、百度、顺丰等企业建立紧密合作关系，实现对全网违法线索信息实时搜索抓取、线索信息及时定位、违法网站信息有效拦截。

监管部门深度对接司法部门，健全行刑对接机制。2018 年 11 月深圳市人民检察院和深圳市市场和质量监督管理委员会共同印发《关于在食品药品公益诉讼工作中加强协作的工作方案》，成立食品药品公益诉讼工作小组，建立起七项工作机制：“4+1”互派交流学习（即在本单位工作 4 天，到对方单位工作 1 天）和沟通座谈机制、食品药品公益诉讼案件线索移送机制、行政执法信息与公益诉讼工作互通机制、重大案件联合调查和回访工作机制、技术支撑工作机制、检察监督和行政执法宣传工作机制、以案释法培训和基层执法指导机制。深圳市人民检察院还聘请深圳市市场和质量监督管理委员会市场稽查局的执法人员作为特邀检察官助理，在派驻学习工作期间参与检察机关案件办理工作。同时，深圳不断健全完善食品药品行政执法与刑事司法衔接工作机制，深圳市公安局与检察院、法院在法律适用方面达成一致意见，对采用非法营销及电话推销保健食品的方式骗取老年人财物的行为以诈骗罪立案。

三、制约产业发展的问题与解决途径

随着国家推进“健康中国”建设，保健食品产业也迎来了黄金增长期，这对深圳保健食品产业而言，是一个良好的发展机遇，但同时也存在着制约产业发展的问题。

保健食品企业生产的产品缺乏特色，研发创新动力弱是最主要问题。从企业产品特色来看，深圳保健食品生产企业缺乏以中药材为原料的特色产品开发，没有形成具有特色的竞争力，不利于企业可持续发展。如新食品原料会从天然植物、海洋生物和中药等方向发掘，目前深圳保健食品企业中鲜有涉及这些领域的。在科技不断发展的今天，保健食品产业新资源被不断地发现和开发，新的营养保健食品不断被推出以满足消费者的需求。但从企业产品的更新而言，深圳企业的产品更新换代缓慢，与广东省其他城市相比，深圳保健食品企业的发展明显处于弱势，落后于广州、中山、珠海等地的大型保健食品生产企业。

集聚空间缺乏，严重制约保健食品产业的规模化发展。深圳保健食品产业的大部分企业规模小而且分散，面临着研发和生产成本高的问题。目前浙江、江苏等地都建立了与健康食品和保健食品相关的生命健康产业园。浙江在宁波杭州湾新区建立了以健康食品和保健品为产业核心的生命健康产业园，江苏的儒嘉生物科技产业园将打造集日化保健产品研发、生产、加工、运营、销售管理为一体的智能科技产业园区。与浙江、江苏相比，深圳土地资源稀缺，缺乏保健食品产业集聚的园区和研发公共服务平台。企业研发和生产成本高，难以吸引外地企业和留住本土企业，很多企业纷纷将生产转移至外地。这些因素严重制约了深圳保健食品产业的现代化、标准化、集约化、规模化和品牌化发展。

为积极推动深圳保健食品产业发展，针对当前存在问题，提出如下发展建议：

创设保健食品科研创新学习平台。岭南地区中医药历史悠久，群众基础良好。无论在预防疾病、治疗或康复保健等方面，中医药一直扮演着非常重要的角色。尤其是港澳地区较好地传承和发展了中医药传统文化和技艺，拥有众多的中医药名家名品，赢得了良好的国际声誉。深圳保健食品企业可以结合粤港澳大湾区的大发展趋势，进行更多区域间交流合作，取长补短，实现技术、政策互补，推动深圳保健食品产业技术的创新发展。

打造保健食品产业集群。产业集聚可以促使企业就近合作与建立联盟共同生产，促使企业间进行专业化分工与协作，并随着分工的深化，单个企业可以扩大规模组织生产，从而取得规模效益。同时，不同企业可以分享公共基础设施和专业技术劳动资源，减少分散布局所需的额外投资，从而大大节约了生产成本。针对深圳保健食品产业“散”而“小”的发展现状，政府相关部门可以出台产业扶持政策，打造保健食品产业集群，规范运作，提升产业规模效应，促进深圳市保健食品产业在国内外激烈的保健食品市场竞争中长久立足。

建立营养保健食品研发平台。利用深圳的创新研发环境，由政府牵头，建立中国乃至世界顶级的营养保健食品研发平台，为深圳乃至中国营养保健食品的发展打下坚实的基础。

第四章　深圳健康产业发展特征及建议

基于良好的发展基础，在深圳市政府的大力扶持下，深圳市的健康产业在科研创新能力、产业配套能力、产业标准化建设能力等方面不断提高，推动健康产业迅速、可持续发展。

第一节　深圳健康产业发展特征

深圳健康产业发展已经具备一定规模，产业门类较为齐全，产业配套不断完善，产业集聚正不断加强，产业标准化建设在持续推进。同时，也要清醒地认识到深圳健康产业仍处在起步阶段，产业规模还较小，技术自主创新及研发能力还较为薄弱，人才短缺等问题依然存在。

一、产业门类齐全，产业规模偏小

近年来，深圳市政府相继颁布了一系列优化健康产业的政策文件，助力健康产业发展。深圳健康产业的发展形成了以健康服务业为主，以健康制造业、健康产品原材料种养殖业为辅的产业格局，产业门类较为齐全。

从健康制造业的企业结构来看，深圳健康制造业企业中，健康用品、器材与智能设备制造类企业数量占比最多，达到83.31%；其次是医疗仪器设备及器材制造类，企业数量占比15.34%；医药制造企业数量占比1.35%。虽然从数量占比看，健康用品、器材与智能设备制造类企业最多，但是这些企业的规模大部分为小企业（见图4-1）。

从健康服务业的企业结构来看，深圳健康服务业企业中，药品流通、

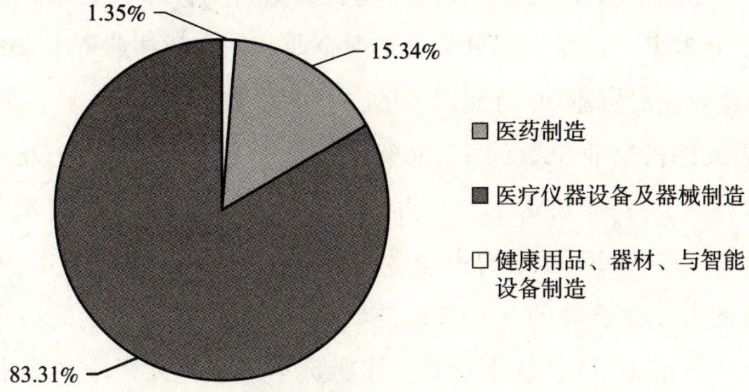

图 4-1 深圳市健康制造业企业数量分布情况

资料来源：深圳市市场和质量监督管理委员会。

其他与健康服务相关的企业居多，占比 57. 19%；健康促进服务企业占比 37. 69%；医疗卫生服务企业占比 3. 51%；健康保障与金融服务企业占比 0. 93%；健康事务、健康环境管理与科研技术服务企业占比 0. 38%；健康人才教育与健康知识普及企业占比 0. 19%；智慧健康技术服务企业占比 0. 11%（见图 4-2）。

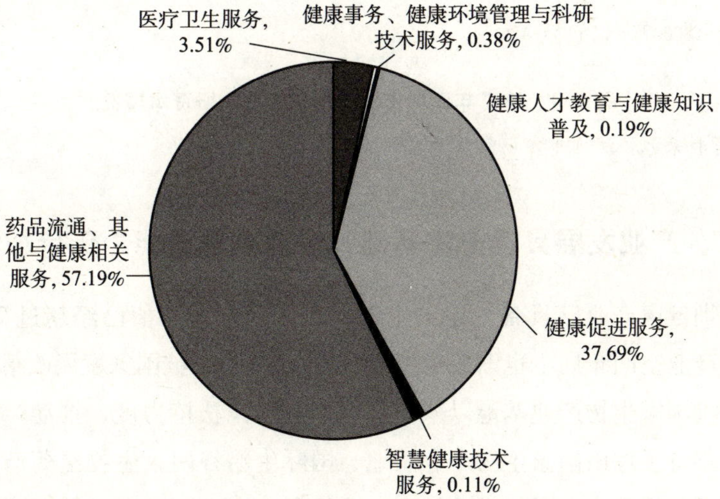

图 4-2 深圳市健康服务业企业数量分布情况

资料来源：深圳市市场和质量监督管理委员会。

虽然深圳健康产业门类齐全，但大部分企业规模还比较小，龙头骨干企业不多，示范带动作用还不够强。调研数据显示，深圳健康产业企业数量达到10万多家，然而大部分都是小微企业。从企业注册资本来看，深圳健康产业企业注册资本10万元以下的占企业总数的39.56%；注册资本10万~100万元的占企业总数的27.56%；注册资本100万~500万元的占企业总数的19.43%；注册资本500万~1000万的占企业总数的8.23%；注册资本1000万~3000万元的占企业总数的3.95%；注册资本3000万~8000万元的占企业总数的0.85%；注册资本8000万元以上的占企业总数的0.42%（见图4-3）。总体来看，注册资本500万元以下的企业占企业总数的近80%，其中又以注册资本100万以下的企业为主。

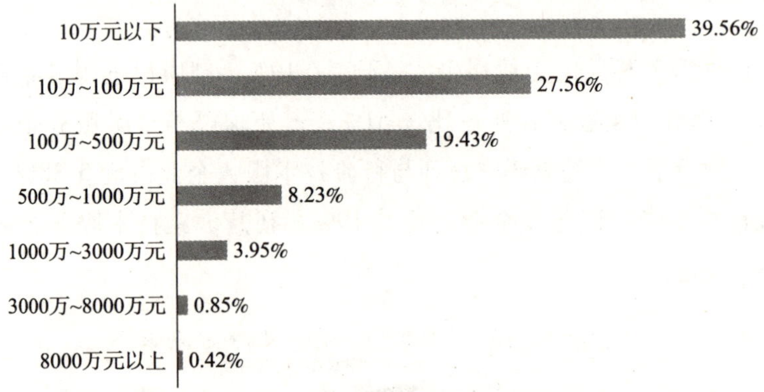

图4-3　2017年深圳市健康产业企业注册资本情况

资料来源：深圳市市场和质量监督管理委员会。

二、产业发展具备一定基础，但研发创新能力仍待加强

深圳健康产业已具备一定的基础，除了产业增加值已经超过2900亿元，在产业空间布局上也渐成规模。自2005年深圳被国家发展改革委认定为第一批国家生物产业基地以来，深圳加大政策扶持力度，推动产业要素集聚，培育了坪山国家生物产业基地、国际生物谷两大生物医药产业集聚区。深圳各区政府也积极推动健康产业发展，南山区打造了以医疗器械为主的南山区医疗器械产业园；宝安区打造了以中医药健康科技为主的石岩生命健康科技产业园；盐田区打造了生命健康产业示范园区——大百汇生命健康产业园；光明区打造了医药与医疗器械为主的光明现代生物产业

园。在产业链上，深圳市已基本形成完整的产业链，在基因检测、干细胞、医药、医疗器械等细分领域具有领先优势，以及营养保健业起步较早，健康管理不断突破，中医养生独具特色，健身休闲业快速发展。在产业创新上，深圳不断完善创新生态链，积极打造重点实验室、工程中心、公共技术服务平台、重大基础设施、国家级平台等项目，深圳肿瘤基因组临床应用关键技术国家地方联合工程实验室、化学基因组学省部共建重点实验室等创新载体的创新能力不断提升，深圳国家基因库基础性支撑作用也日益完善。

尽管深圳健康产业的发展已经有一定基础，但产业研发创新能力仍需加强，仍需集中力量破解“卡脖子”重大技术瓶颈，拒绝受制于人。在一些重点细分领域，如制药领域，深圳所使用的先进制药技术也基本来自国外，研发投入较低，仅有的应用创新也主要集中在几家龙头企业，拥有自主知识产权的屈指可数。又如 iCLIP，一种新兴的实验技术，是研发创新药最关键的技术之一，可以让人们抛弃精密的观测仪器，也能确定 RNA（核糖核酸）和蛋白质的“交汇”位置，可以读出位点“密码”。资料显示，目前国外研究团队已在此领域展开“技术竞赛”，而国内实验室却极少有成熟经验。在医疗器械领域，深圳的医疗器械研发技术和产品原创能力积累不足，关键零部件依赖进口，高端产品仍以仿制、改进为主，关键领域的核心技术和装备瓶颈尚未突破，产品综合性能和可靠性差距较大。总体而言，产业创新能力薄弱，会影响产业链的韧性，会降低抵抗内外部风险和挑战的能力。

三、产业资金扶持加大，但融资仍是企业发展的难题

为积极培育和发展生命健康、海洋、航空航天等未来产业，深圳市政府大力实施创新驱动发展战略，制订了《深圳市未来产业发展政策》。自 2014 年起至 2020 年，连续 7 年深圳市财政每年安排 10 亿元，设立未来产业发展专项资金，用于支持产业核心技术攻关、创新能力提升、产业链关键环节培育和引进、重点企业发展、产业化项目建设等。2018 年深圳市政府为了推动深圳战略新兴产业发展，印发《关于战略性新兴产业发展专项资金扶持政策》，深圳市财政每年安排预算，设立战略性新兴产业发展专

项资金，采用直接资助、股权投资、贷款贴息、风险补偿等多元化扶持手段，支持相关单位组织实施创新能力建设、产业化、应用示范推广、产业配套服务体系建设等项目。其中提高自主创新能力项目的资助金额累计超过7000万元；促进产业高端发展的项目资金支持累计超过6500万元；拓展金融支持项目资金累计超过1.2亿元；提升产业配套服务能力支持资金累计超过2000万元。

深圳市政府对产业的扶持加大，将极大调动企业的积极性，促进产业发展。但对企业调研发现，困扰健康产业企业的资金问题依然存在，究其原因：一是健康产业还处于发展起步期，大部分企业都是中小规模的民营企业，在硬件上难以达到申请产业扶持资金的资格。二是融资难。调研数据显示，大部分企业的融资渠道更倾向于投融资机构和银行贷款。然而对大部分中小企业来说，由于自身的规模小、抗风险能力弱、财务管理松散等问题，容易被融资机构拒于门外。三是高租金挤压企业。近年来深圳厂房价格和租金快速上升，企业创新带来的附加值赶不上厂房租金的上涨。受土地厂房租金、员工工资、原材料成本等要素成本上升的影响，加上内地大力度招商引资的优惠政策，导致深圳有相当一批企业开展产业转移。

四、人才队伍不断壮大，但高技术专业人才依然紧缺

健康产业涉及的范围比较广，既是典型的知识密集型产业，又是技术密集型的产业。当前国内健康产业蓬勃发展，但在产业发展中出现的问题是相配套的专业人才总量仍然短缺，健康产业人才培养供给侧和需求侧在结构、质量、水平上还不能完全适应。如涉及人类基因组学及技术、测序技术、计算机生物学分析、医学信息学、临床信息学、疾病特异性动态标志物和网络、精准药物研发、毒性敏感监测、疗效依赖性治疗等方面的产业技术性较强，研发任务紧迫，对高端技术人才和管理人才的需求都非常旺盛。高端医疗保健人才、复合型经营管理人才和专业技能型人才普遍供给不足。再如新兴基因检测与服务企业也异军突起，与之相应的基因检测师、遗传基因咨询师尚待培育。还有一些新型服务类专业人才的培养尚显缺失，而且需求量大，如养老服务员、产后康复师、健康管理师、小儿推拿师、救护员等亦不能满足服务需求。

自2011年开始，深圳市委、市政府实施“孔雀计划”以推动支柱产业、战略性新兴产业和未来产业领域人才队伍的结构优化和自主创新能力的提升。数据统计，2011—2018年深圳在生命健康产业引进“孔雀计划”人才已经超过300人，主要分布在基础医学、生物医学工程、分子生物学、生物化学、药学、临床医学等领域。

虽然深圳的“孔雀计划”“三名工程”等都是在吸引高端人才，但由于深圳教育资源大环境影响以及深圳人才的引进、储备、使用和成长的良性机制尚未成熟等因素的制约，健康产业高层次人才匮乏问题仍然突出。同时，随着生物医药产业的蓬勃发展以及物联网、人工智能、大数据等被广泛应用在医疗领域，健康产业对生命健康领域各类人才的需求与日俱增，只有解决好人才问题才能有效推进产业高质量发展。

五、产业配套不断完善，但公共服务能力仍然薄弱

近年来，深圳在健康产业载体建设方面不断完善。数据显示，截至2018年，与健康产业相关的载体重点实验室、工程中心、工程实验室、公共技术服务平台、技术中心、孵化器等，已经超过400家。其中，重点实验室载体数量占比33.75%，工程中心载体数量占比28.29%，工程实验室载体数量占比23.08%，孵化器载体数量占比7.44%，公共技术服务平台载体数量占比3.97%，技术中心载体数量占比3.47%（见图4-4）。

产业研发载体建设的目标是根据深圳产业发展的特点来建设，将获得技术转化为产业。尽管深圳在产业配套方面不断完善，但配套服务还相对薄弱，如实验动物中心、检测中心、药物临床医院的数量以及承载能力远远不能满足深圳健康产业发展的相关需求。目前深圳药物临床试验机构只有深圳市人民医院、深圳市第二人民医院、深圳市第三人民医院、深圳市中医院、深圳市儿童医院、深圳市康宁医院、深圳市宝安区中心医院、深圳市南山区人民医院、香港大学深圳医院等9家机构，数量仅是北京、上海药物临床试验机构的1/6，这与产业发展对药物临床试验机构的需求不相适应。在检测检验机构方面，深圳只有深圳市医疗器械检测中心、深圳计量质量检测研究院、广东省医疗器械检测中心深圳分中心等为数不多的检测中心，同时检测项目覆盖面不足，跟北京、上海、沈阳、武汉等地也

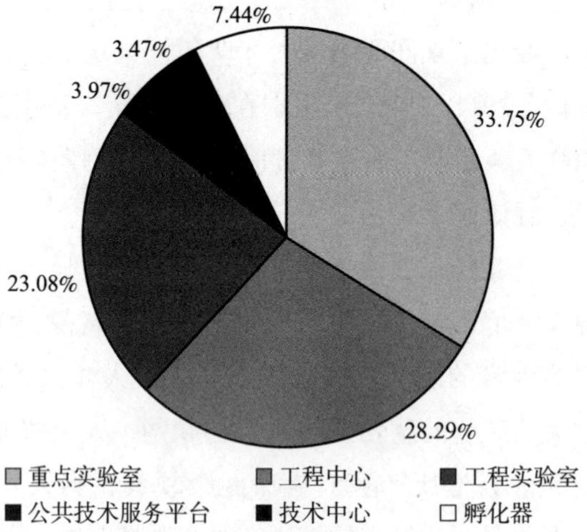

图 4-4　2018 年深圳市健康产业载体分布情况

资料来源：根据深圳市科技创新委员会资料整理。

存在很大差距。另外，在专业服务机构方面，深圳尚无具有一定影响力的资格认证、注册申报、新药评估、知识产权保护等专业服务机构。深圳生物医药的 CRO 服务还比较落后，目前还没有知名的 CRO 企业，专业服务机构的缺失也在一定程度上制约深圳健康制造业的发展。

另外，实验室平台主要隶属于高校科研单位，工程中心和技术中心主要在企业单位。一般而言，工程中心、技术中心是对外面企业或者科研单位开放的，但实质上这些载体对其他单位的服务性和开放度还有待提高。当前健康产业大部分以中小企业为主，这部分企业的创新能力弱，原因之一是不具有产品研发所需要的关键设备。针对已建立的公共服务平台资源，结合健康产业发展现状，深圳要鼓励已建成的重点实验室、技术中心、工程中心、检测中心等科技基础设施资源的拥有者与广大中小科技企业之间开展合作共享机制，促进科技资源达到高效配置和综合利用，营造开放、共享的实验研究环境，提升中小企业创新能力。

六、标准意识不断加强，但产业标准制订仍需推动

近年来，由于健康产业发展比较快，国家加大对标准体系构建与完善的重视程度，不断推动相关工作加速进行，取得了一定成果。如在干细胞

方面，颁布了《干细胞临床研究管理办法（试行）》《人体细胞治疗研究和制剂质量控制技术指导原则》《干细胞制剂质量控制及临床前研究指导原则（试行）》等，是见证细胞储存及应用标准化的里程碑。在医疗器械方面，2018 年国家食品药品监督管理总局印发了《医疗器械标准规划（2018—2020 年）》，提到 2020 年建成基本适应医疗器械监管需要的医疗器械标准体系。

深圳也比较重视标准制订，特别是健康服务业，近年来在标准建设方面取得了很大进步。据统计，截至 2018 年，涉及居家养老的标准建设项目达到 44 项，母婴护理标准建设项目 14 项，保健食品原料制作项目 44 项。

然而，深圳健康产业标准总体而言还有很多空白，仍需从法律、产品标准等多个方面入手，加强、加快健康产业的标准体系建设，以维护消费者权益、推动产品品质提速、保障产业规范发展。特别是一些新兴产业，相应标准更亟待建设，如基因检测业进一步发展所面临的最关键的，就是标准问题。同样一个检测项目，在不同的机构检测结果不一样，因为不同机构选择检测的基因位点不一样。而位点不一样，则是因为解读角度和筛选样本不一样。目前 AI、VR 以及 5G 等新技术的应用逐渐深入，仿佛给产业发展插上了智慧的翅膀，如在现代中药领域关于医药制造技术的监控细则、健康医疗大数据领域临床数据共享的政策法规、患者个人信息安全保护细则等相关政策都需要全面完善。

第二节　深圳健康产业发展建议

随着《“健康中国 2030”规划纲要》《粤港澳大湾区发展规划纲要》等文件发布实施，以及支持深圳建设中国特色社会主义先行示范区的意见，深圳迎来高速发展的历史机遇。深圳健康产业要牢牢抓住这一历史机遇，进一步完善产业体制及机制，建立系统化产业生态体系，优化产业发展环境，打造全产业链的产业集群，推动深圳健康产业健康、可持续发展，实现健康产业的整体升级发展。

一、加强政府引导，合理规划布局

健康产业作为深圳市战略新兴和未来产业之一，应加强产业的顶层设计和统筹推进，给予科学规划和引导，把发展健康产业作为深圳促进经济转型发展、培育经济新增长点的重要抓手，从而推动健康产业的快速发展。

健康产业政策的制定出台既要有普遍性，也要有独特性，采取多种形式的政府采购，加大补贴力度，推广新产品。政府应着重发挥政策引导、资金扶持、舆论解读及其相关配套服务等方面的作用，围绕生命信息、高端医疗、健康管理、照护康复、养生保健、健身休闲领域以及为其提供支撑的可穿戴和智能设备、物联网与区块链、新材料产业、生物产业等领域，组织制定前瞻性技术创新路线图，明确产业链间重点研发领域和关键技术需求，开展技术研究与攻关。

政府可作为创新性技术或解决方案的先导用户，应为健康产业的新兴技术提供一个政府性引导的市场，通过改变税收或替代产品价格，刺激企业和科研机构的研发与创新活动，带动社会资本对产业的投资，促进新产品、新技术进入市场、扩大规模。

政府要支持具有研发突破潜质的企业与国内外著名院校、科研机构建立长期的合作关系，一方面跟踪世界前沿技术，了解技术创新的方向；另一方面合作开发和攻克产业发展的基础技术、共性技术、尖端技术和关键核心技术。

依托产业布局，政府应统筹引导和串联技术创新活动，打造上下游完备、特色突出、具有国际竞争力和前瞻性的产业创新链，鼓励产业链上有实力的单位组建产学研用联盟，整合资源，实现产业关键技术的集群突破。要加强信贷资金支持，加大政策资金扶持力度，简化审批流程，降低入围门槛，适时适度设立产业基金，为产业内中小微企业提供金融对接平台，出台配套法规政策，使健康产业在不断利好的政策下有序、规范化、法制化发展。

二、强化市场机制，优化产业环境

党中央、国务院多次强调，发展战略性新兴产业需要更多地发挥市场机制的作用，如通过取消行政审批事项、制定负面清单等形式，鼓励和支持各类市场主体依法平等进入产业领域。进一步完善包括金融市场、土地市场、劳动力市场、技术市场等在内的现代市场体系，打破要素市场行政分割，提升资源配置效率，促进产业在各市场间错位竞争，激发市场主体积极性，使各类企业在市场驱动下主动运用新技术、创造新产品、培育新业态。健康产业尽管在初创阶段离不开政府的政策推动，但要获得长远发展更需要依靠市场的驱动。

良好的产业环境是产业健康发展的重要基础，深圳应立足健康产业创新发展的实际需求，科学布局和优化产业发展空间，构建相对完善的产业创新环境，加强建设公共技术服务平台与产业孵化平台，引进优质专业的服务机构，引导产业规模化集聚，避免各种基础设施的重复建设，节约投资成本，全面推进具有实际产能的健康产业园区建设，打造产业化集群。在土地资源紧缺区域，可通过政策集成、网络信息平台等手段，将产业链条上的相关企业连接起来，形成虚拟产业集群，低成本实现产业园区升级与空间分离的产业集群效应。不论空间上属于哪里的企业，都可以享受优惠政策和优质服务，通过虚拟和智慧集群建设，不仅仅整合区域性资源，也可整合全国乃至全球资源，提升产业园区服务、创新、管理能力，铸就超强软实力，形成以产业园区为依托的产业环境和产业集群。

三、鼓励创新驱动，释放改革活力

大力发展健康产业既要考虑原有的产业基础，也要积极应对深圳创新发展与转型升级的需求，提升健康产业创新能力和优化产业升级，促进健康产业快速发展。围绕健康产业发展，创新重大科技项目遴选机制，突出对健康产业基础性核心技术创新的超前支持，加大对关系整体产业创新核心技术的研发支持力度。改革科技项目经费管理制度，注重分类资助和差异化支持，资助方式逐步向事后资助、间接投入等市场化方式转变，赋予单位和人员更大的经费使用自主权，提高产业技术创新效益。

改革科技资源配置方式，加强产学研用协同创新，实施以市场为导向的创新资源配置、更加灵活的成果处置和人才管理激励办法，政府部门、科研院所、高等院校、金融机构、企业在组织形式、管理体制、运行机制等方面积极突破创新，紧密协作，共同开展关键技术攻关、前瞻性产业技术创新与市场化、科技型企业孵化和公共技术研发新模式，为健康产业开辟更高水平的创新“源”平台。

四、建立产业标准，规范市场营运

良好的政策与产业环境为产品和服务创新带来源动力，产品和服务的质量一方面关乎产业，一方面关乎民生，高标准高质量的产品与服务，不仅增加市场有效供给，还有利于消费升级。健康产业发展势头良好，但还没有完善的法律体系来规范健康产业的市场主体，缺乏公认的市场准入标准，以致出现许多市场乱象。面对既有挑战又有机遇的发展形势，健康产业的产品或服务标准的制定既是指要有大一统的服务规范，又要提供针对性的个性化服务。

要遵循“质量引领、创新发展、瞄准一流、开放构建、重点突破、全面推进”的原则，加快打造深圳标准，提升深圳质量，规范深圳标准认证活动，促进深圳先进标准的应用，开展多个生命健康产业细分标准的制订工作，而且结合标准开展标准化实施工作，推行产品、服务的深圳标准认证，发布深圳标准认证产品和服务目录。以国际一流为标杆，加快构建覆盖深圳健康产业各领域的多层次、高水平的标准体系，推动标准达到国内领先、国际先进水平，在若干重点领域成为国际标准引领者，实现有质量的稳定增长、可持续的全面发展。鼓励和引导企业建立企业产品和服务标准自我声明公开制度，积极主导或参与产业、国内、国际标准研制，把标准作为生产经营、提供服务和控制质量的依据和手段，全面提升产品和服务质量，努力争创国际一流品牌，培育国际经济竞争新优势，真正把标准化落到实地，促进企业的生产与服务规范化、规模化。

五、增强人才保障，提升人才素质

人才是产业发展的基础和主导力量，人才队伍和培养体系在产业发展中占据至关重要的位置。深圳依托“孔雀计划”“三名工程”等高层次人才引进计划布局健康产业，集成人才、技术、资金，重点引进掌握或具有产业核心技术创新能力的领军人才、团队。加强对青年人才的支持力度，鼓励青年人才负责或承担重大科技项目，摒弃“论资排辈”“求全责备”等妨碍中青年人才脱颖而出的落后观念和体制障碍。建立国际化的人才培养机制，加强与世界名校合作办学，推进教师互派、学生互换、学分互认、学位互（联）授等，推动高等教育国际化。建立健全科学合理的人才薪酬、职称、激励等制度，促进国内外人才市场开放融通，推动人才发展国际化，为创新国际化、产业化、高端化提供不竭动力。

要坚持“培养与培训相结合”“走出去与走进来相结合”的原则，着力于人才的教育培训，一方面加强产业基础教育与专业化培训工作，在养生保健、健康管理、康复照护、健身休闲等细分领域开展基础知识培训、从业人员资格培训、职业技能培训等职业资格、产业紧缺人才培训，既要培养从事理论研究和研发的专业人才，又要培养能在一线进行专业化服务的实操人员，提高产业从业人员的技能水平与职业素养。另一方面，开展管理型人才的培训工作，包括与企业发展相关的人力资源、法律、知识产权、企业管理、标准化建设等专项培训，促进培训带动就业的效应，建立培训多元化、模式多样化、内容多层化，覆盖不同领域、不同阶段的人才培训体系，增强企业的竞争力。

六、发挥协会职能，推动产业自律

在现代市场经济中，产业协会是市场体系中的重要组成部分，是加强和改善市场运作和市场管理的重要支撑。作为政府、产业、企业间的服务平台和沟通桥梁，产业协会在服务政府、服务产业与企业、服务社会等方面发挥了积极的作用。

今后应充分发挥产业协会在专业资源、市场资源的协调与配置上的优势，以推动健康产业发展为核心，专注产业整体及发展模式层面、细分领域层面、企业发展与服务层面以及全产业链融合发展等方面，开展产业发展趋势、专项发展、重要问题、实施措施等研究，打破以往研究仅注重参考资料与文献查阅与积累的桎梏，而注重产、学、研、用各方面，对各相关机构单位与企业开展充分调研、广泛讨论研究，注视研究成果的创新性与可行性。充分利用“互联网+”，对生命健康产业整体运行情况、产业景气传导与轮动特点、当期产业热点问题、产业景气指数概览等方面进行监测，分析判断整个产业的发展趋势，发布监测报告，实现政府、社会对产业的有效监测，推进政府对产业链管理与服务的高效落实。搭建健康产业公共服务平台，发挥“孵化器”和“加速器”的作用，为科技、生产、服务与投融资等各方搭建一个服务的平台，推进健康产业科技成果成功转化，让研发创新型企业在发展的初期得到更为优质的服务，进而推动新产品的研发和上市。同时，利用深圳的创新研发环境，由政府牵头，产业协会搭台，建立中国乃至世界顶级的保健食品研发平台，为深圳乃至中国保健食品的发展打下坚实的基础。

集聚整合各方资源，为科研成果市场化提供便捷有效的途径，提升健康产业研发技术的应用化、产业化、增值化。积极推动健康产业标准化建设试点工作，争取将健康产业标准化上升为深圳技术标准文件、国家或者国际标准，开展健康产业标准推广、宣传工作，建立健康产业标准化信息咨询平台，促进产业资源有效利用。

科技创新篇

科学技术是第一生产力。为了促进健康产业的发展，国家与地方政府出台了多项政策加强健康产业领域的基础研究、科研平台建设以及产学研的协同创新。论文与专利是科学研究与产业发展最重要的成果展现形式，也是创新能力与竞争能力的生动体现。本篇通过研究全球、我国以及深圳市健康产业的论文与专利的产出情况，进而分析全球、我国乃至深圳市健康产业的发展现状与竞争格局。

第五章　健康产业论文产出情况

学术论文是科研产出的重要表现形式，发表论文的被引、论文发表期刊的影响因子等指标已经成为人才评价、机构科研评价和科研水平评价的重要指标，可反映健康产业创新的发展趋势与竞争格局。

第一节　全球健康产业论文产出情况

全球健康产业领域的论文产出稳步增长，虽然以美国为首的发达国家仍在全球健康产业科学研究领域占主导地位，但中国在健康产业领域的发展快速，发表的论文数量位列全球第二位。

一、年度趋势

2009—2018 年，全球健康产业论文数量稳步增长。2018 年，全球共发表健康产业领域论文 643432 篇，相比 2017 年增长了 3.54%，10 年的年均增长率为 3.80%（见图 5-1）。

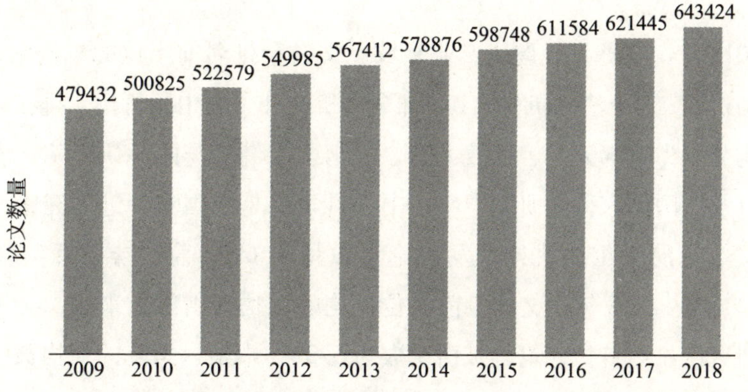

图 5-1　2009—2018 年全球健康产业论文数量（单位：篇）

二、区域排名

2018年，美国、中国、英国、德国、日本、意大利、加拿大、澳大利亚、法国、西班牙发表的健康产业领域论文数量位居全球前十位。其中，美国共发表健康产业领域论文193422篇，以绝对优势领跑健康产业基础研究领域，占全球该领域论文总数的30.06%。中国紧随其后，发表健康产业领域论文113888篇，占全球该领域论文总数的17.7%（见表5-1）。可见，我国健康产业领域的科研产出已在全球名列前茅。

表5-1　2018年全球健康产业论文发表数量前十位国家

排名	国家或地区	论文数量（篇）	占比
1	美国	193422	30.06%
2	中国	113888	17.70%
3	英国	46897	7.29%
4	德国	43846	6.81%
5	日本	35721	5.55%
6	意大利	33445	5.20%
7	加拿大	32180	5.00%
8	澳大利亚	28992	4.51%
9	法国	28385	4.41%
10	西班牙	22804	3.54%

三、重点机构

2018年，全球发表健康产业领域论文数量排名前十位的机构中，有5个美国机构、3个法国机构、1个加拿大机构和1个中国机构。排在前5位的机构分别为哈佛大学、伦敦大学、法国国家健康与医学研究院、多伦多大学以及法国国家科学研究中心，中国科学院是中国唯一进入健康产业领域论文数量前十位的机构，发表论文数量为6990篇，排在第7位（见表5-2）。从2018年论文数量前十位机构的篇均被引次数来看，美国国立卫生研究院位居首位，篇均被引次数为5.32，中国科学院的篇均被引次数为3.17，其篇均被引次数在论文数量前十位机构中位居第10位。

表 5-2 2018 年全球健康产业论文发表数量前十位机构

排名	机构名称	属地	论文数量（篇）	篇均被引次数
1	哈佛大学	美国	16236	5.13
2	伦敦大学	英国	13385	4.74
3	法国国家健康与医学研究院	法国	10561	4.04
4	多伦多大学	加拿大	8579	4.50
5	法国国家科学研究中心	法国	7861	3.43
6	约翰霍普金斯大学	美国	7744	4.67
7	中国科学院	中国	6990	3.17
8	美国国立卫生研究院	美国	6915	5.32
9	宾夕法尼亚大学	美国	6260	4.95
10	梅奥医学中心	美国	5772	5.16

四、学科布局

2018 年，全球健康产业重点研究方向的前十位分别为生物化学与分子生物学、神经科学、药理学与药学、肿瘤学、外科学、普通内科、化学、细胞生物学、实验医学研究、生物技术与应用微生物学。其中生物化学与分子生物学排在首位，该领域论文数量为 70421 篇，占比 10.49%，说明该领域仍是研究的热点（见表 5-3）。

表 5-3 2018 年全球健康产业论文前十位研究方向

排名	研究方向	论文数量（篇）	占比
1	生物化学与分子生物学	70421	10.94%
2	神经科学	61782	9.60%
3	药理学与药学	53539	8.32%
4	肿瘤学	45158	7.02%
5	外科学	36748	5.71%
6	普通内科	33391	5.19%
7	化学	33153	5.15%
8	细胞生物学	32327	5.02%
9	实验医学研究	31440	4.89%
10	生物技术与应用微生物学	27916	4.34%

第二节　我国健康产业论文产出情况

2009—2018 年，我国健康产业论文数量呈现显著增长的态势。北京市、广东省、上海市、江苏省、浙江省、山东省、湖北省、四川省、陕西省以及香港特别行政区发表的健康产业领域论文数量位居我国前十位。

一、年度趋势

2018 年，我国共发表健康产业领域论文 113888 篇，相比 2017 年增长了 12.04%，10 年的年均增长率为 30.70%，远高于全球健康产业论文数量 10 年的年均增长率（见图 5-2）。可见，在 2009—2018 年，我国健康产业的基础研究得到了较快的发展。

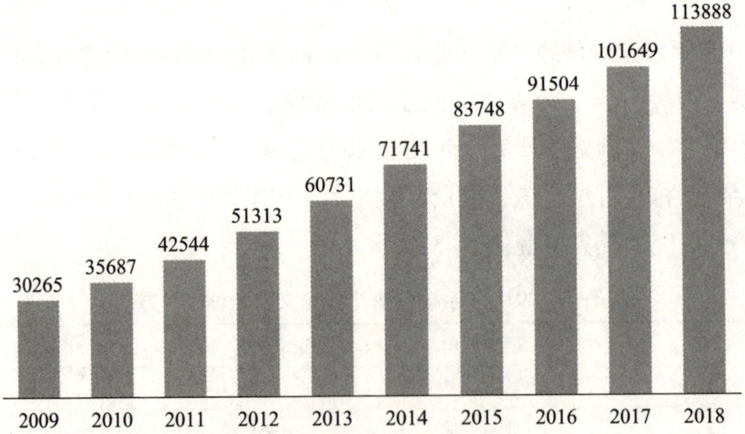

图 5-2　2009—2018 年中国健康产业论文数量（单位：篇）

二、区域排名

2018 年，北京市、广东省、上海市、江苏省、浙江省、山东省、湖北省、四川省、陕西省以及香港特别行政区发表的健康产业领域论文数量位居我国前十位。其中，北京市发表健康产业领域论文 20856 篇，广东省发表健康产业领域论文 14874 篇，上海市发表健康产业领域论文 14799 篇，江苏省发表健康产业领域论文 13007 篇，四个地区发表的健康产业领域论文数量占我国该领域论文总数近60%（见表5-4）。可见，北京市、广东省、上海市和江苏省四个地区在我国健康产业基础研究领域具有发展优势。

表5-4 2018年我国健康产业论文数量前十位地区

排名	地区名称	论文数量（篇）	占比
1	北京市	20856	18.31%
2	广东省	14874	13.06%
3	上海市	14799	12.99%
4	江苏省	13007	11.42%
5	浙江省	8772	7.70%
6	山东省	7507	6.59%
7	湖北省	7000	6.15%
8	四川省	5603	4.92%
9	陕西省	4865	4.27%
10	香港特别行政区	4463	3.92%

三、重点机构

2018年，我国健康产业论文数量前十位机构主要位于北京市、上海市、广东省、浙江省、四川省以及江苏省。其中，排在前5位的机构分别为中国科学院、上海交通大学、复旦大学、中山大学以及浙江大学。中国科学院在该领域发表论文6990篇，论文的篇均被引次数为3.18，论文数量与篇均被引次数在前十位机构中均居于首位，可见中国科学院在我国健康产业领域的领先地位。中山大学是广东省唯一进入前十位的机构，位列第四，2018年发表论文数量为4256篇，篇均被引次数为2.59（见表5-5）。

表5-5 2018年我国健康产业论文数量前十位机构

排名	机构名称	地区	论文数量（篇）	篇均被引次数
1	中国科学院	全国	6990	3.18
2	上海交通大学	上海市	4991	2.54
3	复旦大学	上海市	4269	2.71
4	中山大学	广东省	4256	2.59

续表

排名	机构名称	地区	论文数量（篇）	篇均被引次数
5	浙江大学	浙江省	3836	2.58
6	北京大学	北京市	3679	2.64
7	首都医科大学	北京市	3574	2.08
8	中国医学科学院/北京协和医学院	北京市	3185	2.40
9	南京医科大学	江苏省	3184	2.60
10	四川大学	四川省	3118	2.17

四、学科布局

2018 年，我国健康产业重点研究方向的前十位分别为生物化学与分子生物学、肿瘤学、药理学与药学、实验医学研究、化学、细胞生物学、生物技术与应用微生物学、神经科学、食品科学技术、普通内科。其中生物化学与分子生物学排在首位，该领域论文数量为 17178 篇，占比 15.08%，是健康产业领域的热点（见表 5-6）。

表 5-6　2018 年我国健康产业论文前十位研究方向

排名	研究方向	论文数量（篇）	占比
1	生物化学与分子生物学	17178	15.08%
2	肿瘤学	14470	12.71%
3	药理学与药学	13358	11.73%
4	实验医学研究	13079	11.48%
5	化学	9961	8.75%
6	细胞生物学	9554	8.39%
7	生物技术与应用微生物学	8492	7.46%
8	神经科学	8194	7.19%
9	食品科学技术	6139	5.39%
10	普通内科	5067	4.45%

第三节　深圳健康产业论文产出情况

2018 年，深圳在健康产业基础研究领域有较快增长，增速远高于全国，在粤港澳大湾区与我国健康产业基础研究的发展中处于越来越重要的位置。

一、年度趋势

2009—2018 年，深圳市健康产业论文数量逐年增长。2018 年，深圳共发表健康产业领域论文 3165 篇，相比 2017 年增长了 28.45%，高于 2018 年我国健康产业领域论文的增长率。此外，深圳市健康产业论文数量 10 年的年均增长率为 102.00%，远高于我国健康产业论文 10 年的年均增长率。

深圳市是粤港澳大湾区[①]发展的核心城市之一，2018 年，粤港澳大湾区共发表健康产业领域论文 18057 篇，其中，深圳健康产业论文占比达到 17.53%（见图 5-3）。2009—2018 年，深圳在健康产业领域发表的论文数量占粤港澳大湾区论文总数不断增长，可见深圳在粤港澳大湾区健康产业发展中的重要性不断提升。

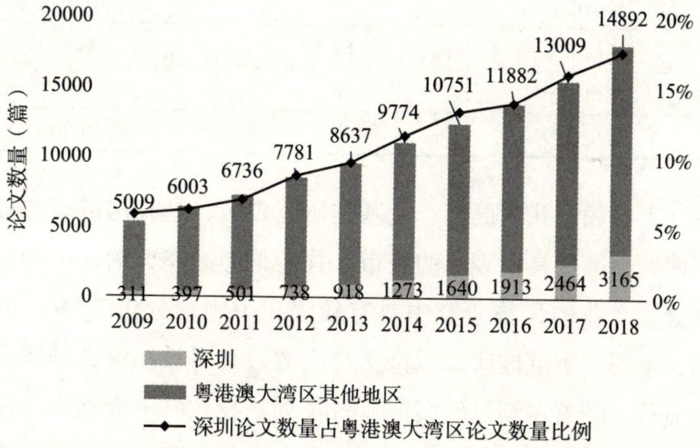

图 5-3 2009—2018 年粤港澳大湾区与深圳健康产业论文数量

对粤港澳大湾区的九个市（广东省广州市、深圳市、珠海市、佛山市、惠州市、东莞市、中山市、江门市、肇庆市）以及香港特别行政区与澳门特别行政区 2018 年健康产业的论文发表情况进行分析，排在前四位的城市或地区分别为广州市、香港特别行政区、深圳市与中山市，这四个城

① 粤港澳大湾区（Guangdong-Hong Kong-Macao Greater Bay Area，GBA）由香港、澳门两个特别行政区和广东省广州、深圳、珠海、佛山、惠州、东莞、中山、江门、肇庆九个市组成。

市或地区相比于粤港澳大湾区其他城市或地区有绝对的领先优势。其中，广州市以11453篇论文排在首位，占粤港澳大湾区论文总数的60%多，中山大学是最主要的论文发表机构。深圳市排在第三位，在粤港澳大湾区健康产业基础研究领域具有相对优势（见表5-7）。

表5-7 2018年粤港澳大湾区健康产业论文数量排名

排名	城市或地区	论文数量（篇）	占比
1	广州市	11453	63.43%
2	香港特别行政区	4463	24.72%
3	深圳市	3165	17.53%
4	中山市	1219	6.75%
5	澳门特别行政区	610	3.38%
6	东莞市	357	1.98%
7	珠海市	353	1.95%
8	佛山市	348	1.93%
9	江门市	82	0.45%
10	惠州市	78	0.43%
11	肇庆市	37	0.20%

北京与上海领跑我国健康产业基础研究领域，是我国健康产业长三角地区与京津冀地区最具代表性的城市。香港是粤港澳大湾区中的核心地区之一，在健康产业的科技研究中具有较强竞争力。分析2009—2018年深圳、北京、上海、香港健康产业论文产出的数量可知，深圳健康产业论文产出增长显著，随着深圳对健康产业科技创新投入的不断加大，深圳已不断拉近与北京、上海的距离，并逐渐与香港并驾齐驱，成为粤港澳大湾区健康产业科技创新的重要来源地。

表5-8 2009—2018年深圳、北京、上海、香港健康产业论文数量

年份	论文发表数量（篇）			
	深圳	香港	北京	上海
2009	311	2868	6980	4748
2010	397	3253	8072	5688
2011	501	3360	9234	6567

续表

年份	论文发表数量（篇）			
	深圳	香港	北京	上海
2012	738	3459	10844	7889
2013	918	3663	12459	9402
2014	1273	3845	14099	10652
2015	1640	3799	16007	11976
2016	1913	4075	17192	12786
2017	2464	4192	18440	13627
2018	3165	4463	20856	14799

二、重点机构

2018 年，深圳发表健康产业领域论文数量排名前十位的机构分别为深圳大学、中国科学院深圳市先进技术研究所、深圳市第二人民医院、南方科技大学、香港中文大学深圳分校、深圳市疾病预防控制中心、深圳市人民医院、深圳市儿童医院、深圳市神经科学研究所和深圳市康宁医院。其中深圳大学以 733 篇健康产业论文数量排在首位，远远领先其他机构，篇均被引次数为 2. 74。从 2018 年论文数量前十位机构的篇均被引次数来看，香港中文大学深圳分校、南方科技大学、中国科学院深圳市先进技术研究所的篇均被引次数位居前三位，分别为 5. 93、5. 55 和 3. 59（见表 5-9）。

表 5-9　2018 年深圳市健康产业论文数量前十位机构

排名	机构名称	论文数量（篇）	篇均被引次数
1	深圳大学	733	2. 74
2	中国科学院深圳市先进技术研究所	222	3. 59
3	深圳市第二人民医院	174	2. 63
4	南方科技大学	124	5. 55
5	香港中文大学深圳分校	85	5. 93
6	深圳市疾病预防控制中心	49	2. 33
7	深圳市人民医院	48	1. 71
8	深圳市儿童医院	47	1. 34
9	深圳市神经科学研究所	29	1. 17
10	深圳市康宁医院	28	2. 54

三、学科布局

2018年，深圳市健康产业的前十位重点研究方向分别为生物化学与分子生物学、肿瘤学、实验医学研究、细胞生物学、药理学与药学、神经科学、生物技术与应用微生物学、化学、放射科医学与医学影像学和免疫学。其中生物化学与分子生物学排在首位，该领域论文数量为489篇，占比15.45%，始终与研究方向保持一致（见表5-10）。

表5-10　2018年深圳市健康产业论文前十位研究方向

排名	研究方向	论文数量（篇）	占比
1	生物化学与分子生物学	489	15.45%
2	肿瘤学	364	11.50%
3	实验医学研究	330	10.43%
4	细胞生物学	313	9.89%
5	药理学与药学	305	9.64%
6	神经科学	268	8.47%
7	生物技术与应用微生物学	230	7.27%
8	化学	204	6.45%
9	放射核医学与医学影像学	163	5.15%
10	免疫学	161	5.09%

在深圳，健康产业的前沿领域，拥有一批优秀的机构和团队在默默付出与探索，也打造了众多公共服务平台，为科研保驾护航。

（一）深圳市抗衰老与再生医学重点实验室

深圳市抗衰老与再生医学重点实验室为深圳市科技创新委员会资助与支持下建设的专注于针对衰老及其相关疾病的、以干细胞再生医学为核心技术的市级重点实验室。实验室依托深圳大学，由深圳大学抗衰老与再生医学中心主任、干细胞与再生医学专家周光前教授担任实验室主任，拥有各级研究人员近20人，包括深圳大学医学院王子梅教授、苏庆宁教授、连祺周教授，学术委员会包括著名抗衰老研究专家童坦君院士，著名骨科医学家邱贵兴院士，中组部“千人计划”学者、骨软骨级疾病基础研究领军人物陈棣教授等。

深圳市抗衰老与再生医学重点实验室是深圳市在生命健康产业领域为数不多的重点实验室，站在国际前列。该重点实验室的宗旨是为抗衰老、干细胞保健、美容、再生医学诊疗等生命健康相关产业建立科学基础和依据、提供先进的技术支撑，并为该产业的发展和创新提出建议，提出“科学技术是健康之舟——科舟求健”的理念。深圳市抗衰老与再生医学重点实验室与多学科交叉合作，专注于以临床应用和个性化医疗为导向的抗衰老与再生医学基础研究、技术研发和产品开发，从整体、系统和组织、细胞与分子等水平进行衰老综合评价，阐释组织内稳定及退行性病变的致病机理和干细胞移植的再生治疗，并结合生物材料、组织工程、3D 打印以及分子影像技术等交叉学科技术，开发主要基于细胞的具有临床应用价值和市场前景的新策略、新技术或新产品。先后承担科技部“干细胞及其转化”重点研究专项课题、国家自然科学基金重点、面上和青年项目、广东省重点科学基金、深圳市基础研究学科布局等各类项目逾 20 项。

（二）深圳市创新中药及天然药物研究重点实验室

深圳市创新中药及天然药物研究重点实验室隶属于深圳清华大学研究院，2002 年 3 月经深圳市科技创新委员会批准成立，是集中药及天然药物先导化合物发现、活性筛选、作用机理研究，以及中药质量标准（包括中药复方）建立（指纹图谱、重金属控制、杂质的解析与确证）等方向为一体的综合性实验室。2013 年被评为“深圳市优秀重点实验室”。同年，成立深圳清华大学研究院分析测试中心（第三方检测机构，具有 CMA 认证资质）。2016 年，经广东省科学技术厅批准，成立广东省创新中药及天然药物工程技术研究中心，且在实验室主任唐旭东教授的带领下，组建了实验室特有的专家学术委员会团队和专业科研技术团队，这是一支能够充分适应深圳独特环境的产学研结合的高素质科研团队。专家学术委员会成员有侯云德（中国工程院院士）、崔育新（北京大学教授）、孙淑琴（清华大学教授）、于录（吉林大学教授）、郑晓晖（西北大学教授）、马骥（南方医科大学教授）等。目前，实验室全职研究人员有 20 余人，其中高级职称 7 人，博士 8 人，硕士 5 人。中级以上职称人员占 53.3%，本科及以上学历人员占 93.5%。实验室承担中药国家重大专项、国家自然科学基金、省市各级课题近百项，与国内外几十家科研院所和医药企业合作40余项，累计研究经费3000余万元。现累计申请专利60余项，发表SCI收录及核心期刊论文80余篇，培养博士后、博士生、硕士生、技术人员200余人。

深圳市创新中药及天然药物研究重点实验室研究方向主要为：①质量标准构建领域。实验室立足于长期药物研究积累的丰富经验，并结合IR指纹图谱、转录组Transcriptome二代测序技术等分析手段和设备，制定药物开发中的“标准”和“库”。开展中药溯源及鉴定、道地药材注册质量标准的制定及开发应用、中药组学图谱构建、研究与深度应用、中药颗粒剂质量标准的建立、中药注射剂新剂型改造研究。②先导化合物分离提取领域。实验室已对数百种中草药进行了活性成分分离、结构解析和鉴定，并对其中大部分进行了抗病毒、抗细菌、抗癌、抗心血管及细胞凋亡研究。累计分离样品万余份，发现新化合物170余个，活性化合物500余个，并对其中大部分进行了抗癌、抗菌、抗病毒、预防骨质疏松、细胞凋亡、心血管方面的活性筛选。在抗心脑血管病、抗肿瘤方面有两个化合物进入国家“重大新药创制”候选化合物范围。③活性筛选领域。开创性地利用Genome、Micro-fluidic Chip、Adrenergic Receptors等研究工具及手段，建立和开发药物活性成分高通量筛选模型，从中药/天然药物中筛选具有目标活性的物质/物质群。目前已经独创性地开发出基因组抗菌抗病毒高通量筛选系统、微流控芯片靶标筛选系统、靶向性组合受体色谱系统、小动物成像活性直观筛选系统。④传统医学经方验方作用物质基础研究领域。实验室在现代“循证医学”的大背景下，采用现代分析科学、代谢组学及药理研究手段，对传统医学经验方进行深入研究和探讨，目前已完成名老中医验方治疗2型糖尿病的作用物质基础及药效学研究、名老中医验方治疗复杂型癌症的作用物质基础研究。⑤社会高端服务体系。实验法特色的社会高端服务体系为深圳市乃至粤港澳、珠三角地区的100余家科研机构和企业提供质量标准定制与提升、化合物结构测试、生产工艺改进等大量优质服务。同时，实验室拥有深圳清华大学研究院分析测试中心（广东省计量认证CMA第三方检测机构）和亚健康干预及健康促进产学研成果转化平台，推动了产学研结合，发挥了良好的对外开放功能，每年可帮助相关医药企业节省研发开支超230万元。

（三）深圳市可食用及药用资源研究重点实验室

深圳市可食用及药用资源研究重点实验室依托香港科技大学深圳研究院，于2018年2月14日由深圳市科技创新委员会正式批准成立。自建立以来，实验室结合深圳生命健康产业优势，汇聚深港科技力量，建立可食用及药用资源研究平台，为药用资源提供理论依据、数据支撑及产业化基础，同时为深圳可食用及药用资源的综合利用和健康产业的发展做出贡献。

深圳市可食用及药用资源研究重点实验室主任由香港科技大学詹华强教授担任。詹华强教授1987年获英国剑桥大学神经分子生物学博士学位，1988年在美国斯坦福大学医学院从事博士后研究，现为香港科技大学生命科学部教授，并担任中药研发中心主任。他率领研究团队多年来致力于分子神经生物学和中药学研究，发现了AChE的发生、再生及传导调节机制，发现黄酮类化合物的神经保护作用及机制。实验室团队拥有11项发明专利，在国际和国内著名学术杂志发表350余篇论文，3部专著，其中3项与燕窝作为化妆品原料相关的专利已经技术转移至企业进行成果转化。实验室人员结构合理，现有固定人员31人，其中教授5人，副教授3人，均具有博士学位，在站博士后4人。实验室占地面积超过750平方米，配置近800万元的专用设备，拥有天然防腐剂开发平台、中药化妆品开发平台、安全性保障平台、基于肠道菌群的中药慢性病治疗作用研究平台等，具有从事大健康功效研发、功能验证及为业界服务的必备能力，先后承担省部级科研项目5项，发表SCI论文20篇，申请专利5项，培养超过20名本科、硕士及博士研究生。在产品研发方面，与康美药业、华润三九集团、金活医药集团、深圳绵俪日用化妆品公司、阿勒泰戈宝茶股份有限公司等中药及大健康产品相关企业有密切的科研与技术合作关系。实验室产学研为一体的发展模式，推动深圳可食用及药用资源的综合利用和健康产业发展的科研工作上了一个新台阶。

（四）深圳市肿瘤代谢组学重点实验室

深圳市肿瘤代谢组学重点实验室依托清华大学深圳研究生院成立于

2010年。目前，该实验室有500多平方米实验场地，搭建完成了代谢组学和蛋白质组学研究平台，固定资产达1000万元，拥有一支年富力强、极具创新活力的优秀科研团队。在对外开放合作与交流方面，实验室与国际知名高等院校和科研机构有紧密而具体的项目合作，且引进知名科学家为实验室的鹏城学者和兼职教授，将其先进的研究理念和技术方法转为己用，增强实验室研究团队的整体研究水平和科研实力。在科研方面，实验室的主要研究方向为生命分析化学，以代谢组学和蛋白质组学为研究手段，围绕肿瘤疾病的发生机理、早期诊断和预警、抗肿瘤药物研发等开展了一系列研究工作：通过细胞水平的肝癌代谢组学研究，发现了肝癌细胞中的鞘脂类和卵磷脂含量显著升高，而溶血软磷脂则显著降低，可作为潜在生物标志物；从小分子代谢物水平和蛋白质水平研究了黄酮类、吖啶类以及海洋天然产物化合物的抗肿瘤作用机制，为药物作用机制的研究提供了新的思路和方法；开发了适用于临床肿瘤组织样本的MALDI质谱成像技术和方法，为肿瘤标志物的发现提供了强有力的技术平台；建立了微流控芯片上的多种体外药物筛选模型，可极大提高药物筛选通量和效率，极大促进药物研发进程；以液质联用技术为研究手段，建立了一系列农产品安全检测的标准体系，如孔雀石绿和隐色孔雀石绿的含量测定等。

深圳肿瘤代谢组学重点实验室自获批以来，围绕肝癌和乳腺癌两种疾病、多靶点抗肿瘤药物的分子设计和作用机制研究，以及在肿瘤生物标记物的识别和鉴定等方面开展了系列而深入的研究，取得了一系列的科研成果，其研究内容为国际前沿研究热点，研究水平处于国际先进、国内领先，形成了一支优秀的多学科交叉的强大研究队伍。先后独立承担了973计划、国家新药重大专项、863计划、自然基金面上项目等国家级项目19项，发表SCI科研论文20余篇。

（五）深圳细胞治疗公共服务平台

2015年12月，深圳市发展和改革委员会正式批准“深圳细胞治疗公共服务平台（深圳市人民医院）”依托于深圳市人民医院建设。深圳细胞治疗公共服务平台现已建成为人员配置合理、管理完善、有可持续发展潜力的细胞治疗公共服务平台。下设干细胞治疗实验室：负责干细胞研究技术平台建设，组织实施相关研发项目，并开展对外技术服务和人才培养工作；细胞分析与冻存实验室：负责细胞分析与冻存技术平台建设，组织实施相关研发项目，并开展对外技术服务和人才培养工作；GMP 细胞制备实验室：负责临床级免疫细胞和干细胞的制备，具有 GMP 实验室认证，每年可生产 2000 份免疫细胞制品或干细胞制品；临床试验基地（相关临床科室）：负责免疫细胞和干细胞的临床研究和试验工作。同时，服务平台开展技术规范的信息化建设：建立细胞治疗技术服务、临床试验信息管理和临床试验研究服务体系。利用信息化软件管理系统 SAP，建立与细胞生产回输过程、物料、人员培训、远程细胞质量监控、现场稽查等环节的质量控制相适应的 GMP 质量管理体系。

深圳细胞治疗公共服务平台主要研究方向包括：①技术研究与技术服务。对大型仪器设备实行专管共用，向全市开放，增强为深圳市医院、企业科研和开发的服务能力，提高科研创新能力和科研水平，为全市细胞治疗的研究和应用提供技术保障和设备支持。②细胞制备服务体系和质量控制标准建设。建立细胞治疗技术服务、临床试验信息管理和临床试验研究服务体系。完善与细胞生产回输过程、物料、人员培训、远程细胞质量监控、现场稽查等环节的质量控相适应的 GMP 质量管理体系。③细胞治疗的临床试验研究与服务。开展自体免疫细胞和干细胞的临床研究，以及优先为深圳市获得国家 SFDA 批准的干细胞相关产品进行临床试验。

第六章　健康产业专利产出情况

近年来，健康产业科技创新成果层出不穷。专利作为产业成果转化应用产出的重要指标，展现了健康产业的发展现状与竞争格局，可为科技管理人员了解国内外健康产业发展动态及趋势提供决策参考，可为政府及企业提供产业信息，也可为研究与开发人员提供综合借鉴。

第一节　全球健康产业专利产出情况

2018 年，由于政策、需求、资本的拉动，健康产业迅速发展。本节从年度趋势、专利申请区域分布、申请人分析和领域布局等方面阐述全球健康产业专利的产出情况。

一、年度趋势

2009—2015 年，全球健康产业专利数量平稳增长，2016 年专利数量有所下降。2018 年，全球健康产业领域的专利申请为 307383 件，由于近年来创新活动呈现全球性放缓的趋势，发明专利数量同比增长 8%，不及 2011—2015 年 12%的年平均增幅。导致增速减缓的原因或许与目前占到世界发明专利总量 60%的中国市场进入平台期有关，但考虑到专利申请公开延迟以及数据库专利信息收录延迟的原因，2017—2018 年的数据仅作为参考。

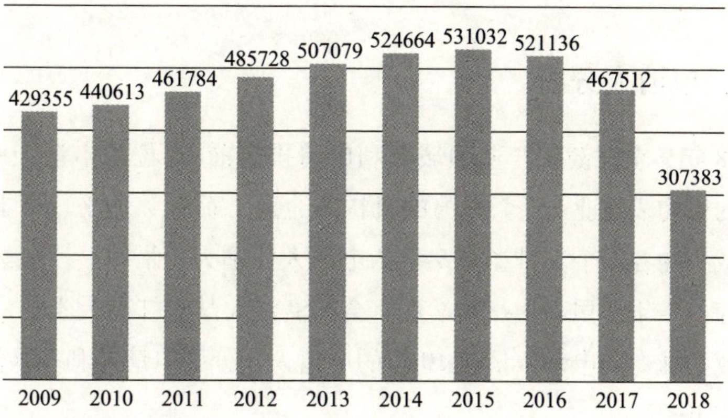

图 6-1 2009—2018 年全球健康产业专利数量（单位：件）

二、区域分布

2018 年，中国、美国、日本、韩国、中国香港、印度、中国台湾、澳大利亚、以色列、俄罗斯是全球健康产业领域专利申请最多的 10 个国家。其中，中国健康产业专利数量为 161403 件，以绝对优势成为健康产业领域专利申请数量最多的国家，占全球该领域专利总数的 52.51%。可见，我国生命健康领域科研能力的提升、产业创新能力的增强，以及巨大的市场潜力已促使我国成为全球健康产业领域专利布局最多的国家。美国紧随其后，该地区的健康产业领域专利申请数量为 44736 件，占全球该领域专利总数的 14.55%（见表 6-1）。

表 6-1 2018 年全球健康产业专利数量前十位国家

排名	国家或地区	专利数量（件）	占比
1	中国	161403	52.51%
2	美国	44736	14.55%
3	日本	10457	3.40%
4	韩国	6305	2.05%
5	中国香港	5591	1.82%
6	印度	5414	1.76%
7	中国台湾	4619	1.50%
8	澳大利亚	4603	1.50%
9	以色列	2848	0.93%
10	俄罗斯	2840	0.92%

三、申请人分析

2018 年，全球健康产业领域专利申请排名前 10 位的申请人中，有 4 个美国的机构或企业，2 个中国的机构或企业，荷兰、瑞士、日本、以色列企业或机构各 1 个。排在前 5 位的申请人分别为爱惜康、柯惠医疗、飞利浦医疗、诺华公司和加州大学董事会，浙江大学和江南大学是中国进入健康产业领域专利申请数量前 10 位的申请人，分别申请专利 650 件和 560 件（见表 6-2）。

表 6-2　2018 年全球健康产业专利申请数量前十位机构

排名	申请人	国家或地区	专利数量（件）	占比
1	爱惜康	美国	1182	0.38%
2	柯惠医疗	美国	1132	0.37%
3	飞利浦医疗	荷兰	1071	0.35%
4	诺华公司	瑞士	910	0.30%
5	加州大学董事会	美国	843	0.27%
6	奥林巴斯	日本	775	0.25%
7	伯恩森斯韦伯斯特	以色列	655	0.21%
8	浙江大学	中国	650	0.21%
9	宝洁公司	美国	565	0.18%
10	江南大学	中国	560	0.18%

四、领域布局

对 2018 年全球健康产业领域专利的 IPC 分类号进行分析发现，全球健康产业专利涉及的前十个领域分别为：医用、牙科用配制品，诊断、外科、鉴定，化合物或药物制剂的特定治疗活性，微生物或酶，把介质输入人体内或输入人体上的器械，可植入血管内的滤器、假体，绷带、敷料、吸收垫或外科用品的材料，肽，借助于测定材料的化学或物理性质来测试或分析材料，理疗装置。其中医用、牙科用配制品排在首位，该领域专利申请数量为 91124 件，占比 29.65%（见表 6-3）。

表 6-3　2018 年全球健康产业领域专利申请前十位 IPC 分类号

排名	IPC 分类号	涉及领域	专利数量（件）	占比
1	A61K	医用、牙科用配制品	91124	29.65%
2	A61B	诊断、外科、鉴定	64951	21.13%
3	A61P	化合物或药物制剂的特定治疗活性	55192	17.96%
4	C12N	微生物或酶	32676	10.63%
5	A61M	把介质输入人体内或输入人体上的器械	31456	10.23%
6	A61F	可植入血管内的滤器、假体	23446	7.63%
7	A61L	绷带、敷料、吸收垫或外科用品的材料	20838	6.78%
8	C07K	肽	19237	6.26%
9	G01N	借助于测定材料的化学或物理性质来测试或分析材料	18638	6.06%
10	A61H	理疗装置	15863	5.16%

第二节　我国健康产业专利产出情况

2009—2018 年，我国健康产业专利数量平稳增长。广东省、江苏省、山东省、浙江省、北京市、上海市、安徽省、河南省、四川省以及湖北省是我国健康产业领域专利申请最多的 10 个地区。

一、年度趋势

2009—2016 年，我国健康产业专利数量逐年增长。2018 年，我国健康产业领域的专利申请为 162497 件，但考虑到专利申请公开延迟以及数据库专利信息收录延迟的原因，2017—2018 年的数据仅作参考。2009—2017 年，尽管世界其他国家和地区的专利增长率趋于平稳，我国的专利活动增长速度有所放缓，但我国健康产业领域的专利申请年均增长率仍保持 20.25%的高水平。

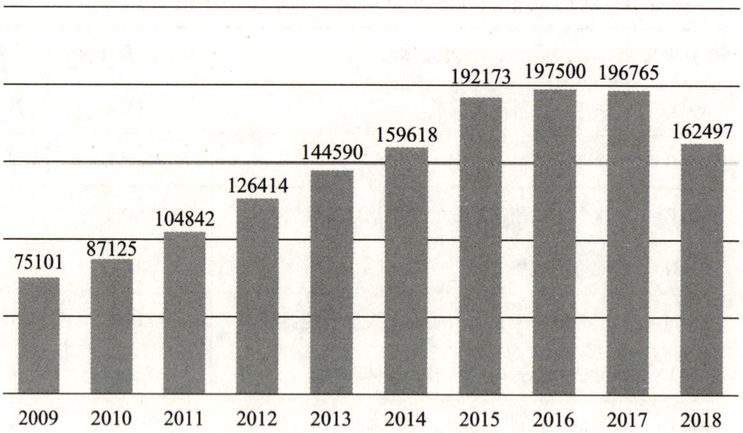

图 6-2　2009—2018 年我国健康产业专利数量（单位：件）

二、区域分布

2018 年，广东省、江苏省、山东省、浙江省、北京市、上海市、安徽省、河南省、四川省以及湖北省是我国健康产业领域专利申请最多的 10 个地区。其中，广东省健康产业专利数量为 25609 件，是我国健康产业领域专利申请数量最多的地区，占我国该领域专利总数的 15.76%。江苏省其次，健康产业领域专利申请数量为 20331 件，排在第二位（见表 6-4）。

表 6-4　2018 年我国健康产业专利数量前十位地区

排名	地区名称	专利数量（件）	占比
1	广东	25609	15.76%
2	江苏	20331	12.51%
3	山东	14978	9.22%
4	浙江	12395	7.63%
5	北京	9842	6.06%
6	上海	8254	5.08%
7	安徽	7455	4.59%
8	河南	7183	4.42%
9	四川	5995	3.69%
10	湖北	5393	3.32%

对广东省21个地市2018年健康产业的专利申请情况进行分析，广州市与深圳市以绝对优势分别排在第一与第二位，两者专利申请总数占广东省健康产业专利总数的近70%。其中，广州市以9001件专利排在首位，占广东省健康产业专利总数的37.70%；深圳以7336件专利仅次于广州市排在第二位，占广东省健康产业专利总数的30.73%（见表6-5）。

表6-5 2018年广东省健康产业专利数量城市排名

排名	城市	专利数量（件）	广东省占比
1	广州市	9001	37.70%
2	深圳市	7336	30.73%
3	佛山市	3479	14.57%
4	东莞市	1644	6.89%
5	中山市	855	3.58%
6	珠海市	850	3.56%
7	汕头市	519	2.17%
8	江门市	315	1.32%
9	惠州市	289	1.21%
10	湛江市	267	1.12%
11	揭阳市	231	0.97%
12	肇庆市	162	0.68%
13	清远市	121	0.51%
14	茂名市	113	0.47%
15	韶关市	98	0.41%
16	潮州市	79	0.33%
17	河源市	75	0.31%
18	汕尾市	49	0.21%
19	梅州市	48	0.20%
20	阳江市	39	0.16%
21	云浮市	39	0.16%

三、申请人分析

2018年，我国健康产业领域专利申请排名前10位的申请人，主要来自广东省、江苏省、北京市、河南省、浙江省、四川省以及吉林省。排在前5位的申请人分别为浙江大学、江南大学、吉林大学、郑州大学第一附属医院以及中国人民解放军总医院（见表6-6）。

表6-6　2018年我国健康产业专利申请数量前十位机构

排名	申请人	地区名称	专利数量（件）	占比
1	浙江大学	浙江	650	0.40%
2	江南大学	江苏	560	0.34%
3	吉林大学	吉林	501	0.31%
4	郑州大学第一附属医院	河南	414	0.25%
5	中国人民解放军总医院	北京	399	0.25%
6	无锡市人民医院	江苏	381	0.23%
7	中国医学科学院北京协和医院	北京	364	0.22%
8	四川大学	四川	349	0.21%
9	佛山科学技术学院	广东	344	0.21%
10	华南理工大学	广东	324	0.20%

四、领域布局

对2018年我国健康产业领域专利的IPC分类号进行分析，我国健康产业专利涉及的前10个领域分别为：医用、牙科用配制品，诊断、外科、鉴定，化合物或药物制剂的特定治疗活性，把介质输入人体内或输入人体上的器械，微生物或酶，绷带、敷料、吸收垫或外科用品的材料，理疗装置，可植入血管内的滤器、假体，病人或残疾人的运输工具或起居设施，化妆品或类似梳妆用配制品。其中医用、牙科用配制品排在首位，该领域专利申请数量为37114件，占比22.84%（见表6-7）。

表6-7　2018年我国健康产业领域专利申请前十位IPC分类号

排名	IPC分类号	涉及领域	专利数量（件）	占比
1	A61K	医用、牙科用配制品	37114	22.84%
2	A61B	诊断、外科、鉴定	31012	19.08%
3	A61P	化合物或药物制剂的特定治疗活性	30845	18.98%
4	A61M	把介质输入人体内或输入人体上的器械	19005	11.70%
5	C12N	微生物或酶	15430	9.50%

续表

排名	IPC 分类号	涉及领域	专利数量（件）	占比
6	A61L	绷带、敷料、吸收垫或外科用品的材料	14432	8.88%
7	A61H	理疗装置	13048	8.03%
8	A61F	可植入血管内的滤器、假体	10902	6.71%
9	A61G	病人或残疾人的运输工具或起居设施	10571	6.51%
10	A61Q	化妆品或类似梳妆用配制品	7819	4.81%

五、法律状态

对 2018 年申请的我国健康产业领域专利的法律状态进行分析，已授权专利为 57135 件，占专利总数的 35.16%；处于实质审查阶段以及公开但未进入实质审查阶段的专利为 99688 件，占专利总数的 61.35%；已撤回的专利为 5658 件；驳回或放弃的专利为 16 件；另外，有 1648 件专利发生转让，占 2018 年健康产业专利申请总数的 1%（见图 6-3）。

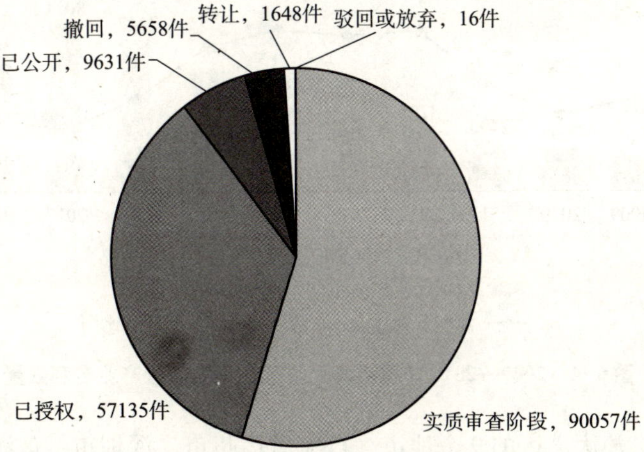

图 6-3　2018 年我国健康产业专利法律状态

第三节　深圳健康产业专利产出情况

2018 年，深圳在健康产业领域的专利申请数量有较快增长，增速远高于全国，在粤港澳大湾区与我国健康产业专利申请中处于越来越重要的位置。

一、年度趋势

2009—2017年，深圳市健康产业专利数量快速增长。2018年，深圳的企业与机构共申请健康产业领域专利7336件。此外，2009—2017年，深圳市健康产业专利数量年均增长率为46.82%，远高于同时间段我国健康产业专利年均增长率。考虑到专利申请公开延迟以及数据库专利信息收录延迟的原因，2017—2018年的数据仅作参考。

深圳市是粤港澳大湾区发展的核心城市之一，2018年，粤港澳大湾区共申请健康产业领域专利23944件，其中，深圳健康产业领域的专利申请量占到30.64%。2009—2018年，深圳已成为粤港澳大湾区健康产业专利申请最主要的地区之一（见图6-4）。

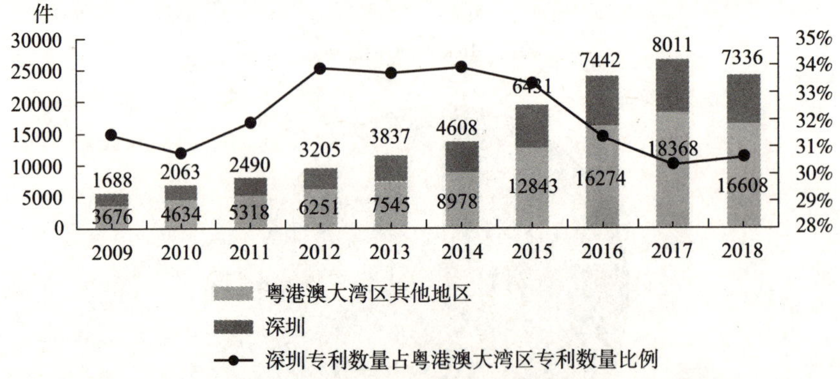

图6-4 2009—2018年粤港澳大湾区与深圳健康产业专利数量

对粤港澳大湾区的9个地市（广东省广州市、深圳市、珠海市、佛山市、惠州市、东莞市、中山市、江门市、肇庆市）以及香港特别行政区与澳门特别行政区2018年健康产业的专利申请情况进行分析，广州市与深圳市分别排在第一与第二位，相比于粤港澳大湾区其他城市或地区具有绝对的领先优势。其中，广州市以9001件专利排在首位，占粤港澳大湾区健康产业专利总数的37.59%。深圳仅次于广州市排在第二位，可见，深圳市在粤港澳大湾区健康产业的专利申请中占据重要地位（见表6-8）。

表 6-8 2018 年粤港澳大湾区健康产业专利数量排名

排名	城市	专利数量（件）	占比
1	广州市	9001	37.59%
2	深圳市	7336	30.64%
3	佛山市	3479	14.53%
4	东莞市	1644	6.87%
5	中山市	855	3.57%
6	珠海市	850	3.55%
7	香港特别行政区	671	2.80%
8	江门市	315	1.32%
9	惠州市	289	1.21%
10	肇庆市	162	0.68%
11	澳门特别行政区	41	0.17%

北京与上海领跑我国健康产业领域的专利申请，2009—2018 年均保持较为明显的优势。分析 2009—2018 年深圳、北京、上海、香港健康产业专利申请数量可知，虽然深圳在该领域的专利申请数量与北京、上海仍有一定差距，但差距在逐渐缩小，可见深圳的企业与机构不管是研发能力，还是知识产权的保护意识都有了较大的提升（见表 6-9）。

表 6-9 2009—2018 年深圳、北京、上海、香港健康产业专利数量

年份	专利申请数量（件）			
	深圳	北京	上海	香港
2009	1688	6521	4998	513
2010	2063	7231	5389	642
2011	2490	7751	6731	794
2012	3205	8921	7579	838
2013	3837	9236	8319	869
2014	4608	10139	8372	903
2015	6431	12155	9916	970
2016	7442	12949	10144	1009
2017	8011	18440	13627	1206
2018	7336	20856	14799	671

二、区域分布

2018 年，深圳的机构或企业就健康产业领域在我国香港地区、澳门地区以及美国、印度、德国等其他国家进行了广泛的专利布局。2018 年，深圳的机构或企业共申请健康产业领域 PCT 专利 351 件，占专利总数的 4.78%。在美国申请健康产业领域专利 115 件，占专利总数的 1.57%。可见，深圳的机构或企业正积极地在健康产业开展全球布局（见表 6-10）。

表 51　2018 年深圳健康产业专利申请布局

专利申请的国家地区或组织	专利数量（件）	占比
中国	6753	92.05%
世界知识产权组织	351	4.78%
美国	115	1.57%
中国香港	58	0.79%
印度	28	0.38%
欧洲专利局	11	0.15%
德国	6	0.08%
中国澳门	6	0.08%
日本	4	0.05%
拉脱维亚	4	0.05%

三、申请人分析

2018 年，深圳健康产业领域专利申请数量排名前 10 位的企业或机构分别为北京大学深圳医院、平安科技（深圳）有限公司、深圳大学、深圳先进技术研究院、深圳市第二人民医院、深圳市人民医院、中国科学院深圳先进技术研究院、先健科技（深圳）有限公司、深圳市精锋医疗科技有限公司、深圳开立生物医疗科技股份有限公司，企业与机构各占半壁江山。其中，北京大学深圳医院以 151 件健康产业的专利申请排在首位，领先其他机构，其次为平安科技（深圳）有限公司，专利数量为 131 件。从专利申请量来看，在健康产业领域，深圳的专利申请人集中度不高，尚未出现在健康产业专利申请量中具有绝对优势的企业或机构（见表 6-11）。

表 6-11 2018 年深圳市健康产业专利申请数量前十位申请人

排名	机构名称	专利数量（件）	占比
1	北京大学深圳医院	151	2.06%
2	平安科技（深圳）有限公司	131	1.79%
3	深圳大学	130	1.77%
4	深圳先进技术研究院	104	1.42%
5	深圳市第二人民医院	97	1.32%
6	深圳市人民医院	75	1.02%
7	中国科学院深圳先进技术研究院	59	0.80%
8	先健科技（深圳）有限公司	57	0.78%
9	深圳市精锋医疗科技有限公司	55	0.75%
10	深圳开立生物医疗科技股份有限公司	55	0.75%

四、领域布局

对 2018 年深圳健康产业领域专利的 IPC 分类号进行分析，健康产业专利涉及的前 10 个领域分别为：诊断、外科、鉴定，医用、牙科用配制品，理疗装置，化合物或药物制剂的特定治疗活性，把介质输入人体内或输入人体上的器械，医疗保健信息学，绷带、敷料、吸收垫或外科用品的材料，可植入血管内的滤器、假体，电疗、磁疗、放射疗、超声波疗，微生物或酶。其中诊断、外科、鉴定排在首位，该领域专利申请数量 2057 件，占比 28.04%。与全球以及我国健康产业重点布局领域不同的是，医疗保健信息学以及电疗、磁疗、放射疗、超声波疗相关的技术或设备在深圳健康产业专利申请中占有重要的地位（见表 6-12）。

表 6-12 2018 年深圳健康产业领域专利申请前十位 IPC 分类号

排名	IPC 分类号	涉及领域	专利数量（件）	占比
1	A61B	诊断、外科、鉴定	2057	28.04%
2	A61K	医用、牙科用配制品	859	11.71%
3	A61H	理疗装置	768	10.47%
4	A61P	化合物或药物制剂的特定治疗活性	693	9.45%
5	A61M	把介质输入人体内或输入人体上的器械	642	8.75%
6	G16H	医疗保健信息学	609	8.30%

续表

排名	IPC 分类号	涉及领域	专利数量（件）	占比
7	A61L	绷带、敷料、吸收垫或外科用品的材料	575	7.84%
8	A61F	可植入血管内的滤器、假体	474	6.46%
9	A61N	电疗、磁疗、放射疗、超声波疗	463	6.31%
10	C12N	微生物或酶	453	6.18%

五、法律状态

对 2018 年深圳在中国申请的健康产业领域专利的法律状态进行分析，已授权专利为 3590 件，占专利总数的 53.16%；处于实质审查阶段以及公开但未进入实质审查阶段的专利为 3053 件，占专利总数的 45.21%；已撤回的专利为 110 件，占专利总数的 1.63%（见图 6-5）。

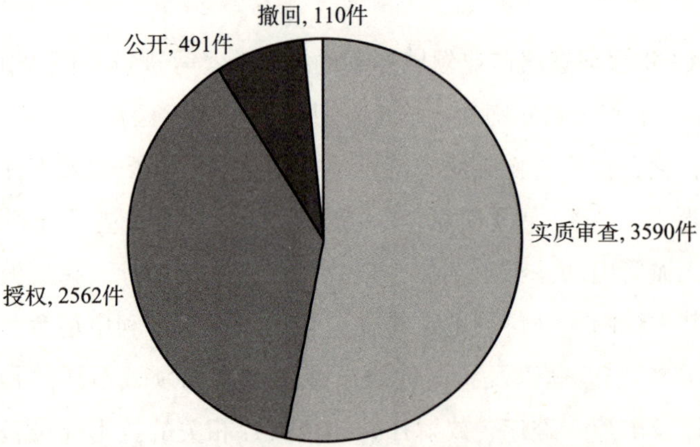

图 6-5　2018 年深圳健康产业中国专利法律状态

第七章　深圳健康产业创新领域专利产出情况

深圳作为首个国家创新城市和国家自主创新示范区，瞄准大科学、大数据、大产业、大健康的定位，把生物和生命健康产业作为深圳的战略性新兴产业和未来产业加以重点培育和发展。同时，对分子诊断产业、干细胞产业、脑科学产业以及智慧医疗产业方面也非常重视，研究这些领域的专利产业情况对把握科技发展特点与趋势有重要参考价值。

第一节　分子诊断产业

分子诊断作为体外诊断的一个重要分支，可以应用于传染性疾病诊断、血液筛查、遗传性疾病诊断、肿瘤分子诊断等领域，广泛的用途促进了分子诊断产业的快速发展，目前全球分子诊断市场规模不断扩大。由于我国分子诊断产业起步较晚，核心产品和技术在很大程度上依赖进口，因此，相关新技术和新产品的国产化和低成本化对提高我国分子诊断产业的竞争力，满足我国人民日益增长的健康需求意义重大。依托以华大基因为首的分子诊断企业，深圳在分子诊断产业中具有巨大的发展潜力。

一、年度趋势

2009—2018 年，深圳市分子诊断产业专利数量不断震荡，但仍保持一定增长。2018 年，深圳的企业与机构共申请分子诊断产业领域专利 250 件。此外，2009—2017 年，深圳市健康产业论文数量年均增长率为 35.03%。考虑到专利申请公开延迟以及数据库专利信息收录延迟的原因，2017—2018 年的数据仅作参考。

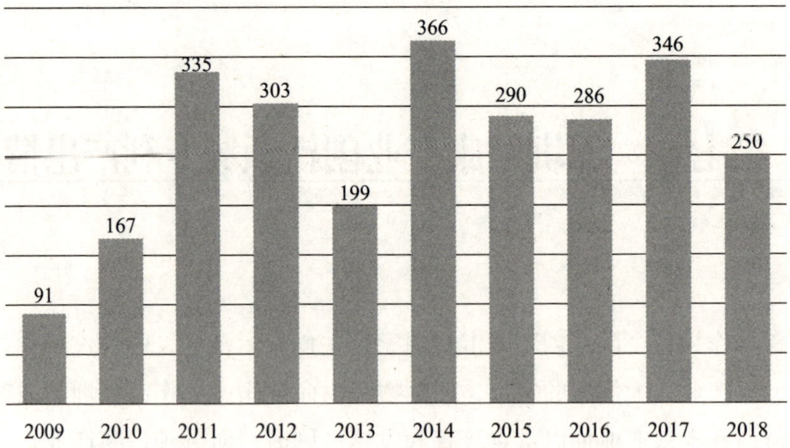

图 7-1　2009—2018 年深圳分子诊断产业专利数量（单位：件）

二、专利申请的国家或地区分布

2018 年，除了向中国国家知识产权局申请专利外，深圳的机构或企业共申请分子诊断产业 PCT 专利 20 件，占深圳分子诊断产业专利申请总数的 8%，香港地区专利 3 件、美国专利 7 件以及加拿大专利 1 件（见表 7-1）。其中，深圳华大基因及其分支机构申请了大量的 PCT 专利，可见其对于相关技术的海外布局非常重视，相关专利主要涉及分子诊断工具与试剂盒的研发以及测序技术的创新。

表 7-1　2018 年深圳分子诊断产业专利申请布局

专利布局的国家地区或组织	专利数量（件）	占比
中国	219	87.60%
世界知识产权组织	20	8.00%
美国	7	2.80%
中国香港	3	1.20%
加拿大	1	0.40%

随着深圳分子诊断产业的创新活力和国际竞争力不断提高，有较多的机构和企业已通过 PCT 途径等国际专利申请渠道展开了海外专利布局，为产品进入国际市场打下基础。

表 7-2　2018 年深圳分子诊断产业非中国大陆专利申请具体信息

申请号	专利名称	申请人	申请日
WOCN18070010	基于上转换材料的光电化学 DNA 传感器及其检测方法	深圳大学	2018 年 1 月 2 日
WOUS18012425	步进式非标记可逆终止或天然核苷酸的测序	COMPLETE GENOMICS INC 深圳华大基因股份有限公司	2018 年 1 月 4 日
WOCN18072045	确定生物样本中预定来源的游离核酸比例的方法及装置	深圳华大基因股份有限公司	2018 年 1 月 10 日
WOCN18073181	荧光定量 PCR 检测试剂盒及检测方法	SHENZHEN MEIGENE MEDICAL LABORATORY	2018 年 1 月 18 日
WOCN18073324	基于微流控芯片的基因检测系统及检测方法	深圳国际旅行卫生保健中心 深圳市检验检疫科学研究院	2018 年 1 月 19 日
WOCN18073577	一种 PRPP 的定量检测方法	邦泰合盛生物科技（深圳）有限公司 邦泰生物工程（深圳）有限公司	2018 年 1 月 22 日
WOCN18075986	与主要不良心血管事件相关的单核苷酸多态性位点及其应用	深圳华大生命科学研究院	2018 年 2 月 9 日
WOCN18083230	基于外泌体核酸进行微生物检测的方法及其应用	深圳华大基因股份有限公司	2018 年 4 月 16 日
WOCN18086238	乳腺癌标志物及应用	深圳市晋百慧生物有限公司	2018 年 5 月 10 日
WOCN18094902	一种核酸探针以及一种核酸测序方法	深圳华大智造科技有限公司	2018 年 7 月 6 日
WOCN18095293	成像方法、控制序列测定反应的方法、装置及系统	深圳市瀚海基因生物科技有限公司	2018 年 7 月 11 日
WOCN18105475	表面化学修饰方法、芯片制备方法及芯片	深圳市瀚海基因生物科技有限公司	2018 年 9 月 13 日
WOCN18107249	检测核酸特异性和/或非特异性吸附的方法	深圳市瀚海基因生物科技有限公司	2018 年 9 月 25 日
WOCN18105472	芯片及其制备方法	深圳市瀚海基因生物科技有限公司	2018 年 9 月 13 日
WOCN18107248	检测核酸特异性和/或非特异性吸附的方法	深圳市瀚海基因生物科技有限公司	2018 年 9 月 25 日
WOCN18109992	一种核酸测序方法以及一种核酸测序试剂盒	深圳华大基因科技有限公司	2018 年 10 月 12 日

续表

申请号	专利名称	申请人	申请日
WOCN18110245	检测目标分子化合物的生物感应器及包含该生物感应器的系统	深圳华大基因科技有限公司	2018年10月15日
WOCN18118259	核苷类似物、制备方法及应用	深圳市瀚海基因生物科技有限公司	2018年11月29日
WOCN18120209	核苷酸衍生物及其应用	深圳华大智造科技有限公司	2018年12月11日
WOCN18124293	一种获得单细胞 mRNA 序列的方法	深圳华大智造科技有限公司	2018年12月27日
US15862566	用非标记的可逆终止子或天然核苷酸进行逐步测序	Complete Genomics Inc 深圳华大基因股份有限公司	2018年1月4日
US15881902	用于确定拷贝数变化的方法和系统	深圳华大基因股份有限公司	2018年1月29日
US15890028	一种定序方法、装置、系统及其应用	深圳市瀚海基因生物科技有限公司	2018年2月6日
US16023868	在核酸样品中检测预定事件的方法及其系统	深圳华大基因科技有限公司	2018年6月29日
US16039543	用于确定胎儿基因组预定区域中的碱基信息的方法、系统和计算机可读介质	深圳华大基因股份有限公司	2018年7月19日
US16159715	DNA 序列处理方法及装置	华为公司	2018年10月15日
US16198902	富集和测定靶核苷酸序列的方法	HELITEC LIMITED	2018年11月23日
HK18106798.1	用於第三代单分子测序的 PCR 产物测序文库构建方法	深圳华大基因股份有限公司	2018年5月24日
HK18109922.4	用于 PACBIO 平台的 DNA 大片段文库构建方法和试剂盒	深圳华大基因股份有限公司	2018年8月1日
HK18113579.2	检测 DNA 聚合酶对测序过程中形成的错配碱基的容错能力的方法和试剂	深圳华大智造科技有限公司	2018年10月23日
CA3048486	利用非标记的可逆终止子或天然核苷酸的逐步测序	COMPLETE GENOMICS INC 深圳华大基因股份有限公司	2018年1月4日

三、申请人分析

企业与机构在2018年深圳分子诊断领域的申请中各占半壁江山。2018年，深圳发表分子诊断领域专利申请数量排名前10位的企业或机构分别为深圳华大基因及分支机构、深圳市瀚海基因生物科技有限公司、深圳大学、深圳市人民医院、深圳市第二人民医院、中国农业科学院深圳生物育种创新研究院、深圳会众生物技术有限公司、深圳市刚竹医疗科技有限公司、中国农业科学院深圳农业基因组研究所、深圳出入境检验检疫局动植物检验检疫技术中心。其中，深圳华大基因及分支机构以35件专利申请排在首位，远远领先其他机构，有明显的领域研发优势（见表7-3）。

表7-3 2018年深圳分子诊断产业专利申请数量前十位申请人

排名	机构名称	专利数量（件）	占比
1	深圳华大基因及分支机构	35	14.00%
2	深圳市瀚海基因生物科技有限公司	14	5.60%
3	深圳大学	9	3.60%
4	深圳市人民医院	9	3.60%
5	深圳市第二人民医院	8	3.20%
6	中国农业科学院深圳生物育种创新研究院	6	2.40%
7	深圳会众生物技术有限公司	5	2.00%
8	深圳市刚竹医疗科技有限公司	5	2.00%
9	中国农业科学院深圳农业基因组研究所	4	1.60%
10	深圳出入境检验检疫局动植物检验检疫技术中心	4	1.60%

四、法律状态

对2018年深圳在我国申请的分子诊断产业专利的法律状态进行分析，已授权专利为14件，占专利总数的6.39%；处于实质审查阶段以及公开但未进入实质审查阶段的专利为202件，占专利总数的92.24%；处于撤回阶段的专利为3件，占专利总数的1.37%（见图7-2）。

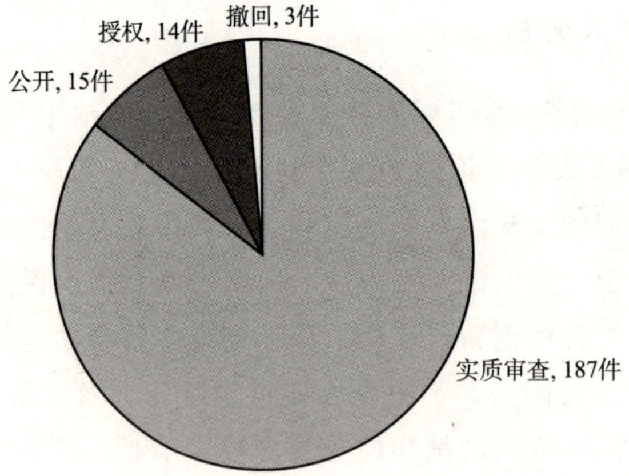

图 7-2　2018 年深圳分子诊断产业中国专利法律状态

第二节　干细胞与再生医学产业

干细胞与再生医学产业已经成为当今生命科学研究领域的热点和前沿，深圳市政府非常重视该领域发展。2017 年 6 月 5 日，深圳市人民政府发布《深圳市产业结构调整优化和产业导向目录》，明确将干细胞、免疫细胞等细胞治疗技术列为生物产业中的鼓励发展类，干细胞与再生医学产业的发展已展现出巨大的临床应用前景和潜力。

一、年度趋势

随着政策的支持与健康产业的持续发展，2009—2018 年，深圳市干细胞与再生医学产业专利数量快速增长。2018 年，深圳的企业与机构共申请干细胞与再生医学领域专利 98 件。2009—2018 年，深圳在干细胞与再生医学领域的专利申请有了明显进步，从 2009 年的 7 件提升至 2018 年的 98 件（见图 7-3）。可见，在该新兴技术领域，深圳近 10 年的发展非常显著。考虑到专利申请公开延迟以及数据库专利信息收录延迟的原因，2017—2018 年的数据仅作参考。

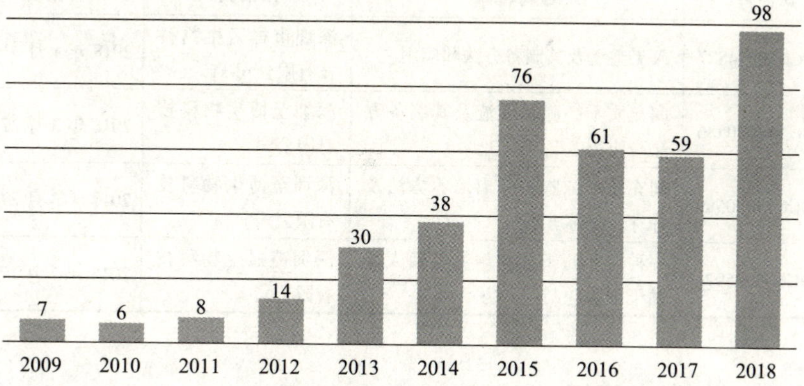

图 7-3　2009—2018 年深圳干细胞与再生医学 u 业专利数量（单位：件）

二、专利申请的国家或地区分布

2018 年，除了向中国国家知识产权局申请专利外，深圳的机构或企业共申请干细胞与再生医学产业 PCT 专利 5 件，占深圳干细胞与再生医学产业专利申请总数的 5.10%，分别来自深圳至博生物科技有限公司、深圳市祥云生物科技有限公司、深圳三智医学科技有限公司以及深圳茵冠生物科技有限公司，涉及的领域包括干细胞培养保存、与干细胞相关的基因编辑工具以及利用干细胞获得人工毛囊。

表 7-4　2018 年深圳干细胞与再生医学产业专利申请布局

专利布局的国家或组织	专利数量（件）	占比
中国	93	94.90%
世界知识产权组织	5	5.10%

随着深圳干细胞与再生医学产业的创新活力和国际竞争力不断提高，与分子诊断领域一样，有机构和企业已通过 PCT 途径等国际专利申请渠道展开海外专利布局，为产品进入国际市场打下基础。

表 7-5 2018 年深圳干细胞与再生医学产业非中国大陆专利申请具体信息

申请号	专利名称	申请人	申请日
WOCN18074827	人工毛囊及其制备方法和应用	深圳市祥云生物科技有限公司	2018 年 1 月 31 日
WOCN18080586	间充质干细胞悬浮液及其制备方法与应用	深圳至博生物科技有限公司	2018 年 3 月 27 日
WOCN18080589	间充质干细胞的分离培养方法及冻存、复苏方法	深圳至博生物科技有限公司	2018 年 3 月 27 日
WOCN18095978	一种人牙髓干细胞培养基及人牙髓干细胞的制备方法	深圳茵冠生物科技有限公司	2018 年 7 月 17 日

三、申请人分析

从前十位申请人的研究成果来看，虽然干细胞与再生医学产业仍然处于基础研究阶段，但深圳的企业是该领域专利申请的主体，并开展了积极的研发工作。

2018 年，深圳干细胞与再生医学产业专利申请数量排名前 5 位的企业或机构分别为深圳市旷逸生物科技有限公司、深圳市第二人民医院、深圳光彩生命工程技术有限公司、丰泽康生物医药（深圳）有限公司、深圳市宝迪生物工程有限公司。其中，深圳市旷逸生物科技有限公司与深圳市第二人民医院以 10 件干细胞与再生医学产业的专利申请排在首位，领先其他机构（见表 7-6）。

表 7-6 2018 年深圳市干细胞与再生医学产业专利申请数量前十位的申请人

排名	机构名称	专利数量（件）	占比
1	深圳市旷逸生物科技有限公司	10	10. 20%
2	深圳市第二人民医院	10	10. 20%
3	深圳光彩生命工程技术有限公司	7	7. 14%
4	丰泽康生物医药（深圳）有限公司	6	6. 12%
5	深圳市宝迪生物工程有限公司	4	4. 08%
6	个体化细胞治疗技术国家地方联合工程实验室（深圳）	3	3. 06%
7	深圳市新一仑生物科技有限公司	3	3. 06%
8	深圳市浊安认证生物技术有限公司	3	3. 06%
9	深圳市莱利赛生物科技有限公司	3	3. 06%
10	深圳至博生物科技有限公司	3	3. 06%

四、法律状态

分析 2018 年深圳市在我国申请的干细胞与再生医学产业专利的法律状态可知，已授权专利为 4 件，占专利总数的 4.30%；处于实质审查阶段以及公开但未进入实质审查阶段的专利为 89 件，占专利总数的 95.70%（见图 7-4）。

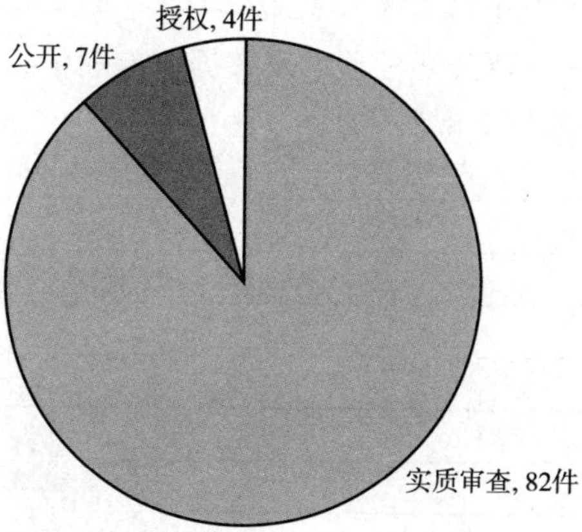

图 7-4　2018 年深圳干细胞与再生医学产业中国专利的法律状态

第三节　脑科学产业

脑科学已成为 21 世纪最前沿的研究领域，尤其与信息科学进行交叉研究已成为脑科学发展的一个重要趋势。脑科学领域发展至今，不仅可以通过研究大脑的工作机理和神经回路技术更好地诊断以及治疗大脑疾病，还可以通过发展脑型器件和结构以及开展脑型信息处理系统促进人工智能等技术的研发，从而引领新一轮的科技革命。同时，脑科学产业一直是深圳发展的重点。

深圳有着得天独厚的经济和政治条件，吸引了大批的人才聚集，深圳大学在 2014 年 5 月成立了与北京师范大学认知神经科学与学习国家重点实验室联合的“脑疾病与认知科学研究中心”。2016 年，深圳先进院成立了脑认知与脑疾病研究所，目前已实现多项重大研究突破。在深圳大学、中科院先进技术研究院、北京大学深圳研究生院、深圳市人民医院、深圳市第二人民医院、深圳市康宁医院等单位共同努力下，深圳正在成为中国脑科学研究的重镇，未来必定能为中国脑科学研究水平的提升贡献良多！

一、年度趋势

2009—2018 年，深圳市脑科学产业专利数量增长显著。2018 年，深圳的企业与机构共申请脑科学产业领域专利 188 件。2009—2018 年，深圳在脑科学产业领域的专利申请实现飞跃，从 2009 年的 25 件提升至 2018 年的 188 件。考虑到专利申请公开延迟以及数据库专利信息收录延迟的原因，2017—2018 年的数据仅作参考（见图 7-5）。

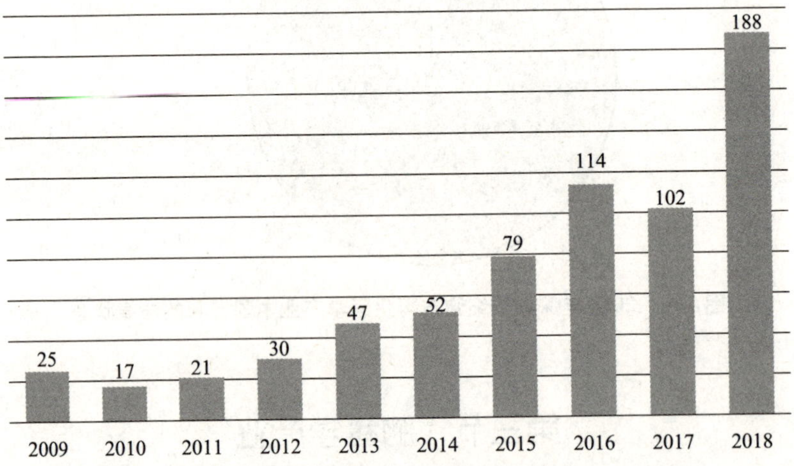

图 7-5　2009—2018 年深圳脑科学产业专利数量（单位：件）

二、专利申请的国家或地区分布

2018 年，除了向中国国家知识产权局申请专利外，深圳的机构或企业共申请脑科学产业 PCT 专利 8 件，占深圳脑科学专利申请总数的 4.26%；美国专利 2 件，占专利申请总数的 1.06%（见表 7-7）。这些专利申请分别来自北京大学深圳研究生院、深圳市慧智生命科技有限公司、深圳市德力凯医疗设备股份有限公司、深圳开立生物医疗科技股份有限公司、平安科技（深圳）有限公司、深圳市伯劳特生物制品有限公司、深圳市瀚翔生物医疗电子股份有限公司、深圳市迈步机器人科技有限公司、深圳市开颜医疗器械有限公司、深圳先进技术研究院。其中，人工智能技术相关的应用是这些专利最主要涉足的技术领域，专利 WOCN18088428、WOCN18088430、WOCN18115835、WOCN1807-7230、US16150023 等均涉及人工智能技术在体外诊断、治疗以及金融等领域的应用。

表 7-7　2018 年深圳脑科学产业专利申请布局

专利布局的国家或地区	专利数量（件）	占比
中国	178	94. 68%
世界知识产权组织	8	4. 26%
美国	2	1. 06%

在脑科学领域，多家公司和机构也纷纷布局海外，为产品进入国际市场打下基础。

表 7-8　2018 年深圳脑科学非中国大陆专利申请具体信息

申请号	专利名称	申请人	申请日
WOCN18077095	基于小波分析的脑电信号去噪方法、存储介质以及装置	深圳市德力凯医疗设备股份有限公司	2018 年 2 月 24 日
WOCN18077230	反欺诈识别方法、存储介质、承载平安脑的服务器及装置	平安科技（深圳）有限公司	2018 年 2 月 26 日
WOCN18078706	一种经颅磁刺激治疗设备	深圳市瀚翔生物医疗电子股份有限公司 深圳市迈步机器人科技有限公司	2018 年 3 月 12 日
WOCN18081701	一种培养基	深圳市伯劳特生物制品有限公司	2018 年 4 月 3 日
WOCN18088428	一种基于心电信号的无创血糖检测方法及系统	北京大学深圳研究生院	2018 年 5 月 25 日
WOCN18088430	一种基于心电信号的无气囊血压检测方法及系统	北京大学深圳研究生院	2018 年 5 月 25 日
WOCN18115835	一种辅助更新方法、系统及装置	深圳开立生物医疗科技股份有限公司	2018 年 11 月 16 日
WOCN18125528	一种多途径协同调节人体生物节律的光照装置	深圳市慧智生命科技有限公司	2018 年 12 月 29 日
US15986462	磁共振血管壁成像方法及装置	深圳先进技术研究院	2018 年 5 月 22 日
US16150023	向用户身体提供光疗的系统和方法	深圳市开颜医疗器械有限公司	2018 年 10 月 2 日

三、申请人分析

2018年，深圳脑科学产业专利申请数量排名前5位的企业或机构分别为平安科技（深圳）有限公司、北京大学深圳研究生院、深圳先进技术研究院、深圳市心流科技有限公司、深圳大学。其中，平安科技（深圳）有限公司以24件脑科学产业的专利申请排在首位，领先其他机构。平安科技（深圳）有限公司在脑科学领域的专利申请主要涉及人工智能技术在体外诊断、医疗信息系统以及金融等领域的应用。北京大学深圳研究生院与深圳先进技术研究院以11件专利并列第二位，涉及脑疾病的研究、药物的研发以及人工智能的应用等（见表7-9）。

表7-9　2018年深圳市脑科学专利申请数量前十位申请人

排名	机构名称	专利数量（件）	占比
1	平安科技（深圳）有限公司	24	12.77%
2	北京大学深圳研究生院	11	5.85%
3	深圳先进技术研究院	11	5.85%
4	深圳市心流科技有限公司	7	3.72%
5	深圳大学	6	3.19%
6	深圳壹账通智能科技有限公司	5	2.66%
7	深圳市免疫基因治疗研究院	4	2.13%
8	深圳市德力凯医疗设备股份有限公司	4	2.13%
9	深圳和而泰数据资源与云技术有限公司	3	1.60%
10	众安信息技术服务有限公司	2	1.06%

四、法律状态

对2018年深圳在我国申请的脑科学产业专利的法律状态进行分析后发现，已授权专利为21件，占专利总数的11.80%；处于实质审查阶段以及公开但未进入实质审查阶段的专利为144件，占专利总数的80.89%；撤回的专利为13件，占专利总数的7.30%（见图7-6）。

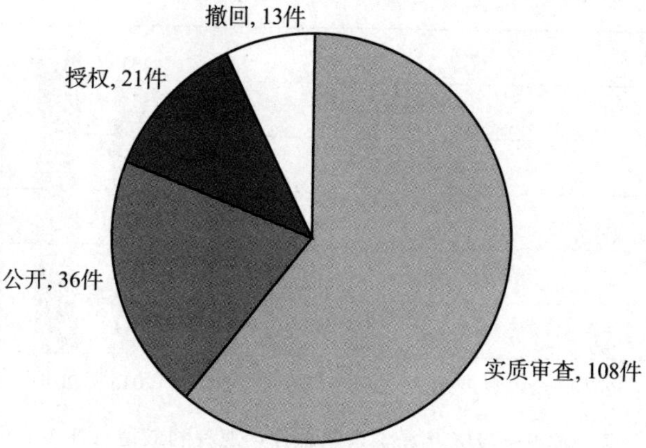

图 7-6　2018 年深圳脑科学产业中国专利法律状态

第四节　智慧医疗产业

智慧医疗主要体现在移动医疗和远程医疗方向上，使用人工智能、物联网等新技术来为传统的医疗服务，提升其使用效率及服务水平。在智慧医疗中，智能可穿戴设备已成为热点领域。本节以可穿戴设备为研究对象，探究深圳智慧医疗产业专利申请的发展现状与发展趋势。

一、年度趋势

2009—2018 年，深圳市智慧医疗产业专利数量呈快速增长态势。2018 年，深圳的企业与机构共申请智慧医疗产业领域专利 199 件。2009—2018 年，深圳在智慧医疗产业领域的专利申请飞跃式发展，从 2009 年的 6 件提升至 2018 年的 199 件（见图 7-7）。考虑到专利申请公开延迟以及数据库专利信息收录延迟的原因，2017—2018 年的数据仅作参考。

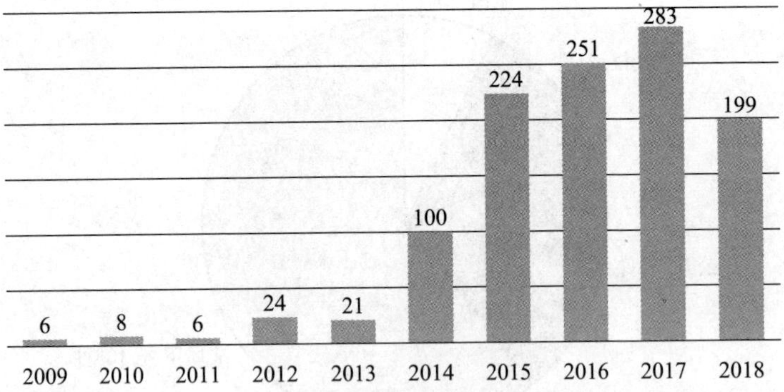

图 7-7　2009—2018 年深圳智慧医疗产业专利数量（单位：件）

二、专利申请的国家或地区分布

2018 年，除了向中国国家知识产权局申请专利外，深圳的机构或企业共申请智慧医疗产业 PCT 专利 18 件，占深圳脑科学专利申请总数的 9.05%；美国专利 1 件，占专利申请总数的 0.50%（见表 7-10）。这些专利申请分别来自华为技术有限公司、深圳创达云睿智能科技有限公司、深圳迈瑞生物医疗电子股份有限公司、深圳市汇顶科技股份有限公司、深圳市德力凯医疗设备股份有限公司等机构或企业，主要布局在可穿戴设备在体外诊断与运动保健中的应用。

表 7-10　2018 年深圳智慧医疗产业专利申请布局

专利布局的国家或地区	专利数量（件）	占比
中国	180	90.45%
世界知识产权组织	18	9.05%
美国	1	0.50%

表 7-11　2018 年深圳智慧医疗产业非中国大陆专利申请具体信息

申请号	专利名称	申请人	申请日
WOCN18071863	脉搏压力传导结构、便携式血压检测模块和智能穿戴设备	深圳金亿帝医疗设备股份有限公司	2018 年 1 月 9 日
WOCN18072341	足温数据的采集方法及装置	深圳市前海未来无限投资管理有限公司	2018 年 1 月 12 日

续表

申请号	专利名称	申请人	申请日
WOCN18072342	早期预警信号生成方法及装置	深圳市前海未来无限投资管理有限公司	2018年1月12日
WOCN18072324	一种肌电信号采集方法及装置	深圳市前海未来无限投资管理有限公司	2018年1月12日
WOCN18072325	一种运动训练预警方法及装置	深圳市未来健身科技有限公司	2018年1月12日
WOCN18072327	健身运动的指导方法及装置	深圳市未来健身科技有限公司	2018年1月12日
WOCN18072328	一种康复保健评估方法及装置	深圳市未来健身科技有限公司	2018年1月12日
WOCN18072338	运动员竞技状态评估方法及系统	深圳市未来健身科技有限公司	2018年1月12日
WOCN18072339	用于可穿戴装置的数据传输方法及设备	深圳市前海未来无限投资管理有限公司	2018年1月12日
WOCN18074009	一种佩戴状态的检测方法及其检测模块、可穿戴设备	深圳市汇顶科技股份有限公司	2018年1月24日
WOCN18074239	一种脉搏信号采集腕带	深圳市易特科信息技术有限公司	2018年1月26日
WOCN18074241	腕带式脉搏采集器	深圳市易特科信息技术有限公司	2018年1月26日
WOCN18074469	一种手表腕带	华为技术有限公司	2018年1月29日
WOCN18077743	一种晕厥检测系统	深圳市德力凯医疗设备股份有限公司	2018年3月1日
WOCN18084105	一种功率控制方法、系统及穿戴设备	深圳创达云睿智能科技有限公司	2018年4月23日
WOCN18096020	血压检测手表	深圳市国通世纪科技开发有限公司	2018年7月17日
WOCN18118915	穿戴式生理数据监测装置及生理数据监测系统	深圳迈瑞生物医疗电子股份有限公司	2018年12月3日
WOCN18125849	更新数据采样间隔的方法、根据采样间隔采集数据的方法及其装置	华为技术有限公司	2018年12月29日
US16049075	用于消除运动干扰可穿戴装置、方法和装置	深圳市汇顶科技股份有限公司	2018年7月30日

三、申请人分析

2018年，深圳智慧医疗产业专利申请数量排名前5位的企业或机构分别为深圳市前海未来无限投资管理有限公司、努比亚技术有限公司、深圳市沃特沃德股份有限公司、清华大学深圳研究生院、深圳市未来健身科技有限公司。其中，深圳市前海未来无限投资管理有限公司以11件智慧医疗产业的专利申请排在首位，领先其他机构。深圳市前海未来无限投资管理有限公司在智慧医疗领域的专利申请主要包括步态训练、肌肉训练、运动保健等相关的可穿戴设备。努比亚技术有限公司、深圳市沃特沃德股份有限公司和清华大学深圳研究生院以6件专利并列第二位（见表7-12）。

表7-12　2018年深圳市智慧医疗专利申请数量前十位申请人

排名	机构名称	专利数量（件）	占比
1	深圳市前海未来无限投资管理有限公司	11	5.53%
2	努比亚技术有限公司	6	3.02%
3	深圳市沃特沃德股份有限公司	6	3.02%
4	清华大学深圳研究生院	6	3.02%
5	深圳市未来健身科技有限公司	4	2.01%
6	深圳迈瑞生物医疗电子股份有限公司	4	2.01%
7	深圳迈瑞科技有限公司	4	2.01%
8	南方科技大学	3	1.51%
9	平安科技（深圳）有限公司	3	1.51%
10	深圳市优创亿科技有限公司	3	1.51%

四、法律状态

对2018年深圳在我国申请的智慧医疗产业专利的法律状态进行分析后发现，已授权专利为50件，占专利总数的27.78%；处于实质审查阶段以及公开但未进入实质审查阶段的专利为103件，占专利总数的57.22%；撤回的专利为27件，占专利总数的15.00%（见图7-8）。

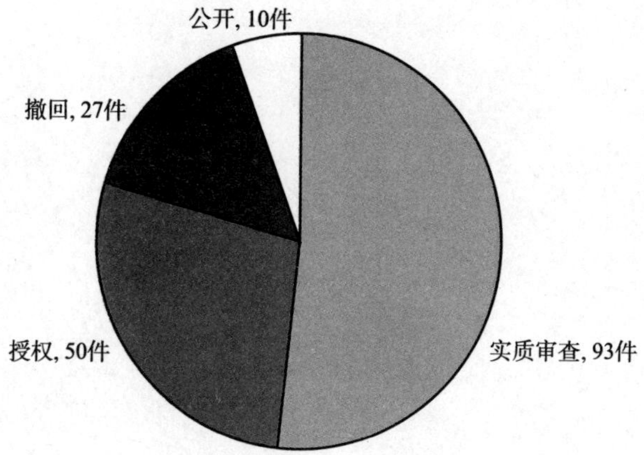

图 7-8　2018 年深圳智慧医疗产业中国专利法律状态

优秀企业篇

深圳作为改革开放的前沿与试点，在探索产业发展的道路上，众多优秀企业纷纷抓住时代机遇，在健康产业领域开拓进取、追求创新、砥砺前行、实现自我，在创新发展的聚集地带领团队脚踏实地、努力拼搏，为产业进步做出了积极贡献。

第八章　阿勒泰戈宝茶股份有限公司

一、企业简介

阿勒泰戈宝茶股份有限公司（简称“戈宝”）成立于2006年，是以“实现戈壁生态与人类健康良性循环”为目标，以“保护戈壁珍宝，发展绿色产业”为宗旨，以“拯救罗布麻，健康千万家”为愿景，以公益心态做商业，从事拯救、种植、生产、经营罗布麻（红麻）产业的国家级高新技术企业。

阿勒泰戈宝茶股份有限公司实行“拯救罗布麻　健康千万家”工程，历时十余年，耗资超过3亿元，在八名中国工程院、中国科学院院士鼎力支持下，组建了阿勒泰戈宝红麻科研共享平台，拥有全国罗布麻（红麻）资源总量超过90%，自主知识产权20多项，获得国家“健”字号批文3项，研发生产戈宝红麻功能茶、保健功能服饰、护肤品等系列产品，将濒临灭绝的罗布麻（红麻）在原生地实现了大规模仿生种植，将退化严重的荒漠变成了国家3A级“戈宝红麻花海”生态旅游景区，形成集种植、研发、生产、运营为一体的戈宝健康生态全产业链。在治理荒漠的同时，直接带动了当地农牧民增收，为荒漠化防治及发展健康产业树立了典范。

阿勒泰戈宝茶股份有限公司先后获得“中华人民共和国生态原产地保护证书”“新疆维吾尔自治区农业产业化重点龙头企业”“新疆地区知名商标”“知名消费品牌”“新疆著名商标”“广东省最受消费者喜爱产品及最具竞争力品牌”“国货精品十佳卓越品质品牌”“深圳健康产业领军企业”“深圳健康产业科技创新企业”“第十一届中国国际保健博览会优秀企业奖”等殊荣，戈宝红麻保健茶在第十三届中国国际高新技术交易会上被评为优秀产品。

二、生产运营情况

阿勒泰戈宝茶股份有限公司目前已开发生产了8个系列27个单品，包含保健食品（戈宝红麻牌罗布麻茶、戈宝红麻牌五味子罗布麻茶、戈宝红麻牌银杏红麻茶）、化妆品（戈宝面霜、戈宝手霜、戈宝身体乳、戈宝精油皂）、纺织品（内衣、内裤、袜子、T恤）等，建立了以广东、新疆为代表的直营店面，入驻各大商超、药店等连锁品牌以及天猫、京东为主的网络销售平台，累计销售近亿元。

三、研发创新情况

阿勒泰戈宝茶股份有限公司是国内唯一从事拯救、种植、生产、经营罗布麻（红麻）产业的国家级高新技术企业，拯救了濒临灭绝的罗布麻（红麻），规模已从原有的123亩种质资源仿生栽培至2.18万亩。公司拥有我国从事罗布麻专业覆盖面最广、研发能力最强的研发团队，目前已形成一系列自主知识产权70余项，承担国家科技部、自治区科技厅、自治区工信厅等各级各类科研、推广项目20余项，成果转化率达100%。

2018年公司研发投入超过250万元，开展了“罗布红麻降血压、降血脂、降血糖、改善睡眠作用及初步机制的研究”“罗布麻指纹图谱的研究”“罗布麻有效活性物质及营养物质定量定性分析”“罗布麻功能化妆品开发”“罗布麻脱胶工艺研究及纺织品开发”“罗布麻规模化种植技术及病虫害防治技术研究”等科技研究，在国内外核心期刊发表论文40余篇，获得专利10项，其中，外观专利6项，实用新型1项，发明专利3项。

四、发展规划

近年来，“回归自然”“绿色消费”成为时尚，天然植物活性成分成为现代医疗保健食品的最佳原料。罗布麻（红麻）产业经国家资质部门检测证明，具有辅助降血压、降血脂、改善睡眠等功能，是远离污染、天然与绿色的健康食品。阿勒泰戈宝茶股份有限公司现已建成年产250吨罗布麻（红麻）的自动化生产线及年产100吨GMP保健茶的包装车间，已工业化开发生产了戈宝罗布麻（红麻）系列保健功能纺织品、保健茶，生产鲜叶

4万吨/年，纤维500吨/年，市场价值超过200亿元。

未来几年，阿勒泰戈宝茶股份有限公司将借助健康产业大发展的契机，继续加大研发投入，密切联系科研院所，重点解决罗布麻产业发展中的一系列关键技术难题，开发出更多适合市场的天然保健食品、化妆品、纺织品，建设现代化戈宝麻产业园及工程技术研究中心，打造最具竞争力的戈宝麻产业核心团队，全面建设戈宝麻保健产品销售通道，预计销售规模超过8个亿，成功实现IPO主板/港板上市，形成国际品牌影响力。

阿勒泰戈宝茶股份有限公司将继续大规模人工种植戈宝麻，进行推广应用，预计实现总面积8万亩的种植规模，加快新疆生态建设与生态产业发展，大幅改善当地生态环境状况，发展其衍生产业，建立特色示范推广应用基地，带领传统农牧民转型。同时，公司依托戈宝麻生态产业及戈宝红麻花海3A级景区，与阿勒泰市人民政府共同打造阿勒泰阿拉哈克特色小镇，形成以戈宝麻生态产业为基础，融中医养生、民俗展示、休闲旅游、科普体验于一体的生态旅游圈，打造具有生态效益、经济效益、社会效益为一体的绿色健康品牌，探索出生态环境改善与经济发展的双赢之路。

第九章　百丽雅身心健康产业集团

一、企业简介

百丽雅身心健康产业集团（简称“百丽雅”）始创于1992年，定位于身心健康产业，扎根深圳近三十年，先后荣获国家商务部“3A级信用企业”“全国放心美容院”“中国十佳超级SPA美容会所”“2018全国百强美容TOP100第一名”“广东省著名商标”“深圳老字号企业”“深圳市最具创新意识美容机构和高度服务优势机构”“深圳市五星级美容院”“深圳市百万市民心中的诚信企业”“深圳名片”、美容化妆品业指定推广品牌美容连锁机构、诚信企业、深圳市南山区美容美发行业20强、国际ISO 14000环境管理体系认证、最佳国际化专业SPA美容机构、亚洲美容健康最具影响力品牌大奖、最佳美颜国际化美容机构、杰出创新企业大奖、最受消费者喜爱美容连锁机构、国际杰出大型连锁机构大奖、亚洲美容健康最具成就品牌大奖。董事长赵青女士先后获评“亚洲最具影响力领袖人物权威金奖”“国际美业杰出青年美业大奖”“2017年度国际美业企业领袖大奖”“2018国际美容健康女企业家大奖”“国际美业杰出企业家”“最具爱心企业家”“深圳健康产业领军人物”“改革开放40周年最具影响力女企业家”等荣誉称号。

百丽雅身心健康产业集团定位于身心健康产业，严格遵循国际企业管理标准，先后通过“ISO 14001国际环境标准体系”“ISO 9001国际质量标准体系”“ISO 45001职业认证体系”，奠定了企业在产业内名列前茅的基础。集团始终坚持为全人类的“美丽、健康、幸福、快乐”保驾护航，积极拓展业务版图，拥有7家高端生活美容会所、4家悦医疗机构、1家教育学院、1家生物科技公司，力图打造成集生活美容、预防医学、医疗美容、健康管理、教育产业、生物科技为一体的集团公司。旗下的“悦”医疗接轨国际高端医疗顶级标准，获得中国食品药品检定研究院颁发的“全国安全用药示范基地”，成为品牌、技术、服务、售后、体验、口碑的产业领航者。

百丽雅身心健康产业集团提供360°全方位美容、医疗与大健康管理服务，搭建安全保障体系，汇集来自德国、美国、韩国、泰国、中国台湾等国家和地区的权威医学抗衰专家，始创“养颜、养身、养心”的三养文化，积极引进全球顶级产品和高科技仪器，自主研发专利技术手法——源动力三养疗法，独创首个融合灵性按摩的芳香疗愈品牌——七色脉轮，目前拥有固定高端会员突破3万人，是国内外领先的高端身心健康领军品牌。

二、生产运营情况

百丽雅身心健康产业集团在近30年的发展期间，不论从规模还是经营内容都开创产业首例，引领产业导向。首次创立养颜、养身、养心全方位综合型的三养美容，开创美容产业全新领域，且从国外引进SPA产品及项目，引领SPA时代。百丽雅成功研发专业手法——“源动力三养疗法”，该专业技术手法获得国家专利，填补我国美容产业美容手法专利领域的空白；于2013年创立禧悦医美高端医疗品牌，成为首个融合至尊服务、高端环境、医疗专家、顶配医疗设备仪器为一体的私人订制医疗中心；2017年创立主打服务“30”以下人群的“速颜美”年轻化医疗品牌——“心悦医美”；2018年成立了蜜悦生殖健康管理中心、澜悦眉眼唇定制中心及康悦健康中心等。

三、研发创新情况

百丽雅身心健康产业集团的专业技术团队用16年时间研究而成的一套融合三养及五行功效的健康疗法——“源动力三养疗法”。该疗法结合人体中医五行经脉法则，通过背部按摩、精油闻香、穴位引流、玫瑰水晶能量排毒及面颈按摩等一系列流程连贯的护理来达到面部提升及收紧，利用通（疏通经络）、排（排出毒素，刺激女性荷尔蒙分泌）、调（通过对面部中的定位反射，从肾、子宫、卵巢、胃、膀胱、脾、肝、心、肺做全面调理)、补(针对性的补充)的手法，遵循经络走向，顺经络为补，逆经络为泄的原理，补充人体的正能量，这套疗法突破传统美容技术，由面部反射区到整个身体，通过五感疗法净化心灵，使人体细胞组织更具活力，快速疏通受阻的经络，加速气血运行，促进血液循环，增强新陈代谢及皮肤的吸收功效，使皮肤更红润、通透、细腻、光滑、提升，以达到养颜、养身、养心内外兼修的三养境界。

百丽雅身心健康产业集团依据印度具有三千多年养生医学理念的脉轮疗法，结合位于人体脊柱中线掌管生理、器官、内分泌、情绪的七个气卦(脉轮)代表的能量中心与其所对应的内分泌腺体平衡与否，借用顶级精油，消除因压力所引起的身心问题，使肌肤红润、通透、细腻、光滑、提升，有助放松、净化与排毒，提升免疫力和活力，维持与大自然同步的完美平衡之道，达到真正的身心健康，形成独具特色的“七色脉轮”自然疗法。

百丽雅身心健康产业集团在日本多所大学教授的专业指导下，历经多年发酵酿造生产的全方位酵素产品——生命酵素，是以中国台湾阿里山超过150种当季新鲜蔬果、菇蕈、本草为基础，配以100%日本原菌种，遵循古法经过545天发酵螯合而成的纯度极高的“植物性复合酵素”，具有促进肠胃吸收、祛疤除癍、去角质、解酒等功效。

百丽雅身心健康产业集团依古籍医典，秉承藏医药之精髓，精心研制出了“野生藏药百草浸液”，通过人体皮肤毛孔、淋巴循环、穴位(神阙)，避开肝脏及脾胃肠道直达病灶体，可针对内分泌失调所引发的如妇科、男科、疼痛类、乳腺、子宫卵巢、男女功能性障碍、更年期综合症、面色晦暗、黑眼圈、心悸失眠等症状，起到内病外治的效果。

四、发展规划

所有的伟大，源于一个勇敢的开始。百丽雅集团从创始初期便一直打破产业壁垒，创造出了多个产业第一，打造了业内领先的集生活美容、预防医学、医疗美容、健康管理、教育产业、生物科技为一体的集团公司，旗下各业务板块颇具协同效应，在各个领域名列前茅。百丽雅集团始终坚持以客户为中心，形成“1+N”的业务模式，业绩实现稳定增长，拥有上万名高品位、高格调、成熟自信的客户，各子公司业务矩阵与集团品牌相互呼应，共同促进良性循环，为扎根深挖客户需求和扩大市场份额起到了重要的作用。

百丽雅身心健康产业集团成立近30年来，在拓展产业的同时始终热心社会公益事业，从关爱孤儿、关爱自闭症儿童、关爱女性健康、组织员工无偿献血到扶助贫困生，努力践行“大爱无疆，善行有我”的宗旨，设立了爱心基金会，资助四川、西藏、贵州、福建等贫困地区的失学儿童；资助新丰一中9名贫困中学生，圆了他们梦寐以求的大学梦；在印度洋大海啸、广东省因台风引发的洪灾后，积极踊跃向受灾城市和地区捐资、捐衣、捐物；曾连续三年通过彭清一助学基金会资助深圳大学莘莘学子；向深圳市南山区慈善会捐赠数十万元用于慈善救助；先后由全国政协副主席、香港特别行政区前特首梁振英携夫人、深圳狮子会授予其“蒙妮坦2016年度爱与美同行不倒翁金奖”“杰出助学奖”“光明使者奖”“红色天使奖”“爱心捐助奖”等一系列荣誉称号，得到社会各界一致好评。

未来的百丽雅身心健康产业集团，对外发展将继续引进世界级专家团队与技术，继续加强与国际顶尖美容机构的合作，技术上强化安全意识，服务上强化品质意识，拓宽集团服务领域，不断增加服务项目，把身心健康理念贯穿到每一个爱美人士的生活当中，让她们触达、接受并且付诸于实践当中，以满足更多关于美、健康的全面需求。对内发展则加大生物科技公司的产品研发与投入，在东莞雁鸣湖建设细胞实验室及学校，用更多高品质的产品线打破健康产业本身具有的时间与空间壁垒，给消费者提供更多维度的服务，用产品带动服务，用生活美容、医疗美容以及健康管理增强粘性，进一步深化“三养健康”概念，搭建三养学院在线教育平台，建立百丽雅文化体系，并将文化体系跟顾客的黏性达成一体，透过互联网的整体运行搭建百丽雅品牌形象，真正把“以工匠精神做企业”植入品牌，实现市场与品牌双赢。

第十章　璟骐生物科技（深圳）有限公司

一、企业简介

璟骐生物科技（深圳）有限公司（简称“SGC 集团”）隶属于香港科技大学企业计划成员科达美生物科技有限公司（SGC Cosmotech Company Limited），专注抗衰老产品的专利生物技术研究及应用，业务囊括健康产业上、中、下游范围，由研发、制造、生产、市场推广以至服务，于 2014 年进入内地市场，2018 年落户深圳前海深港合作区，在北京、上海、成都、广州设有多个分支机构。绿色生物科技抗衰老是健康的产业，是世界大趋势，SGC 集团有明确的使命、战略，有专注、热诚的公司文化，秉承“让中国自家研发的生物科技领导全球绿色抗衰老市场”的使命，扩大中国和亚洲市场的发展力度，满足市场对高质量个性化护肤产品的快速增长需求。

SGC 集团运用世界级科研技术，积极开发天然、安全、可持续发展、可应用在日常生活上的服务和技术，守护国民健康，达到“Made in China, Develop in China and Sell to the World”（造于中国，行于中国，销于国际）的目标。其拥有的自主研发核心技术——生长群优化技术（Self-Growth Colony，简称“SGC”）是一项绿色皮肤修复科研项目，真正个性化订制，无化学添加，将生物技术应用在皮肤修复领域上，以专利技术涂敷在皮肤上，令老化的皮肤修复，甚至可以“涂”平增生性疤痕，帮助皮肤回复自然，无需进行手术或注射。集团 2018 年荣获全国创新创业大赛港澳及海外赛区优胜奖、港科大百万奖金中山赛区优胜奖，获得香港特区政府科研资助金额超过 350 万港币，拥有中国大陆、中国香港、中国台湾、瑞士、美国、澳洲、加拿大等国家和地区的多项专利。同时，集团在香港科技大学为超过 1500 种植物和天然成分（Natural Compounds）建立数据库，筛选出具有美白、保湿、滋润、抗衰老功能的原材料，陆续生产有科学数据支持的护肤产品，萃取植物原材料非食用部位精华，大大降低成本，善用资源，令成品安全价廉物美。香港科技大学的科研团队与国际知名大品牌的实验室一样，拥有 3D 的皮肤细胞技术，可合成皮肤细胞用于实验，无需进行动物实验，研发出天然植物防腐剂取代抗生素，可用于渔农畜牧饲料及化妆护肤品等，潜力无穷，令消费者活得更安全、减少化学伤害。

二、生产运营情况

近年来，SGC 集团获香港特区政府资助建立并发布 SGC 质量及安全性标准；位于香港科技大学的 SGC 实验室申报了 ISO 17025 认证，正在审批公示阶段，通过 ISO 17025 标准认可意味着实验室具备了以国际准则开展校准/检测的技术能力，确保实验室产品以及服务的质量，并将列入《国家实验室认可名录》，提升知名度；在香港科技大学建立“SGC 皮肤检测中心”，开创大学以独立身份为消费者的护肤产品成效量化的先河，树立全球首个高级精准私人定制品牌的典范；2018 年 6 月在深圳市南山区高新产业园香港中文大学深圳研究院建立 SGC 研究中心，拥有占地 1000 平方米的技术服务中心，获得“医疗机构执业许可证”，同期 SGC 备用套装取“Ⅱ类医疗器械许可证”，建立人工智能系统，建立个人系统，追踪产品生产进度，可提防假冒。香港科技大学向香港特区政府发表了 SGC 中期报告，剖析了 SGC 超卓和安全效用，已制备完整符合香港特区政府卫生署要求的 SOP 程序，GMP 认可的中央实验室于 2019 年底完成，有助提升 SGC 的认受性。

2018 年，SGC 集团的收入来自分销和提供治疗服务，单在香港的主营销售就持续快速增长，已超过 1000 万港元，利润率为 60.2%。事实证明，在知名期刊发表医学论文、成立拥有医疗牌照的香港及深圳 SGC 服务中心、由医疗级皮肤分析证明效果、高回头消费率会使寻求高质量定制产品和服务的高消费群体高度满意地完成治疗服务过程。集团以中国香港为总部，接待了大量来自北京、上海、广州、成都咨询中心的客户，目前客户群主要来自中国内地、其次为东南亚及欧美，满意度超过 98%。今后 SGC

集团将以合理的支出扩大市场，预计国际销售和营销活动收入将增加一倍。

SGC 集团拥有天然有机医学可持续的皮肤抗衰老技术，另以“GMP 真·美·白”及“Cosmotech 科达美”两大品牌拓展大众护肤品市场，覆盖产业链的上、中、下游，实行中央生产，建立完成简易操作培训、预付制度、国际认可生物组织送递服务及出入口许可，优化品牌工作、营销广告、影视制作、认可工作（申请专利、临床报告等）、品牌注册、保护知识产权、防伪冒工作，参与国际发报会；以政府资助，大学参与的政、产、学、研相结合方式优化生产，开发 SGC 备用套装；同时借助香港科技大学技术支持、拥有 GMP 资质的大厂代为生产家用护肤品系列，加大开拓东南亚与欧美市场，让科研成果转化为大众日常使用的护肤品，未来会与投资者合作，扩大中心数量与规模，加快发展步伐。

三、研发创新情况

SGC 集团旗下两大品牌——“SGC 生物科技”针对高端客户，强调私人定制抗衰老科研产品，多年投入研发经费超过 8000 万港元；“Cosmotech 科达美”系列则以广大群众的家庭护理为主。

（一）SGC 生长群优化技术

SGC 生物科技，即生长群优化技术（Self-Growth Colony）是一种崭新的生物科技，自体、纯天然、无添加任何化学成份，只需添附在细胞膜的表面便有智能地启动细胞运作，起到促进、平衡或抑制细胞过度生长的作用，现已获取中国大陆、中国香港、澳大利亚、瑞士、美国、加拿大等国家和地区多项专利，在中国大陆、中国香港、中国台湾、马来西亚、日本等国家进行商标注册。

有研究报告显示，该技术首先具有显著细胞增殖作用。通过不同时间点，对 HaCaT 细胞进行 MTT 测定，证明其对 HaCaT 细胞具有增殖作用，增殖程度比 10ng/mL 的血管内皮生长因子（VEGF）更高（VEGF 的融合平均百分比达到 114%，而 SGC 的平均百分比为 132%）。增殖率也高于对照组，对照组需 10. 07 小时达到 50%的汇合度，SGC 组仅需 5. 81 小时就可完成。其次具有细胞修复作用。通常 HaCaT 细胞需要 24 小时才能完成愈合过程，施用了 SGC 在 8 小时后细胞伤口修复超过 90%，说明 SGC 在细胞修复方面有显著的强劲功效。此外，SGC 含大量生长因子：有助年轻快乐的人体天然脑神经传导体血清素、人体天然抗氧化、抗衰老的谷胱甘肽（GSH）、辅酶 Q10、ATP（增强细胞能量）、Col1A1（SGC 内 Col1A1 增加弹力胶原蛋白达 58%）。以上体内的生长因子，随着年龄增长相应减少，出现皱纹、色斑、粗糙、色黄、细胞氧化，甚至忧虑、健忘等现象。SGC 的补充可发挥强劲的细胞增殖能力，显出逆龄及年轻的肤感。SGC 超卓的修复功能对发炎中的细胞、增生性及红肿疤痕有针对性的治疗作用。相关数据显示，可使皮肤弹性提高 135.5%，减少 35.5%水分流失，黑色素水平下降 11.8%，水润、美白、抗氧化效果显著。超过 1000 例临床实验发现，能有效针对贺尔蒙斑、蝴蝶斑，有助改善因细胞失衡引起的敏感（激素脸）、过度整容与注射引发的生硬凹凸（俗称“网红脸”）。

SGC 萃取自全套细胞蛋白微量元素，形成协同效应，为自身干细胞层提供一个年轻的环境，有条件孕育细嫩、紧致的肌肤细胞，令肤质处于年轻时的状态。这是一个均衡的结构组合，没有一方偏多或减少，没有添加任何化学物质，贯彻“以人为本”的精神，成就一个全属由自生原素造成的抗衰老产品，且只使用涂敷的方法，不注射、不静脉回输，克服人手短缺或过份依赖技术人员的问题，每份产品均有政府注册合格的第三方化验出具的检测报告和独立条形码，比市面上的同类型产品更安全、更天然。

SGC 集团将持续投入更多研发资源，围绕更多有关细胞、生物科技和策略的研究，通过一系列精密的仪器和技术开发高安全性、强有效性和个性化护肤产品。长期保持与科研院所、大学生命科学系、分子学系等专家的合作关系，探索新的应用方式，有效预防和治疗皮肤老化的问题。透过产学研合作，有效建立完善安全质量标准，生产有效果、可持续发展的产品，为保障消费者利益及安全而努力。

（二）Cosmotech 科达美

在护肤化妆品原料全球化流通的情况下，产品同质不同牌的现象很普遍，谁能掌握创新性的配方及技术，谁就能成为消费市场新主宰者，新的产品功效也将决定产品是否能够成为消费主流，帮助品牌商获取更大的经济价值。Cosmotech 科达美品牌将会以专利创新的配方、技术及功效并重的护肤产品为品牌发展方向，相关研发工作有望提升中国护肤产品的科技含量和促进护肤品产业的发展，重点研究新型天然防腐成分和技术，将充分表现产品领先、质量安全的特色。

SGC 集团依托在香港科技大学建立的数据库，从 1500 多种植物和天然成分中筛选出具有最美白、保湿、滋润、抗衰老功能的原材料，萃取原材料非食用部位精华，陆续开发出包括洗面奶、爽肤水、精华素、保湿霜、眼部护理产品、紫外线（UV）保护产品和面膜等具有抗衰老、美白、去斑和其他皮肤修复效用的先进化妆品和护肤品系列，获得多项专利，将 Cosmotech 科达美发展成为生物技术、有机产品的知名品牌。2014 年香港科技大学发表的燕窝美白功效研究论文（The Whitening Activity of Edible Bird's Nest），使用了国际通用最先进的可以确定成份结构和准确含量的定性定量分析技术——三重四极杆液相质谱技术，首次发现并证明以"游离唾液酸"作为标志性物质的燕窝具有强效美白功能。Cosmotech 科达美产品中燕窝游离唾液酸含量、美白功效提升、蛋白含量提升、抗氧化功能提升分别是同类产品的 4.9 倍、12 倍、29 倍、5 倍。

四、发展规划

（一）市场前景

当今社会，人们越来越追求有机无污染、纯净无添加的生活方式，化学性医学美容技术带来的长期过量注射或整型导致的肌肤凹凸不平、僵硬不自然的状况逐渐被摒弃。SGC 是目前我国唯一天然有机医学可持续的美容技术，提取植物中天然的抗菌成分取代化学合成防腐剂。通过 DNA 提纯技术，从纯天然的原材料中（戈宝麻、燕窝等）提取出美白因子，制成高纯度的美白面膜，为消费者提供了既安全又实惠的高质量护理产品，符合市场对绿色环保美容产品的需求。

传统整型医美祛疤就是把凹陷的地方填满、凸起的地方磨平，运用注射填充、激光磨皮、高热射频等物理性方式处理，但那个凹陷的地方仍会留有深深的疤痕。例如暗疮引致的凹凸洞才是问题的征结所在，并非高出的部分，用激光、射频或是打磨周遭的皮肤，或是用果酸去侵蚀整片皮肤，让周围皮肤减薄至和凹陷的部位一样，只会令原来健康的皮肤变成敏感肤质，结果本末倒置，得不偿失。磨皮后的肌肤会变得极其敏感，伤害度极深，复原期长达 6 个月以上，皮肤变薄，副作用极大；含有增生结缔组织纤维体质的凸起疤痕，再用激光磨皮切割创伤的方法，只会令原有疤痕扩大。SGC 独有的无创疤痕修复技术针对高消费市场，将干细胞与再生医学技术应用在医美领域，只需每月“涂”一次，靠其强劲的细胞复苏功能，令凹陷的肌肤重新长肉，或控制凸起的地方不过分增生，甚至消退、抚平疤痕，具有极大的市场潜力。SGC 凭借用户口碑，构成旧客户推介新客户机制，以政府资助、香港科技大学科研实力为强有力的支撑，整合资源，形成产学研融合的个性化、纯绿色、多功能、无创伤性产品，逐渐成为市场趋势，受到投资者的追捧。

（二）核心竞争力

SGC 与国内外同其他公司同类技术、产品及服务相比，拥有核心科研技术、自家研发能力、可持续发展的能力。

首先，其拥有香港特区政府和香港科技大学的技术支持。市场的竞争来自相类似的合成或自体蛋白质产品，例如 PRP（已在美国普遍使用）、细胞疗法或干细胞疗法。但是，从临床报告得以证明 SGC 应用于美容抗衰的效能，其安全性、非入侵性、效率、持久性和可持续性方面等特质都较卓越。

其次，获得专利的粉末状蛋白产品不含任何添加剂或防腐剂，源于自体。产品中央处理，易于运输，质量控制容易，保质期长达 22 个月，与皮肤酸碱值一致，疗效稳定，使用时没有不适的感觉。产品具有多用途功能、成功率高：美容效果超过 94%，疤痕愈合效果 100%，头发生长可多 3 倍。

再次，易于操作及培训。治疗师只需要 1 天时间便能掌握 SGC 操作。而其他医学美容技术非常依赖医师个人的表现和经验，他们的专业失当行为或疏忽可能会令医美服务提供商承担重大责任并损害声誉。加上市场上具有经验和资质的注册医师数量有限，相反，SGC 并不需要与其他医疗美容服务提供商争夺人才。

最后，大多数用干细胞技术的产品都要透过注射或静脉回输方式（侵入性）使用，SGC 只需轻轻涂抹即可完成，是一种更简单直接、零风险的非侵入式方式，补充受损和老化组织较一般医学美容更为安全，更好地实现皮肤再生和细胞增殖的效果。

SGC 高度达到细胞增殖的能力比任何其他产品更优秀，其高活性率和容易提取的方法，令它比其他细胞技术在皮肤更新上更先进和可行。产品容易获得客户口碑、高回头率及推荐率，填补 40 岁以上女性客户市场的需要。目前，SGC 集团正积极探索另一个商业领域“治疗疤痕愈合”。作为未来疤痕切除术和皮肤移植手术的有效替代品，将有助于灼伤康复，减少和预防疤痕扩散，大大减少了患者的痛苦，可以避免整形手术/医学美学的副作用。

（三）发展规划

根据世界银行发展报告，当一个国家的人均收入超过 2000 美元之后，即进入到中等发达的小康社会，对医疗整形美容产业的需求就会增加 10% 左右，并每年会以该速度递增。ISAPS 数据显示，医疗美容渗透率以每千人接受医疗美容疗程为单位，中国人为 1.7，美国为 12.6，巴西 11.6，韩国 8.9，印度 0.7。与其他国家和地区相比，中国虽成为全球第三大医疗美容市场，在市场规模和全球占有率逐渐增长的同时，疗程渗透率仍较低，这表明中国医疗美容市场成长空间巨大。

SGC 集团为此制定了明确和有针对性的发展计划，扩大各种治疗服务和产品发展渠道，针对美容专柜和授权商店的高端客户发展私人定制的产品，开创个人化护肤品系列；通过提供临床研究和医学论文探索伤口和疤痕愈合的医学应用；2015 年在中国大陆和香港注册“Infinity Hair 卫丝”商标，积极开发生发市场，提供治疗及相关产品；与香港科技大学合作，以百万医学级皮肤检测仪器搜集皮肤大数据，建构皮肤检测软件，形成政府资助、科研优化、企业生产的新模式；通过战略收购以增加营销能力和品牌形象，将持续发展高度安全性的细胞修复和细胞抗衰老尖端科技，以“天然、健康、持续”的核心价值，向打造成世界级“纯绿色有机”美容保健抗衰品牌的目标进发，通过品牌升级及全球布局，致力开创健康医美的黄金时代，为促进人类纯绿色健康美容技术做出贡献。

第十一章　深圳奥萨制药有限公司

一、企业简介

深圳奥萨制药有限公司（简称“奥萨”）于2007年作为重点企业落户深圳，是国家级高新技术企业、广东省唯一拥有两个国家I类新药的创新型企业、深圳市南山区纳税百强企业，主要针对严重影响大众健康的心脑血管疾病，研究、开发安全有效的诊断和治疗产品，提供从预防、预测到治疗的系统解决方案。

奥萨公司以留美海归人员为主，拥有国际一流的转化医学研发团队。公司首席科学家徐希平教授原为哈佛大学副教授和伊利诺伊大学教授，获得过美国NIH十余项科研基金资助，发表SCI论文360多篇，先后入选国家“千人计划”、广东省领军人才、南粤百杰人才以及深圳市孔雀人才，2015—2018年连续进入爱思唯尔（Elsevier）数据库发布的医学领域“中国高被引学者榜单”，其中2015年、2016年荣获第一名。团队申请专利200多项，83项已经获得授权，成功研发出国家一类新药“依叶”和配套的基因诊断试剂盒，组成全球首个高血压领域“基因诊断+药品”的精准医疗产品对，相关科研成果发表于NEJM、Lancet、JAMA等国际一流医学杂志，并已经载入国内外脑卒中和高血压防治指南。依叶上市后的“中国脑卒中一级预防研究（CSPPT）”成果获得国家卫计委合理用药专家委员会和中国医师协会高血压专业委员会组织编写的《高血压合理用药指南（第2版）》“A级证据”（最高级别证据）和“I级推荐”（最高级别推荐），并获得国际《千名医学家网》最高举荐。近四年已经发表学术论文88篇，影响因子总计超600分，其中IF 5分以上30篇（含10分以上）。2018年底，奥萨自主研发的第二个国家一类新药“氨叶”获批上市，这是过去七年里心血管治疗领域唯一获批的新药。

奥萨公司在医学界首先提出“H 型”高血压的概念，经多年临床实践，于 2016 年 3 月发布《H 型高血压诊断与治疗专家共识》，得到中华医学会心血管分会正式确认。自主研发的 H 型高血压治疗药物“依叶”荣获 2013 年中国药学发展奖创新药物奖、2015 年首届最具临床价值创新药物奖、2015 年中国教育部科技进步奖一等奖、2015 年中华医学会中华医学科技奖一等奖、2016 年国家科技进步二等奖。

奥萨公司开创性建设了脑卒中防控的“荣成模式”并初见成效。2017 年统计数据显示，在全国脑卒中发病率上升 8%的背景下，荣成市脑卒中发病率显著下降 21.44%，卫生经济学效益显著。2016 年全国“两会”期间，28 位全国政协委员提案将“荣成模式”的脑卒中防控纳入全国慢病防控体系，国家卫计委高度重视并给予了正式答复。2018 年“两会”期间，27 名全国政协委员再次联名提案，建议国家卫计委尽快向全国推广。

二、生产运营情况

（一）总体效益

奥萨公司的主营销售收入近几年来持续快速增长，复合平均增长率为 55%，主打产品“依叶”的销量位居同类降压药全国第三名、复方高血压药物全国第七名（前十位的其他药物均是外企产品），2018 年销售收入突破 8 亿元，纳税额超过 6400 万元。

随着科技发展与生活水平提升，从国家层面到普通百姓开始日益关注营养与健康，营养素对健康的影响越来越受重视。目前，国内外主流营养补充模式，仅仅关注人群大类的基本区分（如孕妇、老人、儿童等），无法满足不同基因背景、缺乏程度、疾病与身体状况对于营养素的个性化需求。因此，奥萨公司专门成立了深圳芙莱特营养与健康有限公司，致力于保健食品的研发，定位“精准营养”，即通过在保健食品或者普通食品中科学添加各种剂量适合于不同人群的营养素，实现个体对不同程度营养素缺乏的精准补充，即多缺多补，少缺少补，不缺不补。同时与帝斯曼（DSM）、巴斯夫（BASF）等全球优质原料供应商紧密合作，协同开发拥有多项自主科研技术的保健食品，涉及精准营养、降同型半胱氨酸、辅酶Q10、植物提取物、纤维素产品、有机食品等六大板块，截至目前，已获得维生素B12片、维生素K片、维生素D片、铁片、硒片、锌片等76个品种的保健食品备案凭证。

（二）主营产品情况

1. 马来酸依那普利叶酸片（依叶）

马来酸依那普利叶酸片（依叶）是奥萨公司自主研发、拥有完全自主知识产权的国家I类复方新药，用于治疗伴有血浆同型半胱氨酸（Homocysteine，Hcy）水平升高的原发性高血压（H型高血压），具有降压、降Hcy及预防脑卒中作用。依叶于2008年上市，2009年被纳入国家医保目录，2010年成为《中国高血压防治指南2010版》推荐用药，2012年获国家“十二五”重大创新药创制项目支持，2013年被纳入国家基本药物目录。依叶针对中国高血压人群中高Hcy、低叶酸及亚甲基四氢叶酸还原酶677C/T基因多态性的特点，可精准用于治疗H型高血压，有效预防脑卒中，成为“十二五”期间医药卫生领域优秀代表性成果之一，并被列为国家重大战略品种，2015年被人民网和中国医药创新促进会评选为“最具临床价值创新药”，2016年荣获国家科学技术进步二等奖。

2. 氨氯地平叶酸片（氨叶）

氨氯地平叶酸片（氨叶）于2018年12月成功通过国家药品监督管理局审批，第二个投入市场的治疗“H型高血压”、预防脑卒中的国家I类新药。“氨叶”弥补了“依叶”易引起干咳等不良反应的缺陷，与“络活喜”（氨氯地平原研药）相比，降压效果等效，而降低Hcy和升高叶酸效果更优，临床优势明显，药物经济学优势更大，临床应用价值更高，增加了治疗H型高血压用药的选择范围，成为我国高血压患者有效预防脑卒中的重要手段。

3. MTHFR 677C/T基因检测试剂盒

MTHFR 677C/T基因检测试剂盒中文全称是亚甲基四氢叶酸还原酶677C/T基因检测试剂盒，用于定性检测人体MTHFR基因677位点的CC、CT、TT三种多态性，经大规模临床样本验证，准确度大于99.99%，具有操作简便、快速、防污染、高通量、低成本、灵敏度高（最低可检测200pg/μL 基因组 DNA）、结果易判读、可溯源等优势。可主要用于心脑血管领域，预测患者中风，帮助患者进行危险分层，指导其个体化用药；在妇幼领域，指导备孕夫妇和已孕妇女精准补充叶酸，降低新生儿出生缺陷风险和不良妊娠事件发生的风险。

4. Hcy 检测试剂

Hcy 检测试剂中文全称同型半胱氨酸检测试剂，它与全自动生化仪配套使用，可检测受试者血浆同型半胱氨酸（Hcy）浓度。Hcy 是心脑血管病的独立危险因素，在人体内长期蓄积会对人体血管产生慢性损伤，进而导致脑卒中、冠心病等心脑血管疾病。一般地，如果血浆 Hcy>15μmol/L，可诊断为高同型半胱氨酸血症；按照《中国高血压防治指南 2010》的意见，高血压患者血浆 Hcy≥10μmol/L 时为影响其心血管预后的重要危险因素。该产品是国家“十三五”重大专项“H 型高血压分子分型研究”推荐使用试剂，是国家卫生部卒中防控委员会唯一推荐 Hcy 筛查使用试剂盒，也是中国卒中一级预防大型临床试验专用试剂。

5. 便携式 Hcy 检测仪

便携式（POCT 型）Hcy 检测仪是针对体检机构、二级医院、社康中心等基层医疗机构开展 Hcy 检测项目而研发的，用于定量检测临床血液样本中 Hcy 浓度，能为偏远地区提供快捷、简便、经济的化验检测，有效解决了基层医疗资源匮乏的问题，为我国农村地区 H 型高血压患者的诊断治疗铺平了道路。

6. 电子血压计

作为提供 H 型高血压整合解决方案的企业，奥萨公司独立开发了具有自主特色的电子血压计，加强了对客户的服务能力。产品可同时检测血压、心率，综合评估心血管健康水平；独立储存两个人的检测信息；检测结果按 WHO 标准自动分类，进行危险分层；若检测发现血压高，系统自动提示检测 Hcy 以判别是否属于 H 型高血压，帮助患者进行精准医疗，使治疗收益最大化。

7. 全自动化学发光测定仪

VIT700 型全自动化学发光测定仪，采用化学发光和免疫分析相结合的化学发光免疫分析原理，磁性微粒子为载体的分离纯化技术和化学发光酶联免疫技术相结合，拓宽了检测的线性范围，提高了检测灵敏度和分析速度。VIT600 型化学发光测定仪可以连续运转并自动运行全部测试过程，具有实验室信息系统（LIS）接口，便于临床诊断，配有及时报告系统，可检测后及时将报告发送医生接受系统及患者手机上。该仪器配套的试剂用来测量人体血清、血浆或其它体液中的叶酸、维生素 D、钴胺素（维生素 B12）、吡哆素（维生素 B12）、糖化血红蛋白等被分析物的含量，为医疗部门诊治患者提供参考依据。

三、研发创新情况

奥萨公司为心脑血管疾病、代谢性疾病等慢性疾病领域提供预测、预防、治疗的系统解决方案和产品，2018 年承担三项“十三五”重大专项及多项国家、省、市科研项目，申请专利 200 多项，83 项已经获得授权，成功研发出国家一类新药“依叶”和配套的基因诊断试剂盒，组成全球首个高血压领域“基因诊断+药品”精准医疗产品对，相关科研成果发表于 NEJM、Lancet、JAMA 等国际一流医学杂志，并已经载入国内外脑卒中和高血压防治指南。依叶上市后的“中国脑卒中一级预防研究（CSPPT）”成果获国家卫生健康委合理用药专家委员会和中国医师协会高血压专业委员会组织编写《高血压合理用药指南（第 2 版）》的“A 级证据”（最高级别证据）和“I 级推荐”（最高级别推荐），并获得国际《千名医学家网》最高举荐。围绕 CSPPT 大型临床研究已发表学术论文 88 篇，影响因子总计超 600 分，其中 IF 5 分以上的 30 篇（含 10 分以上）。

四、发展规划

近 30 年来，我国无论农村或城市，心脑血管疾病的发病率和死亡率均呈上升趋势，目前高血压患病人数达 2.7 亿，其中约 2 亿为 H 型高血压。奥萨公司的科研团队历经多年成功开发能更有效预防 H 型高血压患者脑卒中的创新药物“依叶”与“氨叶”，并在市场上取得巨大成功。

当前降压药市场中，90%被跨国公司产品占据，“依叶”和“氨叶”的出现使其在学术推广上占据主动，打破进口药垄断，在市场上直接与进口产品抗衡而不至于湮没在低水平的国产仿制药中。产品上市后，奥萨公司与顶尖的心血管疾病专家合作，开展了“中国脑卒中一级预防研究”(简称 CSPPT)。该研究被世界高血压联盟主席刘力生教授誉为第一个针对我国自主研发的创新药物所开展的具有里程碑意义的大型随机对照研究。研究采用大样本、随机、双盲、平行对照的 RCT 方法，纳入 20702 例高血压患者，经过平均 4.5 年的治疗观察，结果显示：以依叶为基础的降压治疗方案，可以较以依那普利为基础的单纯降压治疗方案显著升高血叶酸水平，并且进一步降低首发脑卒中的风险。

CSPPT 成果于 2015 年在《美国医学会杂志》（JAMA）首篇发表，JAMA 同时发表了编者按，对 CSPPT 在设计、实施到临床和公共卫生学意义上均给予极高评价，认为 CSPPT 对这个世界性的科学和医学难题给出了确切答案。在国内，CSPPT 成果相关内容已列入 2015 年《中国脑卒中一级预防指导规范》。CSPPT 进一步阐明了大量人群长期使用依叶的安全性及优化临床合理用药方案，证实了依叶的疗效，对于有效预防脑卒中、促进国产品牌药物培育、升级创新药研发价值链等具有重大意义。

奥萨公司经过 20 年的摸索，针对严重影响健康的慢性复杂性疾病，以流行病学调查、药物基因组学研究为基础，探索出适合中国国情的创新药物研发思路，对疾病发生、发展和治疗的分子生物学机理进行深入研究，设计并开发出更为安全有效的治疗方案、创新药物和相关的诊断产品，自主研发了具有知识产权的国家 I 类新药依叶和氨叶。三类诊断试剂 MTHFR 基因诊断试剂盒、二类医疗器械便携式同型半胱氨酸检测仪以及二类诊断试剂同型半胱氨酸试剂盒组成了世界上首个应用于常见心脑血管疾病的个体化诊疗产品对，提供了脑卒中从诊断、预测、预防、治疗的一条龙服务，能更经济、有效地预防脑卒中。公司逐步建立起了以高血压治疗、脑卒中预防为核心的流行病队列研究大数据库，它将为我国心脑血管疾病防治研究提供强大支持。未来几年内公司将重点开展以下工作：

（一）研发复方制剂

继续以高血压治疗、脑卒中预防为主要研究目标。治疗高血压的主要目的是最大限度降低心脑血管病的死亡和病残的总危险，这就要求在有效降压的同时，对各种可逆心血管病危险因素（如高胆固醇血症、糖尿病、高同型半胱氨酸血症等）进行干预。WHO 也提出心血管疾病治疗需要一个从“单独治疗危险因素”到“全面控制心血管疾病危险因素”的转变。血压、胆固醇、血小板粘附性和同型半胱氨酸可增加心血管疾病风险，如能同时控制它们将大大降低发病风险。近年来，伦敦大学玛丽医学院预防医学研究所的 Wald 教授提出了多效药丸（Polypill）概念，即在一粒药丸中混合多种药物来预防心血管疾病，包括降血压药、降胆固醇药、小剂量阿斯匹林、叶酸。哈佛大学与麻省理工学院合作开发出阿奇霉素+氯喹治疗疟疾、氯丙嗪+戊烷咪治疗肺癌等新组方药物，取得成功。诺华、诺和诺德、默沙东和雅培等制药企业加快了固定剂量复方制剂产品的推出步伐，辉瑞公司推出由降压药氨氯地平与降脂药阿托伐他汀组成的复方新药多达一（氨氯地平阿托伐他汀钙片）。奥萨公司将在依叶和氨叶的基础上，继续进行复方新药研发。

（二）循证医学研究

大型随机对照试验、特别是新药上市后Ⅳ期临床研究结果是判断药物疗效与安全性的金标准。我国生物医药产业链与发达国家的差距，除了原始创新不够，更在于临床证据的不足。纵观医药巨头的成功经验，要想在心血管新药领域取得成功，就必须把上市后循证医学研究提到极高的地位。因此，奥萨公司将投入更多的人力物力，积极开展基于“氨叶”的循证医学临床研究，把自主知识产权的药物做大做强，从而打造重磅炸弹级医药产品。

（三）精准医学研究

精准医学是针对个体的基因组和表型特点进行疾病防治的多学科研究，是逐渐形成的基于个体基因组信息和疾病分子机制进行准确预警和治疗的医疗模式，使降低发病率和降低医疗成本成为可能。精准医学将从多方面实现医疗健康的个性化服务，包括面向未患病人群以及针对疾病、特别是重要慢性病的预警和药物反应性检测等；是个体化医疗的延伸，病人的遗传信息是支撑“精准”的物质基础，只有对基因组信息的详细注释以及临床化使用，才能保证精准医疗的实施。奥萨公司将积极开展心脑血管疾病领域的精准医疗探索，诸如 MTHFR C677T 位点突变与高同型半胱氨酸血症、药物治疗及脑卒中预防的关系、CYP2C19 基因多态性对氯吡格雷抗血小板、预防血栓疗效的修饰作用等，开展对疾病风险和药物疗效具有相关性的基因多态性研究，了解发生机理，从基因角度研究危险因素与之的交互作用。

（四）抗糖尿病药物研发

糖尿病治疗的重要目标之一是防止或延缓各种并发症，尤其是血管并发症。因此，在控制血糖的同时应积极干预与糖尿病并存的高胆固醇血症、高同型半胱氨酸血症等血管病变危险因素。在国际糖尿病联盟公布的《2 型糖尿病全球治疗指南》及美国糖尿病学会发布的《2 型糖尿病治疗新共识》中，二甲双胍被确立为唯一和生活方式共同干预用作基础治疗的药物，是临床上常用的口服降血糖药物，长期服用能够减少心血管并发症。但二甲双胍常引起胃肠道刺激症状，导致胃肠功能失调、腹泻，可能阻碍维生素和叶酸的吸收，引发恶性贫血、高同型半胱氨酸血症等不良反应。因此，奥萨公司计划以增效减毒为目标，开发含有专利保护和市场前景的二甲双胍复方抗糖尿病药物。

第十二章　深圳易生原生物科技有限公司

一、企业简介

深圳易生原生物科技有限公司（简称“易生原”），成立于 2011 年，是集生物研究、科技开发、健康管理、保健养生、生产运营、销售服务于一体的专业化健康养生企业，连续三年被国家商务部评为“企业信用评级 AAA 企业”，始终致力于打造中国自愈养生第一品牌，中国肝胆肠排毒第一品牌，中医养生与自然疗法健康养生第一服务管理系统。

易生原公司拥有一批既精通医学知识又秉承传统特色疗法的研究团队，其中博士 5 人，硕士 8 人。被业界和媒体界称为“亚洲排毒之父”的周易兴博士是团队核心和灵魂人物，拥有美国自然疗法医学博士和南京中医药大学中医学博士学位，是周易兴自然疗法创新技术创始人，中国健康管理行业十大杰出创新人物，荣获 2018 年度“深圳健康产业工匠精神”称号。周易兴博士带领团队紧跟世界医疗产业的自然疗法发展潮流，汲取东西方先进的养生保健理念，依据中医养生与自然疗法的通、清、调、补、养的养生理论，自主设计研发了千手能量床、身心灵养生课程、肝胆肠排毒养生及日常调理维护类等系列健康养生产品及服务体系。易生原公司致力于中华传统自然养生、中医文化的理论研究、健康系统、排毒养生、学术交流、技术应用、成果推广、慈善募捐、亚健康管理、自然疗法康复、自然疗法营养学师资培训资格认证等相关产业，为社会各界关注健康和需要健康帮助的单位和人士提供专业的亚健康管理、自然疗法营养学教育培训和养生康复指导等个性化健康服务。

易生原公司立足于长远发展，在现代公司管理制度的基础上，建立健全了一系列生产产品的国家论证体系和质量认证体系以及一套完善的人事管理、产品管理、质量管理、财务管理、营销管理、信息管理等综合管理体系。易生原公司以提升国民综合健康指数为己任，以“全民排毒，强壮中国”为使命，以“快乐、健康、感恩您”为核心文化，以“唤醒国民健康意识、倡导自然养生观念，加强亚健康管理能力、提升生命生活品质”为企业宗旨，以“建立中国亚健康管理、自然疗法康复的服务保障系统”为目标，倡导以“去除身心灵慢性疾病，为您启动身体强大的自我疗愈功能”为根本健康养生之道。

二、生产运营情况

在多年的生产经营销售过程中，易生原公司以改善人类健康为己任，致力于提升现代人生活品质，一贯坚持“安全有效，质量至上”的诚信理念，专家团队在产业领域不断迈进，以专业严谨的实验论证，不断改良及开发新产品，结合先进科技制造出高品质的产品。先后成功开发养生“神器”——千手能量床；易生宝典、易生净康、果蔬植物粉、肠博士等排毒系列产品；万生元、维护四宝等近20套维护系列核心产品。

自2017年以来，易生原公司顺利开拓了浙江、上海、安徽、江苏、山东、辽宁、吉林、黑龙江、北京、河北、黑龙江、江西、广东、福建、河南、陕西、甘肃、广西、湖北、湖南、贵州、四川、重庆、台湾等地市场，举办健康养生培训超过170期，培训学员达3万人次，成功完成第一阶段的战略布局。同时成功进入美国、欧洲、俄罗斯、马来西亚、新加坡、越南和泰国等国家和地区，奠定了开发海外市场的坚实基础。目前为止，公司拥有166家旗舰店，242家区级代理以上经销商，会员超过10万人，累计销售产品总额突破9000万元，实现销售利润收入2000多万元。

易生原公司连续三年被国家商务部评为“企业信用评级AAA企业”“中国健康产业十大创新型企业”“深圳健康产业诚信企业”，荣获国家质监总局和中国质量协会颁发的“产品质量稳定合格企业”称号。在2017年深圳国际BT领袖峰会生物/生命健康产业展览会和第78届中国广州国际药品保健食品交易会（广交会）上，易生宝典和千手能量床获得“2017生物/生命健康产业创新成果银奖”“科技成果金银奖”，拥有发明专利、实用新型专利10项。

三、研发创新情况

近两年，易生原公司先后投入近300万元在新产品研发上，由周易兴博士领导的专家科研团队先后成功研发和推出了一系列健康新产品，如千手能量床升级版、用于保护胃肠道的绿精（螺旋藻小球藻混合片）、提升精气神的夏·玛丽精致咖啡、有效延缓衰老的磷虾油胶基糖果及具有排毒、养颜、塑身功效的“福德·肽”能量代餐等5类核心产品。其自主创新研发的千手能量床升级版可提供多重按摩效果，具有超长波发射器和超高频振动器，能与身体磁场产生共鸣共振，磁化人体血液内的铁质，促进血液循环，在深层全身按摩的同时，增加呼吸时的氧气摄入，促进循环顺畅，消除体内毒素，舒缓身体的肌肉和神经，使皮肤光滑；远红外线结合温炙功能可穿透皮肤，深入皮下组织达3至5厘米，产生热量扩大毛细血管，促进血液循环，加速代谢率，强化免疫防御，加强身体的自愈能力。该产品将远红外、超长波发射技术、气血循环机、磁石、能量石进行了有效结合，快速打通经络气血与微循环，能有效预防及改善心脑血管疾病，达到一机多用，一机通用，老少皆宜。

公司以周易兴博士为核心，在不断研究、创新和完善中形成了一整套行之有效并深受用户青睐的“周易兴自然疗法创新技术”，开展通俗易懂、精华传授的个性化系统培训，将中医养生保健和西方自然疗法有机结合，以自然疗法创新研究与推广、养生新模式建立、教育培训系统开发实施为重点，以培养技能人才传承民族文化为己任，以开展品牌活动带动更多人运用自然疗法养生获得健康为目标，实现传承有序并发扬光大。

周易兴博士还始创虹膜舌诊融合诊断和健康调和法，积极推广自然养生，帮助数以万计亚健康人群和癌症患者提高健康生活水平。始创571透视自我心理学，后深入研究开发“571健康密码”身心灵自我疗愈系统，两年来开办20多场高阶身心灵课程，指导近百场身心灵健康排毒生活营——实践自然养生回春治病，接受中央电视台、美国华盛顿中文电台、新加坡电视台、美国西雅图中文电台、马来西亚电视台、湖南卫视、天津卫视、湖北卫视、上海卫视、深圳卫视等国内外报纸、杂志、电台、电视台采访，2017年受邀赴美参加中美省州贸易投资合作论坛，期间接受西雅图中文电台专访，2018 年受邀参与天海游轮海外大型系列公益活动。

在营销模式方面，易生原公司以重点地区推出一至两家直营店的形式先行进入全国市场，再走连锁加盟店的形式铺开，以体验式营销吸引客户，在各个店里安装多台电视机或者 LED 广告屏，所有的电视机或者广告屏都以广告形成播放公司相应信息，让客户体验的同时也接收到广告信息，与此同时，推出正在市场上做验证的排毒系列产品课程的体验活动，以此相互推动影响市场。每一个产品都以不同的形式走向市场，而产品间又以广告、体验等各种形式进行相互推动和相互影响，以此打开公司整个养生健康产品的多元产业链销售。

四、发展规划

（一）市场前景

国务院发布的《关于促进健康服务业发展的若干意见》指出：健康服务业已成为推动经济社会持续发展的重要力量。但目前国内的健康养生产业大多是在做概念，各类保健食品公司真正解决客户疾病问题的很少，林林总总规模不一的养生馆实质上仅仅是以按摩为主要业务，还谈不上真正的养生。《黄帝内经》上讲："通则不痛，痛则不通"，只要身体经络通了，血管通了，流顺畅了，什么问题都好解决。易生原公司的千手能量床就是依此原理来解决人们的问题。产品无论是直接面对客户，还是面对各大美容养生会所，都可以更好更方便地服务客户，而且彻底解决客户问题。在当前市场上，改进版的千手能量床年的销售量占据能量床市场的半壁江山，走在了市场前列，获得全国各地广大用户的一致好评。

中国医疗保健市场和功能性食品市场近几年需求旺盛，每年以 30% 的速度增长。各类打着排毒养生旗号的产品和公司层出不穷，质量也良莠不齐，普通老百姓不易分辨好坏。经市场调查发现，销售同类产品的公司基本都没有自己研发的核心产品，以提供服务为主，采购别家公司的没有核心竞争力的产品。易生原公司长期躬耕于中医自然疗法和排毒养生领域，自行研发推出的排毒系列产品易生宝典、易生净康、果蔬植物粉、肠博士等；维护系列产品万生元、维护四宝等；胃病保护神——绿精（螺旋藻小球藻混合片）；能让男人精壮女人漂亮的夏·玛丽精致咖啡；能延缓衰老，降低心脑血管和癌症等疾病发生的磷虾油；能排毒养颜塑身的能量代餐福德·肽等核心产品。这些产品在中医自然疗法排毒养生领域都占有一席之地，将中国中医自然疗法和排毒养生推向了新高度。

（二）核心竞争力

1. 千手能量床

普通按摩椅的原理是利用机械滚动、挤压等功能对人体表层及肌肉进行按摩，以达浅层的经络疏通和气血循环，按摩后可感到肌肉放松、关节灵活，使人精神振奋、疲劳消除。但因为滚动、挤压的原理，客户使用的时间稍长，结束按摩后会造成表皮层的疼痛，且会对一些身体内植入假骨或金属的使用者造成伤害。千手能量床依据现代普通按摩椅或按摩床的弊端进行研发，将机械的滚动和挤压改为“超高频振动+超长波”的深层穿透，直接对人体细胞按摩，让血液里的铁离子活跃起来，再结合远红外与温灸功能，有效扩通血管，加之能量石的负离子释放，让人可以不去森林就享受到高负离子的空气，达到血管通畅、神经舒畅、骨骼健康、经络舒展、五脏六腑深层按摩等功效。

千手能量床的优势在于：①可对细胞进行深层按摩和修复；②对身体没有任何伤害（所有技术采用波长、磁极，都是控制在对人体百利无一害的范围内的）；③占地面积小，任何场所都可放置体验，使用方便；④适合任何年龄阶段，市场适用范围广；⑤作用时间短，只需 3 分钟，可使全身气血畅通，迅速消除疲劳。

2. 中西医结合的自然疗法

周易兴博士是第一个融合营养学、中医学和自然疗法医学的保健专家，40 多年钻研营养学、中医、自然疗法，已经帮助数以万计的疾病与亚健康人群。

中医自然疗法根据自然医学的哲学观，深信人体天生具有“自然自愈能力”，古希腊医学泰斗希波克拉底曾言“病人的医生是病人的本能，医生是帮助本能的”，通过综合性的自然疗法提高或修复机体的自愈能力，达到生理平衡和康复疾病的目的。自然疗法根据自然医学的整体观念，强调通过综合自然疗法激发人体自身防御疾病的能力，逐步恢复人体各系统的整体功能，最终达到身、心、灵全面健康的目的，同时针对自然医学提出的五大病因，给细胞补氧、补水，保持细胞营养均衡，使组织微循环畅通，提高细胞解毒功能，并及时排毒，让不健康的或有病的细胞更快、更好地修复和自愈，从而改善各脏器的生理功能。

中西医结合的自然疗法具有很多优点：①针对人体细胞病因治其本；②非药物治疗系统，无毒副作用；③调节人体基本结构和功能单位细胞，具有整体性；④结合西医药物治疗，达到“标本兼治”；⑤防治结合，多病同治，效率高。

（三）发展规划

国务院颁布的《“健康中国2030”规划纲要》明确指出：牢固树立和贯彻落实国家新发展理念，以普及健康生活、优化健康服务、完善健康保障、建设健康环境、发展健康产业为重点，全方位、全周期维护和保障人民健康，为实现“两个一百年”奋斗目标和中华民族伟大复兴的中国梦提供坚实的健康基础。机遇与挑战同在，易生原公司作为一家集研发、生产、销售为一体的专业化健康养生企业，将紧扣健康养生产业转型升级的主题，紧紧抓住“健康中国2030”规划的宏伟蓝图，与健康行业同仁共赢共建共发展，致力于打造中国自愈养生第一品牌，中国肝胆肠排毒第一品牌，破解中医养生与自然疗法健康养生系统密码，开创易生原科技创新品牌服务大健康产业应用的新时代，为“全民排毒，自愈养生，强壮中国”的企业使命和梦想而共同努力奋斗。

未来，周易兴博士将结合海内外联盟单位与专家的力量，不断研究能够帮助人类健康的方法，共同研发出对人类健康有益的产品，其中，干细胞的研究和应用也已经行走在正确的轨道上。干细胞是一类具有自我复制能力的多潜能分化细胞，在一定条件下可以分化成多种功能细胞，去替代机体那些死亡并且不能再生的细胞，以期达到治愈的效果，涉及多学科、多层级、多知识面。而周易兴博士从排毒界走来，再深入到干细胞研究领域，面对非常挑战、难以超越的全新科学领域，他不顾年逾花甲之岁，还是信心百倍，为自己的梦想和情怀而奋斗着。

易生原公司将在做好大健康产业的同时，在未来三年向“连锁加盟店+企业银行+保险理财+生产研发工厂+产品生态链+大数据+商学院”的商业模式前行，对管理团队、公司实力、产品研发、产品质量、公司信誉、经营模式、代理制度提出更高要求。同时向互联网、金融、旅游、养老、房地产等领域进军，利用“互联网+大健康+大资本+大数据”四维一体的全新商业理念，实现从资源走向资本，从资本向商业联盟整合，完成大健康产业平台的闭环式商业帝国。

第十三章　深圳市玛莎嘉儿连锁实业有限公司

一、企业简介

深圳市玛莎嘉儿连锁实业有限公司（简称“玛莎”）于20世纪90年代初创始于澳洲，是集生物科技、医美仪器、美容保健产品的研制开发、品牌代理、营销管理、连锁经营、医疗保健、健康管理、高端会所管理、美容养生、产业投资与产业物业平台建设等于一体的综合性多元化企业。

近年来，玛莎公司在健康产业领域励精图治、锐意进取，传承美丽梦想，缔造品牌传奇，不断发展壮大，分别在澳大利亚、瑞士、新加坡、韩国设有科研基地，逐渐布局国际发展版图。公司旗下拥有的玛莎 Marsa、玛莎嘉尔 Marsa Guer、傲美时 MC21、名白 MEABA、玛莎格芮 Marsa Gallery、比艾斯 BIO-ES、ES CLINICOS、La Mimier、葆尔康 BIOFDAS 及素尔第一 SURE NO. 1 等化妆品品牌及高科技生物保健产品、医疗美容仪器产品品牌在国内外享有盛名。坚持践行科学优质的康养保健医疗服务经营模式，与华为安朴签订了酒店健康养生 SPA 系列大健康康养战略合作协议，成为华为唯一指定的抗衰老养生保健合作伙伴；与影儿时尚集团深度合作，提供缔造优质生活的精彩平台；引进瑞士高端品牌 Lavallee、Mettle1929 进入中国市场，推动产业发展走向国际化进程；旗下玛莎格芮产品注入了珍贵的富勒烯抗衰因子、冻干粉、九胜肽及最新从各类植物萃取的干细胞和各种形态植物生子因子等活肤和抗衰老成分；与瑞士皇家医疗中心合作，在抗衰老领域先拔头筹，处于产业领先地位；企业发展不断升级转型，以科技助力健康的新思维模式，彰显了让智慧科技改变生活的全新健康生活理念。

二、生产运营情况

玛莎公司主营业务包括项目投资、生物科技研发、医疗保健养生及文化教育等领域，并以深圳为发展基地，逐步向全球辐射，与国际同业同步接轨，分别在澳大利亚、瑞士、新加坡、韩国设有科研基地，将高科技仪器及生物产品的“产、学、研”结合，并完美地融入了360度至善至尊的市场服务。公司一贯秉承“以质量求生存、以信誉求发展”的企业宗旨和“高效务实、锐意进取”的经营理念，不断托起产业发展的新高度，在澳大利亚、瑞士、中国香港以及中国内地总业务量不断扩大，在项目投资、生物科技研发、医疗保健养生及文化教育等领域成绩彪炳，已成为业界翘楚。

玛莎公司多年来不断“与时俱进、开拓创新”，积极“实施产业置换、调整产业结构、实现产业升级战略”，投资物流产业园及文化产业园项目，兴建文化创意广场，打造养生文化、生活艺术、文化创意交流平台；在大湾区“9+2”城市打造养生体验基地，获得由国家发展和改革委员会“千企千镇”工程办公室授予的“健康养生特色小镇”入库通知书，为产业结构调整与升级做出了积极努力。

玛莎公司始终秉承源于社会、回馈社会的高度使命，积极参与慈善事业，举办各种类型的公益慈善活动，持续进行各种慈善捐款，救助患病儿童，帮扶贫困山区儿童的教育等，荣获“2017胡润百富产业领袖”“深圳最具爱心企业家”“广东扶贫济困红棉杯铜杯奖”“深圳市健康产业领军企业”“深圳健康产业社会责任企业”“全国质量、服务诚信示范单位”“中国市场知名品牌”“中华品牌”“中华知名商标”“百万市民心目中最诚信企业”“五星级美容机构”“首家慈善会所”等荣誉，获得了社会各界的高度认同。

三、研发创新情况

科技是企业创新发展的不竭动力，玛莎公司自成立以来，始终坚持产、学、研、用综合创新发展模式，以开发产品解决临床问题和市场需求为导向，以贯穿产业链上、下游为原则，实现资源最大效用的互补，充分保证开发产品的技术前沿性和市场适用性。

玛莎公司坚持以科技创新驱动产业发展，投入过亿元经费，在天然植物精华萃取与生产配方工艺上取得重大突破并拥有自主核心技术；在澳大利亚、瑞士、韩国设立科研基地，拥有自主专利和知识产权品牌；与多个全球著名实验室和医疗机构合作，将国际高端、领先的优质康养保健医疗服务、生物科技护肤品和崭新经营模式引入中国市场，促进产业国际化发展，推动生物技术迭代、医疗器械康养高科技技术和产品的开发应用。

玛莎公司与澳大利亚墨尔本最大的香精香料精油公司达成了战略合作协议，为后续的产品研发奠定了坚实基础；在澳大利亚成立“澳洲生物医药创投联盟”，作为医疗和健康产业研究中心，与深圳多家药企及健康产业等机构合作开展临床实验和前期的药物测试。公司在瑞士成立了高端品牌 La vallee、Mettle1929 的实验室和抗衰老中心，该实验中心一直秉承“萃取天然、科研精创”的理念和精神，不断积极研究和创新产品。在 Mettler 家族精研逾 1000 种植物，摘花朵、去根茎、汲菁萃华，于山野之间获得美学奥秘。比如 2015 年问世的 STC 系列，就采用尖端干细胞技术，用瑞士独特的长寿苹果干细胞分子为肌肤注入源源活力，其中系列精华素一经推出便一售而空。

科研永不停步，品质永存于髓。玛莎公司投资研发高科技健康美容产品的目标是“高端技术，高端产品，高端市场，进口替代和出口战略”，即利用现代生物工程技术，研发和生产以生物活性多肽原料和中间体为主的中间产品、高端生物美容化妆品，且得到法国、澳大利亚、新加坡、韩国、中国香港等地研发机构以及澳洲最知名的化妆品研发生产公司 NxGen，以及法国著名生物科学博士、化妆品配方大师 Dr. Poggie 等国际策略性投资者的支持。同时，公司依托国内外营销网络和终端体系建设产品的高端销售网络，致力于打造将生物活性多肽原料和中间体研发生产、植物干细胞等高端生物美容制品生产加工、美容保健食品研发和生产、高端美容化妆品博览、原料物流与供应链管理、教育与培训等功能于一体的华南地区最大的美容化妆品生物工程研发和生产基地。

四、发展规划

20余年来，品牌是支撑玛莎公司持续取得产业翘楚地位的核心竞争力。品牌魅力是消费者认同玛莎的纽带，其品牌具有如下特点：

医美服务价值性：在抗衰老健康保健领域致力于打造系列高品质产品与专业优质服务，旗下拥有多个品牌，持续为客户提供抗衰老、保健养生、医疗美容整形、诊断检查、深度体检及国际医疗旅游服务等一系列舒适、完备的医疗保健服务，ES CLINICOS皇室尊尚服务体系与世界顶级抗衰老年轻化养生模式同步，推崇全新国际化的健康生活方式，配合深度体检、中医保健等，诠释360度生命资产管理的精准完美体验。

品牌服务独特性：推崇“人无我有、人有我新、人新我变”的经营宗旨，树立了极具竞争力的良好企业形象。注重构建企业文化，建立自己独特的企业文化基地，形成独有的风格和核心竞争力。

产品服务延展性：始终将国际最前沿高科技信息及理念带给众多消费者。从新产品开发研制、设计、包装，到多元化服务的整合，企业的精心维护构建了品牌强有力的核心竞争力，保障了品牌成功延展，成为中国知名健康品牌企业，在产业中处于领军地位。

近年来，政府部门陆续出台多项支持健康产业发展的利好政策，玛莎公司顺应趋势，在健康产业领域进行战略调整。除了继续专注化妆品、护肤品的零售服务之外，也经营高端服务型会所，这些会所不仅采用了现代生物科技的抗衰老产品，而且配合高科技美容纤体仪器设备，为消费者提供更为专业和高端的健康管理服务。旗下的康盈门诊部已经运营十多年，形成集急诊、体检、中医、内科、外科、妇科、口腔科、皮肤科与医美科目等为一体的全科医院，以专业医疗的系统知识，辅助发展美容事业。

玛莎公司自成立以来致力于大健康领域的研究和探索，坚持高科技和产品的融合，以科技助力健康的新思维模式，与澳大利亚、瑞士、中国的上市型医疗器械康养龙头企业携手，以全新高科技仪器健康评估检测和抗衰老技术设备的临床应用推广为主，不断创新出独特的康养模式。展望未来，玛莎公司将采用生物技术、生物医疗、基因检测、干细胞治疗等高科技先进技术，研发新型健康美容产品；在多元服务方面，加强管理与合作，继续扩大服务网络，构建生产、制造、销售一体网络，继续扩大市场占有率；秉承国际化管理标准，一如既往地把自有品牌的维护发展视为企业的生命线；在健康产业道路上开拓创新，实现高端健康产学研用相结合的科学、规范、可持续性发展；继续秉持真诚、务实、高效、进取的企业精神，在不断创新发展的同时回馈社会，为中国健康事业的蓬勃发展做出卓越的贡献，在大健康相关领域里成为最具品牌的领袖企业之一。

第十四章　深圳市茵冠生物科技有限公司

一、企业简介

深圳市茵冠生物科技有限公司（简称“茵冠生物”）是一家专业从事基因工程与细胞生物技术创新研发、转化应用研究及技术服务的国家高新技术企业，致力于生物技术的产业化开发和搭建创新型服务平台，以细胞治疗临床转化研究、细胞储存、细胞健康管理为主营业务，是港股主板上市公司美瑞健康国际（HK. 02327）的控股子公司。

茵冠生物汇聚了国际化专业团队，团队成员涵盖生物科学、生物工程、临床医学、基础医学等各种专业，具有强大的研发能力、创新包容理念、前瞻性思维和敏锐的国际化视野。依托国内外广泛的合作网络，创新研发及引进开发国际最前沿的基因编辑和细胞生物技术，拥有自主研发的专利技术 40 余项（含近 10 项国际 PCT 专利）和国际领先的技术产品，“抗肿瘤生物免疫细胞”“间充质干细胞”“DC-CTL 免疫细胞”“双嵌合抗原受体修饰的 T 淋巴细胞”和“用于体外诱导脂肪来源间充质干细胞分化为肝细胞的培养基”荣获高新技术产品认定，两项产品获得第一类医疗器械生产备案，承担政府科技项目 10 余项，并同步进行相关技术的转化应用研究，其中 3 个项目成果获得深圳市政府颁发的“科学技术成果证书”。

茵冠生物拥有医学转化平台、细胞组织库、健康管理平台、区域性细胞制备中心、细胞检测中心和生物技术服务平台，为医疗机构、科研院所搭建高效、有序的生物技术创新开发与技术服务平台，致力打造国内顶尖、国际一流、集技术与服务于一体的医疗保健服务集团，为客户提供专业个性化的定制服务。公司在全国多地建立了 7 个符合 cGMP 标准的生产研发基地，为近 30 家三甲医院提供独家的技术服务，累计服务客户数万例次。公司实施标准化、流程化管理，并参照国际标准制定严苛的质量保证和风险控制体系，确保为客户提供高质量的生物技术服务。

茵冠生物是“国家高新技术企业”和“深圳市高新技术企业”，通过ISO 9001质量管理体系认证和知识产权管理体系认证，先后荣获“2017年度深圳健康产业科技创新企业”“2017年度生物生命健康产业创新成果金奖”“2017年度深圳健康产业诚信企业”“中国百强AAA企业”。公司建立的细胞生物技术科普基地——生命科学未来馆被深圳市科学技术协会授予“深圳市科普教育基地——生命健康科普教育基地”、深圳市健康产业发展促进会授予“生物技术产业化示范基地”“中航健康时尚集团生物技术产业化示范基地”“禧悦医疗国际抗衰中心生物技术产业化示范基地”“南阳理工学院深圳校友会生命健康体验基地”。

二、生产运营情况

茵冠生物秉承实现“让衰老放慢、让疾病远离、让健康永驻”的伟大愿景，坚持“先进细胞技术，助力临床医学”的原则，不断实现自我突破，在竞争激烈的市场环境中脱颖而出，并逐步成为产业的领军企业。

（一）建立区域性生产研发基地，搭建医疗转化平台

茵冠生物在广东、河北、陕西、广西、内蒙古等地建立7个符合国际cGMP标准的区域性生产研发基地，建立和管理细胞制备实验室、质控中心和细胞生物技术研发实验室；配置了国际顶尖的实验室仪器设备，如BD流式细胞仪、BD全自动血培养仪、ESCO生物安全柜、Thermo细胞培养箱、Thermo冷冻离心机、MVE液氮罐、Olympus显微镜等，并且通过了当地省级食品药品监督管理局的认定。区域性生产研发基地搭建起服务全国的细胞治疗网络，无论是基础科研、临床研究，还是临床转化应用，公司为近30家三甲医院提供超万例次的全产业链条的专业细胞治疗技术服务。

（二）践行严苛的质控标准，实现安全零事故

茵冠生物根据国际细胞治疗权威机构的相关标准和规定，通过创新研发建立了标准化、规范化、规模化的细胞制备体系，并制定了一系列针对

各制备环节的操作流程和管理规范，严格贯彻执行。同时，公司参照cGMP、ISO9001、ISCT、ISSCR、AABB、FACT、OHSMS 等国内外权威质量管理体系和协会标准，形成一套严谨的管理和质量保证体系，对采用无血清培养体系培养的细胞产品进行全程的质量监控，每份细胞都有数百份的质控标准文件记录，并可溯源。截至目前，茵冠生物的技术服务实现零污染、零事故的佳绩。

（三）拓展技术品类，扩大市场影响力

在干细胞治疗领域，市场上更多集中在脐血或者脐带等新生儿来源干细胞的技术。茵冠生物通过技术开发，建立了一系列不同来源、不同种类的干细胞技术体系，例如牙齿来源的牙髓干细胞、脂肪来源的脂肪干细胞、人初乳来源的乳汁干细胞以及子宫内膜来源的宫内膜干细胞等。其中，茵冠生物的母乳干细胞技术是国内唯一获得授权的母乳干细胞专利技术。同时，其制定的《临床研究用人体脂肪干细胞质量规范》已成为协会标准，《临床研究用牙髓干细胞研究质量规范》作为企业标准得到了产业的普遍认可，技术水平在产业内遥遥领先。

（四）布局前沿技术平台，推进产品研发

茵冠生物为保持在前沿技术的领先地位，坚持扩大研发品类，引进基因工程介导的细胞治疗及基因治疗技术。在原有基础上，扩建载体构建、病毒包装等新的研发生产平台，推进精准医疗的治疗技术进展。在基因编辑治疗技术领域，与国际保持同步，在血液系统罕见病及眼科疾病领域已建立数个适应症的临床前研究，即将进入临床研究阶段。

（五）建立科普教育基地，提升全民科学素养

茵冠生物建立了细胞生物技术科普基地——生命未来馆。生命未来馆是利用现代化科技手段，通过多媒体展示手段将抽象的细胞技术具象化，并通过生动的讲解将生物技术和生命健康之间的关系通俗的传递给大众，让每个亲临展馆的人可以从中获得生物技术领域的相关知识，了解生物技术能够对人类的生命健康产生哪些重大影响，从而提升整体的生命科学认知。

三、研发创新情况

（一）产品与技术创新

茵冠生物已开展数十项新产品和关键技术的研究开发，并进行转化应用。新研发产品项目共6项，分别为“细胞培养袋的应用研究”“组合式离心管的应用研究”“采血袋的应用研究”“存放细胞冻存袋的冻存盒的研发”“培养皿的应用研究”“用于回输细胞的输液袋的应用研究”；关键技术开发项目共18项，其中获得深圳市科技研发资金资助的项目有6项，分别是“MT-hADSCs促排重金属铅应用的关键技术产业化开发”“靶向治疗恶性胶质瘤的GDC-CTL关键技术研发”“治疗视网膜色素变性的表达色素上皮衍生因子的人脐带间充质干细胞关键技术开发”“BiCAR-T细胞靶向治疗恶性胶质瘤的技术开发”“靶向治疗白血病的双嵌合抗原受体T细胞技术开发项目”“新型CAR-T技术治疗恶性肿瘤关键技术研发”，公司自筹资金研发的项目有12项，分别为“CIK细胞培养方法的应用研究”“抑瘤基因修饰间充质干细胞的制备方法应用研究”“多抗原表位冲击树突状细胞治疗非小细胞肺癌的研究”“双嵌合抗原受体T细胞靶向治疗肝癌技术开发”“脂肪来源MSC诱导分化为肝细胞”“牙髓干细胞制备工艺优化”“一种母乳干细胞的制备技术开发”“一种干细胞护肤品的制备技术开发”“脂肪组织冻存技术开发”“一种仿生皮肤的制备技术开发”“针对β-地中海贫血的基因治疗关键技术开发”“针对血友病的基因治疗关键技术开发”。同时申请了这些技术相关的专利近40项，其中发明专利6项和实用新型专利8项获得授权，7项申请了PCT国际专利，3个项目成果获得深圳市政府颁发的“科学技术成果证书”，相关项目成果已在国内外著名期刊发表论文6篇，已注册“wingor”“茵冠”和“赛芙泉”三个商标。

（二）经营与服务模式创新

茵冠生物现拥有“细胞生物技术创新与应用平台”和“细胞生物技术科普基地”。细胞生物技术创新与应用平台作用在于：一是通过新建细胞生产线，形成细胞生物规模化制备技术平台，结合原有的细胞免疫与流式分析室、细胞功能检测室、微生物室，形成细胞规模化制备技术和分析检测平台，建立统一标准的评价体系；二是通过引进国外技术团队，并在现有平台上进行技术的自主研发，创新研发携带双 CAR 的免疫细胞技术、通用型的 CAR-T 技术、第三代的 CRISPR 基因编辑技术等新型细胞生物技术，建立标准化、规模化新技术研发平台，为肿瘤患者提供更为安全、有效的治疗方式；三是参照美国血库协会（American Association of Blood Banks，AABB）以及深圳市细胞综合库建设规范建立高标准、高质量的细胞库及检测系统，满足日益增长的细胞存储需求。该平台将推动深圳市乃至全国细胞生物技术产业化的快速发展，有利于缩短科技成果转化应用周期，为广大民众健康提供有力保障。

细胞生物技术科普基地将带动产业后端即应用端对于技术及产品的理解，激活后端市场的认知度，后续同类公司的竞争性模仿将扩大影响面，从而带动整个产业往前发展。

茵冠生物为医疗机构等专业客户提供全面的临床转化应用服务，从临床方案设计、项目申报资料准备、临床研究实施以及细胞制剂产品的准备等方面为医疗机构申报细胞治疗基地增加最合适的砝码；针对合作渠道，落地的“细胞生物技术创新与应用平台”和“细胞生物技术科普基地”为其提供专业的接待服务；专业的医学团队及细胞专家能够为客户提供健康管理方面的咨询服务，配合专属的技术团队为客户提供个性化的细胞健康管理方案、服务咨询及反馈。

四、发展规划

（一）市场前景

细胞治疗产业链条的上游以细胞储存业务为主，中游以细胞制剂研发为主，下游以细胞治疗应用为主。因研发技术门槛相对较低，很多企业布局细胞储存业务，市场竞争最为激烈。据预测：全球干细胞产业市场正逐步向细胞治疗药物研发与应用市场倾斜，到 2024 年全球细胞储存市场容量将增长至 540.9 亿美元，市场份额将从 2010 年的 20.9%下降至 14.9%。

在细胞制剂研发领域，由于细胞治疗产品的异质性、作用机制的不确定性以及生产工艺的复杂性，决定了细胞治疗产品在研发及审批过程中的难度。但即便如此，全球已审批超过15款细胞治疗产品。我国由于特殊原因，在细胞治疗产品的审批上搁置了一段时间，但随着全球细胞治疗研发浪潮的再次涌动，2018年起至目前，已有7个细胞治疗产品获得国家药品监督管理局的临床试验批件。

在细胞治疗应用领域，我国目前仅处于临床研究阶段，但随着《生物医学新技术临床应用管理条例》和《体细胞治疗临床研究和转化应用管理办法（试行）》两个征求意见稿的出台，预示着细胞治疗将步入双轨制管理，企业细胞治疗产品可以自主申报产品，也可以通过为医疗机构提供技术服务申报医疗服务项目。

（二）核心竞争力

茵冠生物是国内为数不多的同时拥有干细胞技术、免疫细胞技术和基因编辑技术的公司，在产业中处于领先地位的优势在于：

1. 技术优势

茵冠生物专注于分子生物学、基因工程、细胞生物学、肿瘤免疫学等领域的最新研究成果，与美国、德国、加拿大等多家科研机构联合研发细胞生物领域新技术。目前拥有10余种不同来源、不同组织的干细胞技术，并且拥有30余种不同疾病的临床研究与治疗经验；拥有如Wingor-MTIC，SuperIMCs，BiCAR-T，BiAC-MSCs等多项国际先进的抗肿瘤细胞免疫治疗技术，其中Wingor-MTIC及BiCAR-T均申请国际专利。公司从美国麻省理工大学引进CRISPR技术，该技术是目前第三代基因编辑技术，被誉为Science的十大科学突破、Nature Methods值得关注的技术，以及Technology Review的十大突破技术，将有望彻底治愈因基因变异导致的疾病。

茵冠生物始终遵循FDA-CBER OCTGT、ISO9001、ISO17025、Manual of Laboratory Bio-safety、Foundation for the Accreditation of Cellular Therapy、International Society for Cellular Therapy、International Society for Stem Cell Research、Clinical Laboratory Improvement Amendments等细胞生产、制备、研发等需要遵循的国际标准，并建立起一整套严苛的质量管理体系，如免疫细胞质量标准体系、细胞制备实验室质量手册、细胞制备实验室质量管理规范、细胞制备操作流程与规范、细胞质量控制检测规范、仪器设备操作

管理规范、实验室及环境管理制度与规范等，且通过了ISO9001质量体系认证。

2. 平台优势

（1）符合国际cGMP标准的生产制备基地

公司在深圳总部拥有逾千平米的生产研发基地，包括符合国际cGMP标准的生产实验室以及先进尖端的研发和生产仪器设备。在全国多省市建立了7个同等规模的研发生产中心，均通过了当地省级食品药品监督管理局的认证。

（2）深低温细胞组织储存平台

公司参照国际标准及国家相关法规建立细胞组织库，拥有人体细胞及组织分离、检测和储存配套的工艺流程和质量控制体系，配备进口的顶尖仪器设备，可储存人脐带血、脐带、胎盘、牙髓、脂肪等来源的干细胞和来源于人脐带血和外周血的免疫细胞，用于改善亚健康状态、抗衰老、美容保健以及肿瘤防治。

（3）医学转化服务平台

公司凭借强大的科研实力和先进的技术平台，将基因编辑、免疫细胞和干细胞等生物技术领域的自主知识产权技术进行转化应用。已与全国近30家三甲医院合作，提供独家技术服务，并与近百家医疗机构、临床科研院所建立生物技术科研合作关系，搭建医学转化服务网络，提供技术转化与升级、人员培养、学术支持与推广、课题申报、临床研究等服务；开展新技术的临床前研究、临床研究和临床应用，已建立一整套新技术或生物制品的临床研究体系，通过健全的医学转化服务平台持续推出新产品。

（4）健康管理服务平台

公司搭建健康管理服务平台，整合资源，为有健康需求的客户提供从健康评估到健康干预全流程的专业化、专一性、定制化的健康管理服务。通过全方位、科学的管理方法，对亚健康、慢性病、衰老等进行监测、分析和评估，制定科学管理方案，由健康管家落实干预计划，帮助客户保持身体最好的状态和机能，从而以更好的状态面对工作、享受生活。

（5）科普教育平台

公司利用先进的多媒体手段打造业内标准最高的生命科学馆，借助异形投影、多屏联动、人触摸互动体验、多维实时渲染技术等，让体验者能够身临其境，增加体验感和代入感，真正感受科技带来的震撼，能够更加深刻地理解生物技术对人类健康及疾病的影响。

3. 团队优势

公司的核心团队成员以留学美国、加拿大、英国等海外高等学府的博士和硕士为主，专注于细胞、基因与组织工程、临床医学、分子细胞生物学等多个研究领域，具有强大的研发能力、创新理念、前瞻性思维和敏锐的国际化视野。首席科学家姜舒博士为美国斯坦福大学留学归国博士后，从事生物技术研究十余年，作为国家海外高层次人才引进回国，当选为深圳市“孔雀计划”人才，南山区“领航人才”“深圳市产业与发展创新人才”。团队与美国国立卫生研究院、麻省理工学院、斯坦福大学、加州大学、佐治亚理工大学、宾夕法尼亚大学、马里兰大学、迈阿密大学、伊利诺伊大学、加拿大渥太华大学、德国柏林大学、香港大学、中国科学院、清华大学、北京大学等国内外大学及研究机构建立了多种形式的技术合作，确保能够最先掌握最新的生物技术，并进行自主研发和转化，应用于临床。

4. 运营优势

公司凭借领先的技术和专业的学术推广体系，积极开展市场化运营，在短短两年时间内与国内近 30 家三甲医院签署独家合作协议，为合作医院提供技术服务，并实现盈利，在产业内屈指可数。

（三）发展规划

茵冠生物将充分利用现有的优势，加强细胞治疗技术的研发及临床转化，扩大在国内的市场布局，以细胞治疗技术服务及细胞生物制药为核心，努力成为国内细胞治疗产业的领军企业。

1. 构建完善的“研究—转化—应用”的产业链条

公司积极与不同应用主体的机构进行合作，以客户需求为导向，反向促进技术的研究开发，通过加强与市场的紧密结合加快技术的转化应用，搭建起完善的应用平台与服务网络，从而缩短技术从实验室到应用的时间，解决研究与应用间不匹配的问题，并且使技术应用的“最后一公里”

真正落地。

2. 临床应用技术服务

公司着眼于未来能够在医院进行新技术的收费式临床转化，与各级诊疗机构进行深入的研究与探索，共同申报干细胞临床研究项目备案且开展干细胞临床研究。在获得良好的研究结果的基础上，将研究结果向省级主管部门及国家监管部门进行申报，并向相关物价主管部门申请相应的医疗服务收费项目，在医院正式开展收费的临床应用。同时，在现有合作医院及可行的申报路径基础上，不断拓展合作医院的数量及合作项目的适应症范围，积极将临床研究转化为临床应用，让更多对细胞治疗翘首以盼的患者真正受益。

3. 生物制药研发及产品申报

公司加大在CAR-T细胞技术和基因编辑技术等前沿技术的研发投入，探索新靶点和适应症，搭建完善的技术体系以及产业化工艺体系，并完成所有临床前的研究工作，准备相关产品申报资料，在CAR-T细胞治疗产品寻找与现有市场竞争产品差异的同时，加快基因编辑治疗产品的突破，努力成为国内首家申报基因编辑治疗产品的企业。

4. 拓展新业务模式

公司围绕细胞储存及细胞治疗业务的流量入口，搭建细胞治疗数据分析平台，寻找细胞与健康相关的指标，探索细胞健康与人体健康的干预模型，从疾病人群的“治疗”拓展到健康人群的“预防”，从而实现全生命周期的健康管理，使人类真正能够达到健康长寿。

第十五章　深圳市植慧植物干细胞研究院

一、企业简介

深圳市植慧植物干细胞研究院（简称“植慧研究院”）是民政部注册的民办非营利性新型研发机构，针对植物智能和植物干细胞领域，整合了中国、韩国、英国、美国等国最权威、最尖端的研发团队，掌握了世界领先的未分化植物干细胞的活体分离、培养、倍增、优化等系列平台型技术，拥有全部核心技术专利的国内独家授权，是目前植物智能和植物干细胞领域世界范围内最权威的研发机构。

结合国际领先的基因组学、有效成分分析、工程优化、效能验证等方面的专家团队，植慧研究院还搭建了全体系的植物智能和植物干细胞领域基础科学研发、应用项目研发、产业化研发和实施平台。相关成果的产业化及商业化主要由深圳植慧科技有限公司（委托研究、共同研究等；简称“植慧科技”）、深圳植慧科技开发有限公司（原料及半成品供应等）、深圳植慧科技产业有限公司（植物智能生产基地建设等）等商业化主体承接，全面对接各类下游应用场景，为食品、保健食品、美容品、生活用品、中医药、天然物新药、小分子药物等各类下游企业提供核心稀有原料的生产供应和功能配方研发等方面的解决方案，助力产业升级，促进健康产业集群全新生态系统的形成。

二、生产运营情况

（一）完成筹备工作并正式全面启动

深圳市植慧植物干细胞研究院作为深圳市南山区 2017 年的重点引进项

目，经过近一年的研发基础设施搭建、植物干细胞银行试运营、产学研平台建设等筹备工作，于 2018 年 7 月 19 日在深圳人才公园求贤阁举办了正式的启动仪式，意味着世界首个植物干细胞银行正式投入运营。

深圳市人民代表大会常委会副主任兼深圳市科学技术协会主席蒋宇扬、深圳市科学技术协会副巡视员孙楠、深圳市科技创新委员会书记邱宣、中国共产党深圳市健康类产业党委第一书记卢丽、深圳贸易促进会秘书长黄瑛、深圳市健康产业发展促进会会长黄鹤等领导以及深圳市发展改革委员会、深圳市经济信息贸易委员会、深圳市食品药品监督管理局、南山区科技创业服务中心等相关部门的工作人员出席了启动仪式。

深圳市植慧植物干细胞研究院正式聘请了植物干细胞平台型技术的创始人陈荣雨先生（韩籍）任首席科学家、李银庆博士（韩籍）任研究院院长，同时还聘请了英国爱丁堡大学的 Gary Loake 教授（英籍）和湖南中医药大学药学院院长陈乃宏教授出任研究院副院长，聘请中药全球化联盟创始人兼主席、美国耶鲁大学郑永齐教授（美籍）任研究院总顾问，真正汇聚了国际顶级学术领袖，搭建了植物智能和植物干细胞领域最为权威的研发团队。

（二）正式成为中药全球化联盟终身会员

2018 年 8 月 8 日，在马来西亚古晋举行的第 17 届中药全球化联盟年会上，经执委会投票，深圳市植慧植物干细胞研究院正式成为中药全球化联盟的终身会员。研究院理事长金时杰在大会上做的“关于植物干细胞平台型技术对于中医药现代化的作用和意义”的报告，得到了与会专家的热切关注和好评，纷纷表达了参与研发合作的意向，并开始了具体的研发项目规划和对接。

中药全球化联盟成立于 2003 年，是由当今世界上对中医药研究、教学与科研开发中力量最强的一批高端人才、知名高校和著名企业所组成的联盟，旨在推动中医药在治疗上的国际认受性，以及促进中医药全球化的步伐。其创办成员包括：中央研究院、中国医学科学院、北京协和医学院、中国中医科学院、香港中文大学、香港浸会大学、香港科技大学、国家卫生研究院、北京大学、PhytoCeutica 公司、上海中药创新研究中心、中国科学院上海生命科学研究院、上海中药标准化研究院、上海中医药大学、清华大学、香港大学及耶鲁大学等。

（三）受邀参加国内外相关领域各类学术论坛及展会等活动

深圳市植慧植物干细胞研究院正式全面运营后，受到了国内外学术界及产业界的广泛关注，先后受邀参加了第八届中国药理学会补益药药理专业委员会学术研讨会暨黑龙江人参研究高峰论坛（2018 年 7 月 22-24 日）、俄罗斯 BIOTECHMED 2018（2018 年 9 月 10-11 日于俄罗斯格连吉克，受俄罗斯商务部正式邀请特约出席）、2018 年深圳国际生物/生命健康产业展览会（2018 年 9 月 20-22 日）、深圳市中国科学院仙湖植物园第二届学术委员会第二次会议暨第四届学术年会（2018 年 10 月 31 日）等活动，向国内外的学术界、产业界同仁详细介绍了植物干细胞平台型技术的研发进展以及产业化应用，并开始了后续的产学研合作等工作。

深圳市植慧植物干细胞研究院还特别邀请中药全球化联盟主席郑永齐教授、沈阳药科大学张怡轩教授等专家于 2018 年 11 月 20 日在深圳湾科技生态园党群服务中心，以“解锁中医药植物智能宝库，助力健康产业升级”为题，成功举办了深圳市健康产业发展促进会副会长沙龙，深圳健康产业众多企业齐聚，全面且深入地了解了植物干细胞平台型技术以及该平台对于健康产业技术升级的意义和价值。

（四）与深圳市中国科学院仙湖植物园等研发机构签署合作协议

继与英国爱丁堡大学等国际顶级学府正式签署战略合作协议后，深圳市植慧植物干细胞研究院还与深圳市中科院仙湖植物园签署了战略合作协议，拟结合双方的优势资源，在岭南药用植物干细胞银行建设、植物源化学成分的生物合成研究、新颖结构人参皂苷在退行性重大疾病中的应用、新颖高效低毒生物农药的研究与开发、海外特色药用植物生物活性物质发现、科普教育等领域展开全面合作。

（五）启动重点植物资源现场考察及分析排序等活动

为了更具体、更客观地了解中国若干战略性重点植物资源的生长及开发等情况，深圳市植慧植物干细胞研究院在国内外学术专家的指导下，造访了若干重点植物资源的培育地和地道产地，如云南文山三七重点项目基地、福建省漳州市某有机茶示范基地等，为后续植物干细胞平台型技术的系列研发工作取得第一手的信息和资料。同时，还系统收集并分析了各类中医药植物资源情况，根据市场需求、植物生长特点、研发难易程度等因素，综合参考学术委员会及产业化委员会专家意见，初步拟定了后续新的植物干细胞株的分离及培养的优先顺序，为利用植物干细胞平台型技术系统开发中国珍稀植物资源绘制了基本的路线图。

三、研发创新情况

（一）核心研发能力

植慧科技的研发领域涵盖原料开发、工程开发、分子遗传、化合物分析、效能分析、生产、质量管控、信息安保、研究支援等板块。从成立伊始就针对植物组织培养进行研究。研究方向为“通过分离培养多种植物干细胞搭建植物干细胞银行（已成功分离 20 余种，涵盖木本、草本、禾本）”“植物干细胞大规模培养研究”“利用植物干细胞大量生产人参皂苷、紫杉醇等源于植物的有效成分”“抗艾滋病治疗辅助剂等天然物新药研发”“保健食品及功能性美容品原料开发”“以紫杉干细胞为例对基因特征及转录因子的研究”“可调节天然成分生物合成的转录因子网络系统研究”“利用植物干细胞生产抗体等动物性医疗用蛋白质的研究”等，并在世界上首次成功分离并培养未分化活体植物干细胞。目前可以实现产业化生产并商用的植物干细胞品种有野山人参、紫杉、银杏、西红柿，即将可以实现产业化生产的植物干细胞有艾蒿、桑树等 20 余种。

植慧科技通过与英国爱丁堡大学共同研究，形成了众多重要研究成果。主要学术成果有以《自然生物科技》2010 年 11 月号刊登的“可用作植物天然产品来源的形成层分生组织细胞培养”为代表的十余篇国际领先学术论文，向世界学术界证明了其植物干细胞分离培养技术的真实性，以及大量生产天然有效成份方面的应用，获得了广泛认可和好评，并获得了涵盖物质专利、制法专利、应用专利等 72 项国际专利注册及 24 项专利申请。该学术成果还被 Discovery 探索频道等媒体广泛报道，获得了“大韩民国技术大奖”等若干国家级最高科研奖项。随后，植慧科技的研究团队在其完成的突破基础上，搭建了一系列平台性技术并成功实现产业化和商业化生产，并获得了整个平台性技术和各部分技术的国际专利，完成了系统一体化的知识产权保护，使该项突破成为了可以全面推广和商业化应用的国际唯一的平台性专利技术。

除了已经公开的成果之外，植慧科技还完成了植物干细胞平台性技术所需各个环节的技术开发，使该平台性技术可以快速广泛应用，一方面为各类研发提供标准化原料及模型，另一方面为商业化开发提供稳定快速的量产平台。目前，团队已经与爱丁堡大学、耶鲁大学等国际知名学府的各领域国际领先专家组建立了研发网络，以便更快地推进植物干细胞平台性技术的应用和推广。

（二）技术情况及原理

植物干细胞天然存在于各个植物体内，而且是植物可以不断生长发育并战胜各类恶劣环境得以生存的根本原因。与动物干细胞不同，植物终其一生均含有从未分化的植物干细胞（亦称“不朽细胞，Immortal Cell”），因此植物可以生存数百年甚至数千年以上，且不断生长，并每年定期开花结果。植物学家从 160 年前就开始尝试活体分离未分化的植物干细胞，但包括美国农业部在内的各类顶尖研究机构的尝试均告失败：要么分离出来的细胞已经死亡，要么已经发生变异而不再是未分化的干细胞。因此，从 1990 年开始，主流学术界认为，同时满足“未分化”和“活体分离”两个条件的植物干细胞分离是不可能实现的，学术界主要研究方向也转变为“愈伤组织及分化细胞 Callus 的优化培养”，但因其先天局限，几乎没有成功商业化的案例，凤毛麟角的成功案例在推进时也是阻力重重。

植慧科技的核心研发团队实现了世界首次未分化活体植物干细胞的分离，从木本、草本、禾本等各类植物中均成功分离了活着的未分化干细胞，随后完成了保持未分化状态下的小规模倍增培养、大规模悬浮倍增培养、定向分化及优化、有效成分生产效率优化等相关核心环节技术，从而搭建了植物干细胞的系统性技术平台。植物干细胞的平台性技术提供的核心解决方案是：目标有效成分的大规模、快速、低成本量产（“多快好省”）；实现该解决方案的各环节技术均已开发完毕，且若干成果（野山人参、紫杉、银杏的有效成分）已经开始了产业化和商业化。

该技术平台主要原理即利用了植物干细胞“无变异自我复制”以及“受到环境危险时会启动防御机制并生产有效成分”两大特点，分为“倍增、生产、后处理”三个主要阶段。如果把每一个植物干细胞都看作是一个天然的生化工厂，那么第一阶段“倍增”就是给植物干细胞最好最舒服的培养条件，让它尽可能快地无变异自我复制，从而实现“天然生化工厂”数量的指数级增长，从几十个倍增为几百亿个一模一样的“天然生化工厂”（Biomass）；第二阶段“生产”就是通过给这几百亿个一模一样的“天然生化工厂”统一下达指令（即提供特定的“恶劣环境”），让每一个“天然生化工厂”都全速开工，以培养液中的糖、无机盐等为原材料，利用每个植物独有的防御机制和相关基因加工为高附加值的天然植物成分；第三阶段“后处理”就是让这几百亿个细胞的生产顺利收尾，确保最终生产的天然植物成分的稳定性和标准化。整个过程从原理上与“微生物大量培养生产抗生素”的工艺类似，但在这里使用的不是细菌等低等生物，而是作为高等生物的植物细胞，生产的目标产品也是稀有人参皂苷、紫杉醇等高附加值的有效成分。该系统在世界范围内首次实现了高等生物细胞的同源性细胞培养、指数级倍增以及标准化有效物质生产。

（三）技术应用领域

与野外生长或通过人工种植得到的天然有效成分相比，利用植物干细胞平台性技术可以完全打破时间和空间的局限，并实现天然原料的标准化生产。在没有植物干细胞平台性技术的情况下，人参要长成需要6年左右，紫杉（红豆杉）成材需要30年以上，生长缓慢周期长，而植物干细胞培养，每倍增一次，只需要3至14天，大大缩短了生长周期，打破时间局限，做到“要多少给多少，什么时候要，什么时候就可以供应”；类似人参、紫杉等药用植物对于生长环境的地理位置和气候等也有特定要求，适合生长的地域有限，而植物干细胞培养可以在任何地方进行，完全打破空间局限；众多野生或露天农业种植的植物，由于其生长环境和天气不可控，因此其有效成分很难实现标准化，但植物干细胞培养不仅细胞是完全一样的细胞，环境也是严格控制的环境，因此有效成分可以实现制药级别的标准化；很多药用植物目前还无法实现农业种植，或农业种植后无法得到药用成分，从而出现“有方无药”“有药无效”“有效无标”等各类瓶颈问题，而植物干细胞可以在可控环境内实现比自然条件下高出数十倍至数百倍的药用成分生产效率，因此可以从根本上解决稀有成分的量产问题。

基于天然植物，使用纯天然的方法，大量生产天然有效成分的技术平台已经完全成熟，现已完成20余种植物干细胞的分离和培养，可以立即广泛推广应用，并搭建植物干细胞库，一方面抢救保护濒危植物品种，另一方面为子孙后代开发利用相关资源提供最为坚实的保障。除此之外，基于现有技术，还可以通过基因修饰等技术，通过向生产效率极高的标准化干细胞株中插入外来基因片段的方式，利用植慧科技平台实现疫苗（人类疫苗、动物疫苗）和抗体（标靶类药物）等动物蛋白质的大量标准化低成本生产；或者可以通过调节转录因子的方式，将目标有效成分合成路径上的“阀门”开得更大，实现目标有效成分生产效率两个数量级以上的提升。这两方面的技术属于基于现有平台技术的“升级技术”，目前正在开发中且进展顺利，技术一旦成熟，又将是国际范围内的重大突破，即可进一步扩大植物干细胞平台性技术的应用空间和效率竞争力。

植物干细胞平台性技术提供的“量产解决方案”对于学术研究和商业化均有着重大的意义。由于植物生长缓慢且对环境要求苛刻，因此很多针对植物的研究工作几乎无法开展，诸如“目标有效成分的合成路径”“有效成分鉴别和确定”等很多基础工作，因为建模所需的时间太长变量太多，而无法推进；但随着植物干细胞平台性技术的推广，可以为这些领域的科学家提供快速、标准的研发模型，将原来需要几十年甚至几百年的研究工作缩短为几个月至几十个月，大大加速包括中医药有效成分鉴别在内的植物学基础研究的推进。

此外，还有很多基于天然成分的效能研究和应用研究，因为无法得到足够数量的样品，或者样品标准化程度太差，而遇到了不可逾越的瓶颈。植物干细胞平台性技术可以从根本上解决此类困难，为各类应用研究提供绰绰有余的标准化样品。最为重要的是，目前人类已经发现的很多特效药或有效成分，其作用机制和效能等均获得了肯定，但却因为无法实现大量生产而迟迟无法商业化，无法让广大群众享受到科技的成果，现在植物干细胞平台性技术可以从根本上解决这类“只差最后一步”的问题，将各类研究项目成果推向市场，实现其价值。此外，植物干细胞平台性技术实质解决的是“日益增长的对于高质量天然有效成份的需求”和“日益严峻和萎缩的天然成分生产供应”之间的矛盾，可以从根本上解决稀有植物保护品种“保护”和“开发利用”的矛盾，在完美地保护原始植物和生态的前提下，让该植物所含有的基因和有效成分为全世界所用。

四、发展规划

（一）市场前景

植慧科技的核心研发团队系目前世界范围内唯一可以实现未分化植物干细胞的活体分离和培养的团队，且未分化植物干细胞的分离、培养、增殖、优化、维护等已注册国际专利，具有自主知识产权，相关成果已经以封面论文的形式发表于世界顶级学术期刊《自然生物技术》，其创新性和先进性得到了举世公认，并与若干国际顶级研发机构建立了上下游的共同研发网络和体系，学术方面具有国际领先性。

在产业化应用方面，从根本解决了“植物愈伤组织培养”的各类瓶颈问题，使得稀有天然成分的标准化大量生产成为可能。其中基于野山人参干细胞的天然复合稀有人参皂苷量产平台在标准化、安全性、经济性、效率性等方面均处于遥遥领先的独占地位，全面系统地解决了相关原料的量产问题；基于银杏、红豆杉、番茄、艾蒿等其他植物干细胞的量产平台已经搭建完成，正在不断完善中。

（二）产业化应用

随着植慧研究院工作的正式全面启动，相关的产业化应用也已全面展开，主要形式是由深圳植慧科技有限公司的 B2B 产业化平台（提供原料、内料及 OEM/ODM 服务），以及深圳无疾源植物科技有限公司等植物干细胞产学研中心 B2C 平台（提供成品），向健康产业及美容产业的各类品牌公司、渠道商、消费者提供相应的研发及产品解决方案。

目前的产业化应用，主要集中在利用野山人参干细胞培养生产的食品原料及成品、美容品原料及成品，以及利用红豆杉干细胞及其他种类的植物干细胞培养生产的相对应培养液美容品原料（共十余种）及成品等。

具体案例：

（1）深圳无疾源植物科技有限公司的“参慧人参固体饮料”：结合植慧科技供应的野山人参干细胞相关原料（粉剂）及枸杞、黄精、黑姜等配方，以中医补气血的相关理论精心研发而成。

（2）莱菲得生物科技（深圳）有限公司的“莱菲得生命原人参饮品”：100%由野山人参干细胞相关原料的悬浊液加工而成；在中国食品报社主办、中国保健协会食物营养与安全专业委员会承办的“2018 中国营养健康产业年度颁奖盛典”上，与蒙牛、雀巢、碧生源、汤臣倍健等知名品牌共同被评为“2018 中国营养健康产业十大影响力产品”。

（3）深圳葆檀生命健康有限公司的“臻参秘”人参饮品（野山人参干细胞相关原料粉剂，结合富含槲皮素的洋葱等原料）和“臻致精粹”护肤精华（野山人参干细胞提取物及培养液、红豆杉干细胞培养液等）：受到了大量高端养生会所、美容中心等客户的高度评价。

（4）深圳友欣生命健康科技管理有限公司的“红豆杉舒缓亮肤原液（小靓瓶）”和“YOUSING 焕颜美肌面膜”：主要针对皮肤敏感人士开发。

（5）深圳市前海仁鸿泽生物科技有限公司的“格雷斯赫柏 GH 人参精华原液（焕颜魔方）”和“GH 人参焕颜面膜”：主要针对有面部紧致及抗衰等需求的客户开发。

（6）臬美年轻化中心的“植物干细胞无创护肤抗衰美容综合解决方案”等服务。

（7）核子基因旗下深圳市安而密生物科技有限公司的“植物干细胞私密康疗系列产品”：针对女性私密护理领域的消炎抗菌、修复紧致等需求。

（8）深圳市优维健康科技有限公司的“刺梨元人参复合饮料”：针对糖尿病人群的日常生活需求。

目前，植慧科技还与健康产业和美容产业的更多合作伙伴展开具体的产品研发工作，充分发挥植物干细胞技术平台“标准化、安全、大量”的优势，结合产业界的研发和配方经验，针对市场的具体需求，全面系统地助力合作伙伴解决“巧妇难为无米之炊”的瓶颈问题，源源不断地生产和供应安全有效的消费者产品和解决方案。

（三）发展规划

植物干细胞是植物智能存储和应用的最基本单位，是人类充分利用植物智能的核心工具。因此，深圳市植慧植物干细胞研究院秉承“热情、沟通、共生”的价值观，充分开发和利用植物干细胞这一平台和工具，全方位地释放和应用各类植物智能。在下述几个方面分别有具体的发展规划：

1. 植物智能保护平台（植物干细胞银行）

在政府扶持下，植慧研究院搭建基于中国特色的、具有重要意义的药用植物的“植物干细胞银行（中国）”，全面深入地保护核心植物资源，为子孙后代留下重要的物质资源遗产。加强与具有丰富植物资源地区的合作，一方面充分保护植物资源，另一方面为后续系统的、不破坏任何自然环境的商业化开发做好基础工作准备。目前研究院已经与中国中医科学院等机构合作，共同讨论并制定植物干细胞开发优先顺序清单，并开始了初步的现场考察；下一步将继续完善开发优先顺序清单，并具体开展若干品类中国本地植物的植物干细胞分离工作。

2. 植物智能解密平台（国际顶尖研发网络）

植慧研究院与国内外相关领域的顶级研发机构合作，组建研发网络，发挥自身技术优势，为基因组学、药理学等上下游学科研究提供基础研发工具和平台，全面促进对各类濒危植物、尤其是中医药代表性药用植物的各类研究，揭示其功能成分及组分，并提供足量的、可重现的、标准化样本，全面推动中医药现代化的研究，并培养更多全面掌握核心技术的研发人才。目前，研究院正在与深圳市中国科学院仙湖植物园就组建“物质干细胞代谢组学与药理活性研究联合实验室”进行前期筹备等事宜；还将与更多的研发机构展开委托研究、共同研究等工作，并申请各级各类研发项目课题等。

3. 植物智能增强平台（开放式量产基地）

植慧研究院与各类大型企业及投资机构携手，共同打造全新的产业标准，搭建一系列可以承接植物干细胞原料大量生产任务的植物智能增强平台和生产基地，进一步降低生产成本，让原本高价、稀有的天然成分，可以更快、更好、更安全地为各界所用。相关生产基地的运营将采用充分开放式的授权体系，让更多的资源能够投入到这项事业中来，并共同分享国际领先的技术成果所带来的商业价值和回报。目前已确定由“深圳植慧科技产业有限公司”负责，在光明科学城边的“光明港中城产业园”二期内，建设国内第一个基于植物干细胞平台型技术的天然有效成分量产示范性基地，计划于2020年正式投产；并计划在永州天然植物高新技术产业园建设年产万吨级植物干细胞原料大规模量产基地，计划于2021年完成第一期建设并投产；后续还将在更多城市搭建基于植物干细胞平台型技术的天然成分量产基地，以便更好地为各类植物干细胞的食品、美容品、药品原料的量产和后续应用打好坚实的基础。

4. 植物智能部署平台（商业生态系统）

植慧研究院与更多品牌及渠道公司合作，将基于植物干细胞的平台性技术开发的各类功能性原料、配方通过贴牌、代工生产等方式，无缝对接到合作伙伴已有的品牌及渠道，从而通过食品、饮料、保健食品、美容品、生活用品、药品等各类便捷的方式，让出色的植物智能可以通过全面升级的各类产品“润物细无声”地融入百姓生活。同时，通过相关业务的发展，形成产业价值洼地，吸引更多资源来到深圳及周边地区，形成大健康产业的下游产业链及生态系统，更好地为深圳市的健康产业发展做出贡献；并结合示范性生产基地等量产平台，系统地申报并获得保健食品、药品等产品类型的生产许可，进一步拓展产业化应用的深度和广度。

5. 植物智能科普平台（宣传教育）

植慧研究院通过图片、视频、亲身体验及触摸等方式，深入浅出地向广大市民，尤其是中小学生普及和推广了植物干细胞及植物智能相关知识，让更多人了解并参与到通过植物干细胞的各类应用中，全面升级植物智能利用方式。除了目前位于深圳湾科技生态园的科普长廊等设施之外，研究院还将在示范性生产基地等量产平台处搭建更为详细和生动的科普展厅，更形象地展示植物的智能和力量，让更多人可以基于植物干细胞平台型技术展开想象的翅膀，规划更好的未来。

附录

2018 年深圳市保健协会/深圳市健康产业发展促进会大事记

1 月 7 日，黄鹤会长陪同国家药监局原副局长、中国营养保健品协会会长边振甲，卫生部原副部长、中国保健协会原理事长张凤楼，深圳市原市场和质量监督管理委员会巡视员王夏娜考察了副会长单位深圳奥萨制药有限公司。

1 月 19 日，深港大健康产业科技联盟会议在香港旺角福照工厂大厦隆重召开。本次会议由我协会、香港生物科技协会及香港科技大学共同举办。深港知名健康产业领域科研院所共同探讨推动两地中医药研发、政策创新与应用的实际合作，更好地为深港双方大健康产业服务。

1月26日，由深圳市中小企业服务署主办，我协会承办的生命健康产业标准化建设与应用培训班在普提扬生命花园举行。来自深圳健康产业企业协会等33个单位从事标准化工作的相关负责人共计60余人参加了培训。通过此次培训，有效提升了企业标准化战略意识，突出了标准化建设在促进健康产业发展中的助推器、耦合器作用。

3月8日，由协会牵头，深圳市越键管理咨询有限公司、中科健康产业集团股份有限公司深圳分公司、深圳市鼎维神康科技有限公司、深圳市积土电子商务有限公司、深圳市标准技术研究院共同参与制定的团体标准《保健行业会议营销运营规范》在深圳市标准信息平台发布，该标准自2018年3月10日起正式实施。

4月20日，我协会承办了深圳市中小企业服务署的“生命健康类企业法务风险管控”培训班。40余个单位的主要负责人与从事法务工作的相关人员共计70余人参加了培训。此次培训有助于提高我市健康产业企业的法律管理能力，帮助企业法务人员提高个人工作技能。

4月22日，我协会举办了“擎起产业大旗，共筑健康深圳——2017健康产业年会暨颁奖盛典”。来自全国及深圳的演讲嘉宾、政府领导、国际国内产业专家、知名企业家及各界产业协会代表500余人齐集会场。会上产业专家解读了“健康中国战略”思想，表彰了先进集体和个人，发布了《深圳健康产业发展报告·2017》和《保健行业会议营销运营规范》团体标准，成立两个专业委员会，同时宣布启动“全民健康生活方式行动”。

5月10日，由协会副会长单位小普未来科技（深圳）股份公司承办的“副会长沙龙——项目落实研讨”在小普未来科技馆举行。会上，副会长们共同商讨“全民健康生活方式”的行动计划、健康管理专业委员会及智慧健康专业委员的工作开展、《保健行业会议营销运营规范》宣贯等项目的具体落实方案，以便将健康管理、健康进社区、健康科普落到实处。

6月15日，副会长沙龙暨首次企业私董会在常务副会长单位诺嘉国际集团举行。本次活动采用国际上卓有成效的“私董会”模式开展，由协会邀请的万基集团、中科集团、小普科技等13位副会长组成私董会顾问，聚焦企业发展核心问题，为诺嘉国际集团“问诊”。黄鹤会长作为教练主持此次私董会。本次活动是协会为会员单位提供的一项高端、深层次的精准服务，是协会创新服务模式和提升服务品质的一次尝试。

6 月 29 日，协会党支部书记黄鹤参加了“深圳市庆祝中国共产党成立 97 周年座谈会”，并荣获深圳市委组织部、市两新组织工委颁发的“深圳市优秀共产党员”荣誉称号。

7 月 19 日，协会常务副会长单位深圳市植慧植物干细胞研究院揭牌及“植物干细胞银行（中国）”启动仪式在深圳人才公园举行。深圳市科学技术协会主席蒋宇扬、深圳市科技创新委员会党组书记邱宣、协会黄鹤会长等共同出席了揭牌仪式。植慧研究院的成立将让中国植物资源的“植物智能”和中医药传统智慧更好地发光发彩。

8 月 10 日，黄鹤会长陪同深圳市科学技术协会主席蒋宇扬考察协会常务副会长单位深圳奥萨制药有限公司。

9 月 22 日，由深圳市人民政府主办，深圳市国际贸易促进委员会及我协会等单位承办的“2018 深圳国际生物/生命健康产业展览会”在深圳会展中心圆满落幕。本次展会上，深圳市植慧植物干细胞研究院、深圳市普提扬健康美活有限公司、深圳市中航健康时尚集团等多家会员单位参展。协会还组织了深圳市民盟、市侨媛会、广东省健康产业代表团、中山市健康产业代表团等共计 400 余名专业观众参观了展会。

9 月 22 日，深圳市健康产业发展促进会知识产权保护工作站成立，旨在满足解决企业关于知识产权管理和保护方面问题的迫切需要。

10 月 21 日，协会党支部参加了“第七届深圳手语歌公益音乐会”大型公益活动，为听障人士献上精彩的手语舞蹈——《手拉手祖国更美丽》。

11 月 20 日，在南山区深圳湾科技生态园党群服务中心举行副会长沙龙。本次活动邀请了中药全球化联盟主席郑永齐教授，以及会员企业代表近 80 人参加，共同探讨以中医药中的药食同源为代表的中国独有珍稀植物资源有效成分标准化量产，满足大健康领域的制药、食品、饮料、美容等

的根本性需求问题，引起参会企业的浓厚兴趣，纷纷表示出强烈的合作意愿。

12 月 20 日，“踏上时光之旅——放慢衰老永驻健康”副会长沙龙在深圳市茵冠生命未来馆隆重举行。深圳市茵冠生物科技有限公司是从事基因工程与细胞生物技术创新研发、转化应用研究及技术服务的国家高新技术企业。本次活动增加了大家对茵冠生物公司前沿的研发能力和成熟的转化应用体系的进一步了解。